本书是深圳市哲学社会科学2020年度课题
（项目批准号：SZ2020B026）的项目成果

应急救援法治化研究

◎ 段礼乐 —— 著

厦门大学出版社
XIAMEN UNIVERSITY PRESS

国家一级出版社
全国百佳图书出版单位

图书在版编目（CIP）数据

应急救援法治化研究 / 段礼乐著. -- 厦门：厦门
大学出版社，2022.12
ISBN 978-7-5615-8844-4

Ⅰ.①应… Ⅱ.①段… Ⅲ.①突发事件－救援－法规
－研究－中国 Ⅳ.①D922.104

中国版本图书馆CIP数据核字(2022)第216374号

出 版 人　郑文礼
责任编辑　甘世恒
美术编辑　李夏凌
技术编辑　许克华

出版发行　厦门大学出版社

社　　址　厦门市软件园二期望海路39号
邮政编码　361008
总　　机　0592-2181111　0592-2181406(传真)
营销中心　0592-2184458　0592-2181365
网　　址　http://www.xmupress.com
邮　　箱　xmup@xmupress.com
印　　刷　厦门市明亮彩印有限公司

开本　720 mm×1 020 mm　1/16
印张　15.25
字数　242 千字
版次　2022 年 12 月第 1 版
印次　2022 年 12 月第 1 次印刷
定价　66.00 元

厦门大学出版社
微信二维码

厦门大学出版社
微博二维码

本书如有印装质量问题请直接寄承印厂调换

序　言

应急救援（emergency rescue）是指在应急响应过程中，为最大限度地降低事故造成的损失或危害，防止事故扩大，而采取的紧急措施或行动。应急管理部于2019年提出要加快构建"1+4"（应急管理法＋安全生产法、自然灾害防治法、消防法、应急救援组织法）法律体系骨干框架。根据应急管理工作的要求和应急管理法治建设的目标，我国需要进行应急救援立法的制度探索，完善"1+4"应急管理立法体系，运用制度路径优化应急救援体制，提升应急救援能力，提高应急救援效果。通过应急救援立法，落实新的应急管理理念，加强部门协调联动，完善工作机制，提升应急救援工作的规范化、专业化、科技化和智能化水平，实现应急救援的统一领导和协调有序，构建统一高效的应急救援体制，提升应急救援工作的成效。应急救援立法需要充分考虑当前的应急管理体制和应急救援体制，通过立法进一步理顺应急救援工作中的部门权限、职责分工、指挥协调、应急处置和救援、能力建设、队伍建设、保障措施等体制机制问题。强化应急救援的统一指挥、综合协调、分级管理与属地处置；完善应急预案，加强应急演练，构建风险预警机制、信息报送机制、部门联动机制、指挥协调机制、现场救援机制、善后处置机制等。采取制度措施支持鼓励社会化、专业化应急救援队伍发展，壮大应急救援力量。

从我国应急管理体制的历史发展来看，应急管理体制变迁遵循以下逻辑：从突发事件的个案处理到应急管理的系统应对；应急管理的相关制度建设，从政策应对走向法治应对；从事后应对转变为事前预防；应急管理体制建设应当充分吸收其他国家的先进经验，同时又要兼顾本土的制度实践。目前，我国初步形成了应急管理的法律体系，但没有专门的应急救援立法。在《突发事件应对法》和《突发事件应对管理法（草案）》中专章规定了应急处置与救援。现行的制度设计没有体现"大应急"理念，缺少与应急管理部门职责、权力相匹配的制度安排，整体性的制度设计有所欠缺。在行政法规层面，应急管理和应急救援具有明显的专业性、行业性、范围性等特征，应急管理和应急救援的条块分割、区域分割、行业分割等弊端比较明显，导致制度重复建设、管理指挥混乱、部门联动失灵等问题。在部门规章层面，应急管理和应急救援立法具有明显的部门性和行业性，很多部门都制定了与部门管理职能相关的应急管理和应急救援规章，这种立法模式不利于构建统一高效的应急管理体制，特别是在需要加强部门联动和部门协作的情况下，实现部门立法与统一立法的衔接、部门立法融入整体的应急管理和应急救援制度体系。从立法趋势看，制定综合性的应急救援立法是一个比较好的路径选择，可以实现对应急救援工作的全链条管理、全方位覆盖和综合性调整，进而构建完善的应急管理立法体系。

"1+4"的立法构想，并没有明确提到要进行应急救援立法，而只是提出要出台应急救援组织法。应急救援组织立法与应急救援立法的内涵和外延尚未明确，对于两个立法之间的关系尚未达成共识。应急救援组织立法的调整范围过于狭窄，应急救援立法可以包括应急救援队伍的内容。"1+4"的立法体系作为框架设计，在具体的立法过程中，可以不拘泥于"1+4"的立法名称，而应根据应急救援的制度实践和现实需求进行立法创新。应当制定《应急救援法》，而不是制定《应急救援组织法》。

应急救援立法只需要涉及自然灾害类和事故灾难类的应急救援问题，以与目前的应急管理体制和立法现状相契合。由于突发公共卫生事件和社会安全事件在一定程度上可能会涉及应急救援问题，因此，可以在应急救援立法中规定，突发公共卫生事件和社会安全事件应对中涉及应急救援的，可以参照应急救援法的有关规定执行。在明确应急处置和应急救援关系的前提下，明确应急救援立法对应的应急环节，并在立法中明确其与先期处置和善后措施之间的分工配合和制度衔接。

根据"1+4"的立法设计，进行专门的应急救援立法，就需要准确定位应急救援法的体系地位，处理好应急救援法与其他相关法律的关系，既要实现应急救援法与其他法律之间的衔接，又要避免制度内容重复或者制度缺位，以构建逻辑严密、体系完整、制度衔接的应急管理法律体系，体现"1+4"应急管理立法的体系完整性和制度统一性。

应急救援体制应当回应应急管理体制的新要求，构建与"全灾种、大应急"相适应的应急救援体制。坚持政府负责、部门主导，根据分级分类的要求，明确政府部门的责任，强化应急救援的属地管理，构建快速反应机制，及时控制、减轻和消除突发事件引起的危害。应当加强应急救援的部门协同和应急联动，提升应急救援的公众参与，构建应急救援的部门协同机制、应急联动机制和社会动员机制，提高应急救援的效果。

应急救援能力是评价应急救援工作的核心指标，提升应急救援能力是应急救援立法的主要目的之一。应急救援能力包括应急准备能力、应急处置能力、信息化能力、实施救援能力、救援保障能力、救援后处置能力等。救援能力也是一个综合性的概念，它不仅指涉突发事件发生后开展应急救援的能力，也包括为开展应急救援而需要具备的基础性能力。在应急能力建设中，需要合理布局备灾仓库建设，储备相应的应急救援物资，配备相应的应急救援装备，组建合适的应急救援队伍等。加强应急准备能力建设，包括完善应急预案体系、加强应急演练等，为开展应急救援提供坚实的保障。建立应急救援能力的指标体系，根据指标体系评估应急救援能力建设的总体情况，形成体系化的应急救援能力建设标准和评价考核标准。

应急救援队伍是应急救援的实施者，对应急救援队伍进行详细规定极有必要。应当运用法律手段对应急救援队伍进行激励和约束，促进其能力提升和权益保障，以提高我国整体的应急救援能力。所以，除了规定应急救援队伍的一般性问题，明确应急救援队伍在应急管理体制和应急救援工作中的制度角色，还应当规定应急救援队伍的区域布局、分类建设、制度支持、工作开展、后勤保障、制度激励等内容。

救援现场指挥权是应急救援最核心的内容。有效的权力配置能最大限度提高应急救援的效率，实现最佳的救援效果。我国突发事件应对模式是以行政为主导的，在应急救援过程中已经形成了成熟的应对模式。突发事件应对中强调"靠前指挥"，强化行政负责人在应急救援中的主体责任，其目的在于督促相关行政负责人主动履行相关职责，以此提升应急救援的及时性和救援效果。"靠前指挥"作为我国应急管理领域独特的制度设计有一定的优势，但在具体的制度运作中，还要考虑与目前应急管理体制和应急救援机制的契合度，避免过于强调"靠前指挥"而影响常态化的制度设计。在应急救援立法中，应当总结我国目前应急救援的指挥机制和相关经验，构建以现场指挥部为中心的现场指挥机制，消除行政主导的现场救援指挥机制的弊端，提高应急救援的规范化、专业化和科学化水平。

应急救援的基本原则应当体现应急救援的独特性，能够为应急救援工作提供相对明确的指引，同时又有一定程度的抽象性，不但能够指导应急救援工作的开展，还可以指导应急救援体制机制建设和相关具体制度的建构。按照应急救援的实践需求和具体特征，可以将应急救援的原则概括为及时性原则、科学化原则、社会参与原则和临机处置原则。虽然它们在一定程度上也会与应急管理的原则相重叠，但就应急管理阶段而言，这四个原则在应急救援阶段体现得更为明显。应急救援的及时性原则是指突发事件发生后，应当第一时间启动应急响应，承担应急处置和救援职责的主体，应当立即开展应急处置，将突发事件的危害控制在最小限度，迅速消除突发事件所带来的危险。当先期处置不能解决问题时，应当立即启动应急救援，尽最大可能减少人员伤亡和财产损失。及时性原则体现在应急救援响应、应急救援启动、开展救援到处置完毕的全过程。应急救援的科学化原则是指在应急救援过程中应当制定科学的应急救援方案，采取科学的应急救援手段，使用科学和智能的应急救援装备，开展专业处置和救援，防止发生次生、衍生灾害，以及降低应急救援造成的生命财产损失，加大对救援人员的保护，提高应急救援的效果。应急救援的社会参与原则是指突发事件发生后，应当广泛发动包括政府在内的各种力量，特别是要充分发挥应急志愿者、基层组织、企事业单位等社会主体的作用，在信息提供、资源调拨、救援力量调配、应急救援开展等方面，实现应急救援的多主体参与，降低应急救援的成本，提高应急救援效能。应急救援的临机处置原则是指在应急救援过程中，应急救援指挥机构及应急救援人员根据应急救援现场状况、突发事件发展态势、被救援人员情况及其他可能影响救援行动的因素，动态调整应急救援方案，适时调整应急救援策略，根据救援场景匹配最佳的应急救援手段，并根据突发事件演变态势决定应急救援的中止和恢复等。

法律责任是保障应急救援各项规定能够有效实施的重要前提。由于应急救援工作具有独特性，因此应急救援的法律责任承担也具有特殊性。一般认为，应急救援属于公共产品，是政府应当承担的职责，所以应急救援费用应当在财政中列支，这符合公共财政的基本原理，也符合应急救援的公共物品的性质。但一概由财政来承担应急救援费用，不利于构建有效的突发事件预防机制。可以考虑在应急救援立法中明确规定应急救援费用的分担机制。由责任主体导致应急救援事项发生、责任主体导致损失扩大的，或者相关主体拒不执行疏散、撤离命令或者疏散、撤离后返回灾害、事故现场的，由相关主体自行承担救援费用。

应急设施"三同时"制度与应急救援密切相关，它是应急救援的基础性制度安排。应急设施"三同时"制度，是贯彻应急管理"预防为主"理念、落实生产经营单位主体责任、扩大应急管理社会参与的重要手段。目前，应急管理领域"三同时"制度的立法覆盖面不够、法律位阶不高，应急设施分类不清晰、应急设施清单不完善、应急设施建设义务落实不到位。可以在立法中明确建立应急设施"三同时"制度，贯彻"大应急"理念，明确应急设施分类标准和建设清单，完善"三同时"制度的实体性内容和程序性内容，落实生产经营主体责任，完善生产经营单位补偿机制，加大应急管理专项资金向应急设施建设的倾斜力度，提升应急管理领域"三同时"制度的实施效果。

目　录

导　论

一、研究背景

（一）应急管理法治体系建设

应急管理是针对各类突发事件,从预防与应急准备、监测与预警、应急处置与救援到事后恢复与重建等全方位、全过程管理。[1] 2019 年,习近平总书记在中央政治局第十九次集体学习时的讲话中强调:"应急管理是国家治理体系和治理能力的重要组成部分,承担防范化解重大安全风险、及时应对处置各类灾害事故的重要职责,担负保护人民群众生命财产安全和维护社会稳定的重要使命。"应急管理是包括安全生产监管、自然灾害预防、应急救援等在内的系统工程,体现为全流程、全链条和多环节。应急救援是应急管理的重要环节,是应急管理体系的重要组成部分。根据《生产经营单位生产安全事故应急预案编制导则》(GB/T296392013)中的定义,应急救援(emergency rescue)是在应急响应过程中,为最大限度地降低事故造成的损失或危害,防止事故扩大,而采取的紧急措施或行动。也有学者认为,应急救援是在和平时期针对潜在的国家重大安全威胁和突然发生的各类灾难事件,在国家统一组织和协调下,共同抵御风险与实施紧急救助的应急救援活动。[2] 应急救援着眼于突发事件发生后的系统应对,在整个应急管理体系

---

[1]　闪淳昌、薛澜主编:《应急管理概论——理论与实践》,高等教育出版社 2020 年第 2 版,第 1 页。

[2]　赵文华、祁越:《应急救援学》,国防大学出版社 2015 年版,第 40 页。这一定义并不准确。首先,关于应急救援主体的描述并不清晰,"国家统一组织和协调"中的"国家"一词较为模糊,不利于将应急救援职责落到实处,并且,某些情况下的应急救援不是在国家统一组织和协调下开展的,而是社会化应急救援组织的自发行动;其次,定义中出现了"应急救援"的表述,被定义的概念用于定义本身。

中具有重要地位。在目前的应急管理法律体系中，安全生产、防灾减灾救灾的相关法律、规章、规范性文件众多，内容庞杂，应急救援方面的立法有待加强。为适应应急管理体制改革的新要求及我国安全生产和自然灾害防治形势的新变化，应急管理部于 2019 年提出要加快构建"1+4"（应急管理法 + 安全生产法、自然灾害防治法、消防法、应急救援组织法）法律体系骨干框架，安全生产法将逐步形成包括相关行业领域安全生产单行法律行政法规的安全生产小法典，自然灾害防治法将逐步形成包括单灾种法律行政法规的自然灾害小法典，而消防法、应急救援组织法则聚焦于应急救援的内容。"1+4"的立法体系贯彻"大应急"理念，落实"防抗救"相结合的工作部署，为应急管理法律体系的完善指明了方向。

第十届全国人大常委会第二十九次会议于 2007 年 8 月 30 日通过了《中华人民共和国突发事件应对法》，该法明确规定了突发事件应对中的预防与应急准备、监测与预警、应急处置与救援、事后恢复与重建和法律责任等问题，是我国应急管理领域的基础性法律。为理顺突发事件应对管理工作领导和管理体制，明确各方责任，亟须对该法进行修订，以建立健全集中统一、高效权威的中国特色突发事件应对管理工作领导体制，建立统一指挥、专常兼备、反应灵敏、上下联动的应急管理体制。在该法修订过程中，为了适应"1+4"的立法体系，该法的修订草案曾更名为《应急管理法》，但根据第十三届全国人大常委会第三十二次会议审议并于 2021 年 12 月公布的草案，该法的名称又改为《突发事件应对管理法》。此次公布的草案，畅通了信息报送和发布渠道，完善了应急保障制度，加强了突发事件应对管理能力建设，充分发挥了社会力量作用，保障了社会各主体合法权益。从突发事件的应急管理阶段来看，该法的名称最好表述为"突发事件管理应对法"。突发事件管理是一个更宽泛的概念，包括预防在内的多个应急管理环节，而突发事件应对则主要是突发事件发生之后的应对措施。所以，从应急管理的流程来看，管理是比应对更靠前的环节，并且"管理"的内涵较为宽泛，可以覆盖突发事件发生之前的诸多制度，因此，该法的名称表述为"突发事件管理应对法"更符合应急管理的工作流程，也更符合突发事件应对中的操作程序。

《中华人民共和国安全生产法》已于 2021 年 6 月 10 日第十三届全国人民代表大会常务委员会第二十九次会议修正通过，此次修订强化了企业安全生产主体责任，建立完善了安全风险预防控制体系，加大了违法处罚力度，提高了违法成本，推进了依法治理，完善了政府安全监管体制机制和责任制度，强化了基础保障能力，依靠法治力量推进安全生产治理体系和治理能力现代化。包括全灾种的《自然灾害防治法》尚未正式出台，目前的自然灾害防治仍主要依靠各单项立法。2022年7月4日，应急管理部发布了《自然灾害防治法（征求意见稿）》，在征求意见稿起草说明中明确提到："自然灾害防治法的总体思路是：立足于综合性法律的定位，确立自然灾害防治的基本方针、基本制度、保障措施，建立各级各有关部门'统与分''综与专''防与救'分工协作及运行机制，构建涵盖风险防控、监测预警、抢险救灾、灾后救助与恢复重建全过程全方位的自然灾害防治工作体系。"该征求意见稿的主要内容包括灾害风险防控、应急准备与监测预警、抢险救灾与应急处置、灾后救助与恢复重建等。按照应急管理部的立法部署，自然灾害防治综合法与单灾种专项法各有定位、互不替代、有机衔接，将共同构成完整的新时代中国特色自然灾害防治法律体系。第十三届全国人大常委会第二十八次会议于2021年4月29日修正通过了《中华人民共和国消防法》，进一步明确了消防安全责任制，优化了部门职责，改革了消防管理制度，健全了火灾风险防范机制，完善了消防执法和应急救援工作的规定。这是"1+4"法律体系骨干框架的最新进展。

目前，应急救援组织法尚未出台。根据应急管理工作的要求和应急管理法治建设的目标，需要进行应急救援立法的制度探索，完善"1+4"应急管理立法体系，运用制度路径优化应急救援体制，提升应急救援能力，提高应急救援效果。

（二）应急救援实践需求

近几年，我国多次遭遇重大自然灾害或发生重大安全事故，凸显了我国安全发展面临的问题，也暴露了应急管理中的制度短板。虽然某些省份频发各种自然灾害，但仍没有建立常态化的自然灾害预防和应对机制，在自然灾害事件的处置过程中，缺乏有效的应对措施和正确的处置方法，每年因自然灾害造成很多不必要的人员伤亡和财产损失。2021年郑州"7·20"特大暴雨灾害导致的地铁伤亡事件、山洪暴发所带来的人员伤亡等，都凸显了自然灾害事件应急管理中存在的体制机制和应对问题。当然，"7·20"特大暴雨灾害属于极端天气引发的，在应急管理中也是非常态的现象，但其极大冲击了应急管理体系，考验应急管理体制的承压能力。因此，在我国近几年的自然灾害事件应对方面，国家有关部门要求，增强风险意识和责任意识，树牢底线思维和极限思维，立足防大汛、抗大险、救大灾。我国地域辽阔，自然灾害种类多样，不排除在特定情况下仍会出现极端自然灾害，极大考验各地的应急管理水平，特别是与中国特色应急管理体制相匹配的应急处置和救援能力。《河南郑州"7·20"特大暴雨灾害调查报告》指出了这次突发事件应对中存在的各种体制机制问题、统一领导问题、自救互救问题、社会面反应问题等，每个问题都切中我国应急管理体制的各个环节。比如，关于应急指挥中的统一领导问题，报告指出，市委、市政府缺乏全局统筹，对市领导在前后方、点和面上的指挥没有具体的统一安排，关键时刻无市领导在指挥中心坐镇指挥、掌控全局。名义上有指挥部，但没有领导坐镇指挥，制度和预案上也没有明确领导之间的具体分工，领导干部不知道关键时刻自己的职责是什么、岗位在哪里、如何发挥领导作用，认为到了一线就是尽职了、就没有责任了，出了事都往点上跑、打乱仗，结果抓了点丢掉面，有的到了现场也不能发挥作用，解决不了问题，还失去了对全局工作的统一领导。[①]这也是突发事件应对中各个地方的常规做法，过于强调领导靠前指挥，冲击了既有的指挥体制和指挥模式，导致突发事件应对中的机制应急性和措施临时性。调查报告发布后，全国多个地方政府组织学习，很多地方也都结合本地区的实际修订应急预案，加强应急演练，模拟极端灾害情况下的应急管理。

除自然灾害外，安全生产也是我国发展中面临的重要问题。虽然我国历来重视安全生产等工作，但近年来也多次发生重特大安全事故。比较典型的有 2015 年天津港"8·12"瑞海公司危险品仓库特别重大火灾爆炸事故、2015 年广东深圳光明新区渣土受纳场"12·20"特别重大滑坡事故、2019 年江苏响水天嘉宜化工有限公司"3·21"特别重大爆炸事故、2019 年长深高速江苏无锡"9·28"特别重大道路交通事故、2020 年福建省泉州市欣

---

① 《河南郑州"7·20"特大暴雨灾害调查报告》，https://www.mem.gov.cn/gk/sgcc/tbzdsgdcbg/202201/P020220121639049697767.pdf，2022 年 6 月 15 日访问。

佳酒店"3·7"坍塌事故、2021年湖北省十堰市张湾区艳湖社区集贸市场"6·13"重大燃气爆炸事故、2021年吉林省长春市李氏婚纱梦想城"7·24"重大火灾事故……这些重特大事故在全国范围造成了不良影响。

安全事故如果处置不当，就有可能引发次生、衍生灾害，导致新的人员伤亡和财产损失。例如，天津港"8·12"瑞海公司危险品仓库特别重大火灾爆炸事故造成165人遇难，其中包括参与救援处置的公安现役消防人员24人、天津港消防人员75人；8人失踪，其中包括天津消防人员5人。消防力量对事故企业存储的危险化学品底数不清、情况不明，致使先期处置的一些措施针对性、有效性不强。专业危险化学品应急救援队伍和装备不足，无法满足处置种类众多、危险特性各异的危险化学品事故的需要。切实提高应急处置能力，最大限度减少应急处置中的人员伤亡。[1]安全事故发生后，往往存在信息传递不及时，人员反应不迅速，拖延应急处置和救援，或者出现谎报瞒报等问题，阻碍应急处置和救援。比如，在十堰市张湾区艳湖社区集贸市场"6·13"重大燃气爆炸事故中，从5时38分群众报警到6时42分许爆炸发生，时间长达1小时，未能及时疏散群众，使重大风险隐患酿成重大事故。关键人未发挥关键作用。十堰东风中燃公司应急管理责任不落实，应急预案流于形式，应急反应迟缓，企业主要负责人没有赶往事故现场指挥应急处置；抢修队员第一次进入现场未携带燃气检测仪检测气体；不熟悉所要关闭的阀门位置所在，只关闭了事故管道上游端的燃气阀门，未及时关闭事故管道下游端的燃气阀门以便保持管道内正压和防止回火爆炸；未按企业预案要求采取设立警戒、禁绝火源、疏散人员、有效防护等应急措施；在燃爆危险未消除的情况下，向公安、消防救援人员提出结束处置、撤离现场的错误建议，严重误导现场应急处置工作，以致未能避免事故发生。地方政企之间应急联动机制不完善，基层应急处置能力不足、经验不够。[2]应急管理相关机制不健全导致发生更严重的事故后果。

---

① 《天津港"8·12"瑞海公司危险品仓库特别重大火灾爆炸事故调查报告》，https://www.mem.gov.cn/gk/sgcc/tbzdsgdcbg/2016/201602/P02019041554391759 8002.pdf，2022年6月15日访问。

② 《湖北省十堰市张湾区艳湖社区集贸市场"6·13"重大燃气爆炸事故调查报告》，https://yjt.hubei.gov.cn/yjgl/aqsc/sgdc/202109/P020211002415958135749.pdf，2022年6月15日访问。

在各类自然灾害和事故灾难调查报告中，都强调加强和完善应急管理体制机制建设，提高应急处置和救援工作水平。比如，《广东深圳光明新区渣土受纳场"12·20"特别重大滑坡事故调查报告》指出，各级政府要加强应急救援工作，健全统一指挥、反应迅速、协调有序、运作高效的应急处置机制，科学施救，最大限度减少人员伤亡和财产损失。要完善应急预案，加强应急演练，提高应急准备的针对性、协同性和实效性，推动事故应对工作由"救灾响应型"向"防灾准备型"转变。[①]

就应急处置和救援环节而言，应当加强应急救援法治化建设，明确各方主体责任，强化应急处置和救援的制度性约束，加强应急处置和救援流程的规范化建设，应当将自然灾害和事故灾难转化为制度建设的契机。

二、应急救援法治化的必要性和可行性

（一）应急救援法治化的必要性

第一，应急救援立法是应急管理法律体系的重要组成部分。在我国目前的应急管理法律体系中，缺少专门的应急救援立法，而应急救援是应急管理的重要环节，也在《突发事件应对法》中予以专章规定。应急管理工作应当坚持"以防为主、防抗救相结合"的原则，在日常应急管理工作中，采取综合防范措施，将自然灾害和事故灾难防范作为基础性工作，当自然灾害和事故灾难发生时，能够迅速反应，启动救援程序。在应急管理工作中，坚持"防抗救"相结合，实现机制的有机统一，程序的前后衔接，不同部门的协调配合，社会主体的广泛参与，增强全社会防御、应对、处置自然灾害和事故灾难的能力。因此，需要构建有机统一、前后衔接的应急管理立法体系。"1+4"的立法体系为应急管理立法指明了方向。由国务院制定的《地质灾害防治条例》等各单灾种的灾害预防条例的立法目的是防治各种自然灾害，减轻自然灾害造成的损失，"1+4"体系中自然灾害防治法是从应对单一灾种

---

① 《广东深圳光明新区渣土受纳场"12·20"特别重大滑坡事故调查报告》，https://www.mem.gov.cn/gk/sgcc/tbzdsgdcbg/2016/201607/P020190415543303044296.pdf，2022 年 6 月 15 日访问。

向综合防灾减灾转变的立法选择，其立法目的重在灾害防治。《安全生产法》（2021 年修订）的立法目的是加强安全生产工作，防止和减少生产安全事故。所以，从这两部法律所覆盖的应急管理阶段而言，都是侧重于预防。但再严密的预防体系也难以避免自然灾害和事故灾难的发生，特别是自然灾害其本身就是难以避免的，所以自然灾害和事故灾难发生之后的救援也是应急管理工作的重要内容，应急救援立法应当是应急管理立法的重要组成部分。"1+4"的立法体系虽然包括《消防法》（2021 年），但消防救援不能覆盖全部的应急救援工作，而且该法关于灭火救援的条文只有 9 条，对救援工作的规定也不够详尽。2019 年 4 月 1 日开始施行的《生产安全事故应急条例》中专章规定了应急救援，该条例对应急救援的规定相对比较完备，覆盖应急救援的主要环节，但该条例主要适用于生产安全事故应急救援工作，不涉及其他情形下的应急救援，制度的适用范围比较狭窄。应急救援立法属于应急管理立法的重要组成部分，应急救援立法可以与其他法律相互配合、相互衔接，形成完善的应急管理立法体系。应急救援立法作为应急救援领域的综合性立法，是应急管理领域立法的重要突破。应急救援立法是个系统工程，需要注重立法内容的协调性，特别是要注意与应急管理、自然灾害应对、安全生产监督管理等其他相关立法在调整范围、内容设计、制度衔接、法律实施等方面的体系整合和制度协调，在此基础上，进一步完善应急管理立法体系。

第二，通过应急救援立法优化应急救援体制。我国不同地区的地形、气候等差别较大，自然灾害种类很多，不同区域存在具有地域特色的自然灾害。随着城市化进程的加快，人口持续流入，为城市管理带来新挑战，安全事故时有发生，城市安全发展压力越来越大，这些都为应急管理工作提出了新要求。2018 年机构改革以来，我国应急管理体制处于优化调整状态，为了提升应急管理的成效，需要创新新形势下的应急管理工作。"大应急"理念的兴起、应急管理社会化参与模式的创新等是应急管理工作的新趋势，因此，应急救援工作面临的制度环境也发生了很大变化。通过应急救援立法，落实新的应急管理理念，加强部门协调联动，发挥社会化救援力量的作用，优化应急救援体制，完善工作机制，提升应急救援工作的规范化、专业化、科技化、智能化水平，实现应急救援的统一领导和协调有序，制度化应急管理的社会化参与，构建统一高效的应急救援体制，提升应急救援工作的成效。

应急救援立法需要充分考虑当前的应急管理体制和应急救援体制，通过立法进一步理顺应急救援工作中的部门权限、职责分工、指挥协调、应急处置和救援、能力建设、队伍建设、保障措施等体制机制问题。强化应急救援的统一指挥、综合协调、分级管理与属地处置；完善应急预案，加强应急演练，构建风险预警机制、信息报送机制、部门联动机制、指挥协调机制、现场救援机制、善后处置机制等。采取制度措施支持鼓励社会化、专业化应急救援队伍发展，壮大应急救援力量。

第三，通过应急救援立法提升应急救援能力。应急救援能力是评价应急救援工作的核心指标。应急救援能力体现为救援手段的科技化、救援装备的智能化、应急指挥的信息化、救援队伍的专业化等多个方面。通过应急救援立法为科技手段的运用、专业设备的装配、应急产业的发展、信息系统的构建等提供法治保障。

应急救援队伍是承担应急救援的重要主体，应当加强对各类应急救援队伍的扶持，提升应急救援能力。在目前应急救援队伍建设中，存在各类各级应急救援组织和应急救援队伍，既包括国家综合性消防救援队伍，也包括各类社会化应急救援力量，这些应急救援队伍专业类别多样，救援能力存在差异。目前，我国基本上构建了以国家综合性消防救援队伍为主力，专业应急救援队伍为骨干，社会应急力量为补充的应急救援队伍体系，形成了覆盖全行业、多灾种的应急救援能力。但目前应急救援队伍建设存在各种问题，应急救援队伍中人员素质、装备配备、救援能力等参差不齐，专业应急救援队伍的组成人员不够稳定，装备的先进性及维护管理有待加强，尚未形成统一的队伍和资源调度平台，救援过程中的调度机制亟待完善，社会应急力量的扶持力度不足，发展受限。从总体上看，需要进一步加强各类应急救援队伍建设，应在应急救援队伍的区域布局、分类建设、培训指导、应急演练、指挥协调、制度支持等方面进行完善，提升突发事件的应急救援能力。

在应急救援队伍管理方面，国家和地方层面都出台了规范性文件，比较全面地规定了应急救援队伍管理中的主要问题。应急救援立法可以在现有制度体系的基础上，充分吸收相关规范性文件的内容，并提炼实践中的经验，总结各种应急救援力量在实践中存在的问题，通过立法加强应急救援队伍建设，完善各类应急救援队伍的支持措施，通过应急救援队伍建设提升应急救援能力。应急救援立法除了包括应急救援的程序性内容，还应当围绕应急救援能力建设和应急救援队伍建设进行制度设计，明确应急救援能力的评价指标并进行针对性的立法完善，通过法治手段保障科技手段的运用、智能系统的构建、救援装备的升级、救援队伍的提升等，实现应急救援的科学化、专业化、智能化，细化各类各级应急救援队伍的专业分工、建设路径、工作协调、制度支持等内容，提升应急救援能力。

（二）应急救援法治化的可行性

"应急治理，其关键在于对突发事件的处置和救援，在这个阶段，风险变成现实的压力，可谓是一种特殊的风险，不得不进行紧急处理，旨在最大限度地降低人身安全和财产损失。应急管理实际上是对社会风险的被动接受，也是一种过去累聚的压力的瞬时释放。"[①] 所以，应急管理是对非常态状况的制度应对，应急救援更是针对自然灾害、事故灾难等突发事件发生后采取的应急措施，因此，应急管理和应急救援往往伴随着制度的变通化实施、权力的非常态行使、权利的弹性化限缩等，应急管理和应急救援过程中，可能会出现不当限缩、侵犯公民权利的情形。所以，应急救援过程中，更需要法治化救援参与各方的相关行为，最大限度减少对公众造成的影响，同时，最大限度保护救援参与各方的权利。

第一，应急救援是一种流程性活动，需要遵循相应的操作规程。突发事件应对中的应急响应、先期处置、救援开展、善后措施等活动，在一定程度上都是流程化的，相关主体的职责权限、处置措施、部门协同等，都会在相关法律法规或者应急预案中作出明确规定，为突发事件的应对提供了相对明确的指引。为了避免应急处置的无序和混乱，应急处置和救援环节的标准化、流程性、工具性等特征更为明显。因此，应急救援立法会有很多程序性或流程化的内容，能够为应急救援的开展提供相对具体而明确的指引，使应急救援在法治框架下进行，实现应急救援的协调有序。

---

① 钱正荣：《政策能力视域下的公共危机治理研究》，武汉大学出版社2014年版，第186页。

第二，应急救援过程中，可能会限缩公民人身和财产权利，影响正常的社会秩序，因此，应急救援应当坚守法治思维和底线思维，遵循比例原则。比如，在应急救援过程中，可能会对特定区域或特定社会面采取不同程度的管控措施，对公民人身权益或者正常的社会生活造成不同程度的影响；也可能会涉及对公民财产的征收征用，侵犯公民的财产权。我国《突发事件应对法》第12条规定："有关人民政府及其部门为应对突发事件，可以征用单位和个人的财产。被征用的财产在使用完毕或者突发事件应急处置工作结束后，应当及时返还。财产被征用或者征用后毁损、灭失的，应当给予补偿。"第49条规定："自然灾害、事故灾难或者公共卫生事件发生后，履行统一领导职责的人民政府可以采取下列一项或者多项应急处置措施：……（四）禁止或者限制使用有关设备、设施，关闭或者限制使用有关场所，中止人员密集的活动或者可能导致危害扩大的生产经营活动以及采取其他保护措施……"为了便于应急救援的开展，合法的征收征用是必要的，对正常社会生活的影响也是需要被容忍的，但各类管控措施的采用，需要遵循比例原则，尽最大可能保护公民的人身安全和财产权益，将对社会的影响降到最低限度。因此，应急救援立法就需要明确管控措施的类别、限度和权力行使者的行为边界，避免对公民权利的无底线侵犯和对社会秩序的无限度破坏。

第三，应急救援过程会涉及不同主体的责任问题，需要通过应急救援立法明确各类主体的责任，保护相关各方正确履职。比如，在应急救援过程中，政府和政府部门工作人员有可能存在履职不当、履职缺位等问题，影响、拖延或妨害应急救援的开展，导致突发事件的危害后果扩大；负有指挥职责的人员有可能存在乱指挥、瞎指挥等问题，从而导致严重后果的发生；救援人员也有可能存在不当行为，导致被救援人员的人身伤害或财产损失；救援过程中政府采取各类社会管控措施，其他主体有可能违反政府管控要求，妨害应急救援或者导致危害后果扩大化等。针对不同行为，需要在应急救援立法中明确相关主体是否需要承担法律责任、承担什么法律责任、在多大程度上承担法律责任，促使相关主体规范自身的行为。同时，也要针对应急救援的特点，建立救援人员的责任豁免机制，使救援人员能够更加主动灵活地在应急救援过程中开展临机处置，妥善解决救援过程中遇到的各类问题，实现应急救援的最佳效果。

第四，应急救援的科学化和法治化是一致的。应急救援是科学化活动，需要加强应急救援科技化建设，提升救援装备的科技化、智能化水平，提高救援队伍和救援人员的专业化处置能力。应急救援立法需要明确提升应急救援科学化的各类措施，完善推动应急救援科学化的制度体系。应急救援过程也需要坚持科学化原则，特别是在危化品事故、矿山事故等特殊的救援场景下，要充分利用科学知识开展救援，避免发生次生、衍生灾害。因此，科学化原则是应急救援的重要原则。在救援场景下，坚持法治化就是坚持科学化，二者是内在一致的。

第五，应急管理法治化是应急管理变革的重要方向，应急救援属于应急管理的重要组成部分，所以，应急救援法治化是应急管理法治化的必然要求。应急管理是国家治理体系的重要组成部分，应急管理现代化是国家治理体系现代化的重要表征，法治化是国家治理体系现代化的重要特征，应急管理也需要法治化。在应急管理法治化的制度语境下，需要进一步完善应急救援立法，构建完善的应急救援立法体系，推动应急管理现代化和国家治理现代化。

《突发事件应对法》第四章专章规定了应急处置与救援，初步明确了应急救援过程中的程序性事项和处置规则。应急救援立法应当以《突发事件应对法》的相关规定为基础，制定应急救援方面的专门法律，形成更为完善的制度体系，推动应急救援法治化。

三、研究综述

应急救援属于应急管理的重要组成部分。我国目前的法学研究中，行政法学对应急管理法治化有较多研究，包括紧急状态中行政权力的边界、行政应急管理体制改革、突发事件应对中公民人身权和财产权的保护、应急管理中的比例原则等。新冠肺炎疫情暴发以来，较多研究聚焦于突发公共卫生事件应急方面。从目前的研究来看，专门研究应急救援法律的成果不多，仅个别研究涉及应急救援某个环节的法学理论问题。有些应急管理法治和应急管理方面的研究，部分涉及对应急救援法律的研究。应急管理方面的研究包括中国应急管理结构、突发事件分析、中国特色应急管理体系和应急能力建设、应急预案的编制和演练、应急救援队伍建设等具体领域的应急管理问题。

从现有的研究来看，主要成果集中于应急管理和应急管理法治化的基本问题，而专门涉及应急救援的理论成果较少，理论研究有待进一步深化。应急救援法治化研究需要总结提炼应急处置和救援中存在的各类法律问题，并将其上升为理论问题，将理论研究转化为应急救援的制度设计。

苗金明的《事故应急救援与处置》以国家在应急管理方面的法律、法规、规章、标准和方针政策为依据，主要研究了应急管理导论、应急管理体系、生产安全事故应急预案管理、生产安全事故应急演练、应急资源保障与应急准备评估、生产安全事故应急救援与处置、事故现场急救方法和技术、典型事故应急救援与处置措施共八章内容。[①] 亏道远、冯兆蕙等的《高速铁路安全立法问题研究》从国内外高铁安全事故梳理分析入手，剖析影响高铁安全的各项因素，梳理比较普铁、道路、航空和水路运输的安全法律法规，借鉴日本、德国、法国等高铁、普铁安全立法经验，在此基础上确立高铁安全立法内容，并对高铁建设质量、专用设备质量、线路、运营安全及监督管理、应急救援和反恐等进行系统研究，提出立法建议。[②] 杨彬主编的《应急产业研究》研究了应急产业构成、国内外应急产业发展现状、我国应急产业发展方向、应急产业发展核心要素、应急产业科技创新、应急产业应用信息技术、应急产业标准化建设、社会化应急体系建设等问题。[③] 王宏伟的《新时代应急管理通论》对灾害事故的概念、特征以及风险减缓、应急准备、应急响应、恢复重建、社会动员、应急沟通与舆情引导等重要问题进行了全面系统的研究和介绍，其中该书第五章研究了灾害事故的应急响应。[④] 魏礼群主编的《中国应急救援读本》围绕应急志愿者参与突发事件现场应急救援专业化、标准化的问题，突出"就近"和"先期"的应急救援理念，阐述了风险治理、应急准备、监测预警、信息报告、第一响应与先期处置、现场应急救

① 苗金明：《事故应急救援与处置》，清华大学出版社 2022 年第 2 版。

② 亏道远、冯兆蕙等：《高速铁路安全立法问题研究》，中国社会科学出版社 2021 年版。

③ 杨彬主编：《应急产业研究》，中国工人出版社 2020 年版。

④ 王宏伟：《新时代应急管理通论》，应急管理出版社 2019 年版。

援、舆情研判与沟通、善后恢复与心理疏导等应急救援的主要内容。[1] 郭其云等的《公共危机应急管理和救援法律体系建设研究》分析了国外公共危机应急救援力量体系建设经验，指出我国公共危机应急救援力量体系存在的弊端，阐述了构建以消防部队为主体的公共危机应急救援力量体系的必要性和可行性，研究构建以消防部队为主体的公共危机应急救援力量体系的管理体制、运行机制、保障机制和法制建设的方法和思路，并对权利、义务与责任进行了明确。[2] 赵文华、祁越的《应急救援学》研究了应急救援的基础理论、应急救援力量、应急救援指挥、应急救援行动、应急救援投送、应急救援演练、应急救援管控、应急救援装备、应急救援保障、应急救援能力建设等问题，对应急救援从理论和学科建设的角度进行了系统研究，有助于进一步完善国家应急救援理论与应急救援实践的架构体系。[3] 程学庆等的《高铁应急救援管理及预案研究》研究了高铁运营安全风险管理理论、突发事件应急管理理论、高铁应急管理体系与运作模式、高铁突发事件应急预案管理研究、高铁突发事件应急预案、高铁突发事件应急演练等。[4] 陈虹的《突发事件应急救援标准及地震应急救援标准建设》收集了国际标准化组织ISO、美国、英国、德国、澳大利亚、法国、日本等国突发事件应急救援标准、国内消防、安全生产、气象、民政、核事故等部门编制出台的各类突发事件应急救援标准以及标准体系研究成果，并对标准进行了分类和统计分析。[5] 董华、张吉光等的《城市公共安全：应急与管理》对我国城市公共安全的现状进行剖析，分析了城市公共安全概念的演化、当代社会城市公共安全的基本问题、城市公共安全学科体系和系统构成等，着重阐述城市公共安全体系结构与要素以及城市公共安全保障的预防、预警预报、应急救援和善后处置环节，系统介绍了城市公共安全评价和规划的方法和策略。[6] 吴宗之、刘茂的《重大事故应急救援系统及预案导论》阐述了重大工业事故应急管理的

---

① 魏礼群主编：《中国应急救援读本》，国家行政学院出版社 2016 年版。

② 郭其云等：《公共危机应急管理和救援法律体系建设研究》，湖南人民出版社 2014 年版。

③ 赵文华、祁越：《应急救援学》，国防大学出版社 2015 年版。

④ 程学庆等：《高铁应急救援管理及预案研究》，中国铁道出版社 2015 年版。

⑤ 陈虹：《突发事件应急救援标准及地震应急救援标准建设》，地震出版社 2014 年版。

⑥ 董华、张吉光等：《城市公共安全：应急与管理》，化学工业出版社 2006 年版。

基本概念和内容，系统介绍了重大事故应急救援系统的结构、组成，应急预案的分级、分类及基本要素，应急预案的编制程序和文件体系，介绍了企业事故应急救援的程序和应急行动办法。[①]

时训先等的《重大事故应急救援法律法规体系建设》认为，重大应急救援法律法规体系建设要从法律、行政法规及部门规章、地方性法规及规章三个方面进行，建立联席会议制度、应急预案编制审核和备案制度、报告与信息发布制度、应急救援的分级响应制度、应急救援演习制度、应急救援资金补偿制度、应急救援的奖惩制度等应急救援工作制度体系。[②] 张云龙、刘茂的《应急救援中的应急决策》认为应急决策是应急管理中的重要方面，直接影响着应急救援行动的质量。在应急决策中，时间是最重要的影响因素，对突发灾难事故应急决策的研究应体现出这一观点。该文在分析应急决策概念和特点的基础上，对应急决策理论模型、研究方法以及应急决策支持系统及典型灾难的计算机模拟等问题进行了初步的讨论。[③] 夏一雪、郭其云的《公共危机应急救援力量管理体系研究》认为我国应急管理工作经历了从分部门应对单一灾害到多部门协同应对复合灾害的发展变化，但是应急管理体系中仍然存在着分灾种、重处置、分部门等问题。依据全风险、全过程、全参与的应急管理理念，以综合协调性和集中统一性作为我国应急管理体系改革的主要方向，采取分步骤、渐进式发展策略，分别从国家、省级、县（市）级层面创新管理体系，建立并完善相关管理机制，逐步实现公共危机应急救援力量的集中统一管理，确保公共危机应急处置科学、合理、高效。[④] 杜文的《巨灾型突发事件应急救援体系研究》认为，巨灾型突发事件应急救援体系建设从以下几个方面进行：建立应急救援法律体系；建立应急救援的政府统一领导指挥体制；建设科学的应急救援信息平台，为应急救援提供信息支撑与服务；建设政府、各类应急救援队伍、社会团体和公众等多元参

---

① 吴宗之、刘茂编著：《重大事故应急救援系统及预案导论》，冶金工业出版社2003年版。

② 时训先等：《重大事故应急救援法律法规体系建设》，载《中国安全科学学报》2004年第12期。

③ 张云龙、刘茂：《应急救援中的应急决策》，载《中国公共安全（学术版）》2009年第1期。

④ 夏一雪、郭其云：《公共危机应急救援力量管理体系研究》，载《中国软科学》2012年第11期。

与的应急救援模式；实现区域应急救援合作；适当按照市场化机制，提倡和鼓励非国有企业单位、社会团体、公众个人等有偿参与社会应急救援行动；建立科学的应急物流体系，保障应急救援物资储备、使用和调配的合理化；加强综合性应急救援队伍、职业化应急救援队伍和整个队伍体系建设，形成社会应急救援合力。[①] 陈虹等的《地震应急救援标准体系及其关键标准研究》认为，我国现有的地震应急救援标准远远不能满足地震应急救援工作需求，急需在应急救援术语定义、常用标志标识、应急准备能力指标和评定技术、应急预案编制与管理、应急救援队伍建设、应急救援设施与装备指挥中心及救援培训基地建设、应急救援队伍及个人装备配备、地震应急救援分类培训及演练以及地震现场应急处置与紧急救援系列工作规程方面建立技术规范和标准。地震灾害范围大，后果严重，应急救援期相对较长，何时宣布应急救援结束、如何宣布，应急救援队伍的撤离等均需要出台形成标准化格式的工作程序。[②] 夏一雪的《突发公共事件应急救援队伍结构体系研究》认为，应当整合现有专业应急救援队伍，形成布局合理、专业性强、具备突击攻坚能力的国家层面应急救援力量体系；形成基层应急救援队伍体系，突出综合应急救援职能、第一时间处置能力建设和社会应急能力建设；按队伍功能将各类应急救援队伍区分为综合应急力量、专业应急力量和后备保障力量等，构建资源有效整合、职责有序衔接、功能有机结合的应急救援队伍体系。[③] 李昌林、胡炳清的《我国突发环境事件应急体系及完善建议》分析了我国突发环境事件应急体系的法律法规体系、预案体系、管理体系、科技体系和保障体系，指出我国突发环境事件应急体系存在的问题，并针对这些问题提出了加强专项污染防治法与突发事件应对法的衔接，提高应急预案的针对性、实用性和可操作性，构建多元主体参与的应急协调协作机制，组建国家级突发环境事件应急技术中心，加强突发环境事件应急人才的培养，编制突发环境事件应急物资储备规划等完善突发环境事件应急体系的政策建议。[④] 杨

① 杜文：《巨灾型突发事件应急救援体系研究》，河南理工大学 2012 年博士论文。
② 陈虹等：《地震应急救援标准体系及其关键标准研究》，载《中国安全科学学报》2012 年第 7 期。
③ 夏一雪：《突发公共事件应急救援队伍结构体系研究》，载《消防科学与技术》2015 年第 3 期。
④ 李昌林、胡炳清：《我国突发环境事件应急体系及完善建议》，载《环境保护》2020 年第 24 期。

涛、王迪的《应急救援联动机制中的志愿组织参与态势分析》认为，在我国促进社会治理现代化快速发展的外部环境推动下，通过发挥灵活性和亲民性的内部优势，志愿组织可以撬起突发事件新特点这一外部机会并产生杠杆效应，志愿组织与政府部门形成应急救援联动机制可以使机会与优势充分结合并有效发挥。但是当志愿服务缺乏长期性、专业性和组织性的内部劣势与法律法规配套不完备和联动机制运行不顺畅的外部挑战相遇时，政府需要在解决志愿组织在联动机制中的参与问题后探索构建联动机制。比如，通过改进政府购买的方式维持志愿组织的服务长效发展。政府在购买志愿组织凭借应急救援经验研发的创意设备理念之后，可以将生产的创意设备以物质奖励的形式资助其他志愿组织。这样志愿组织既可以获得知识研发价值，也可以在政府部门和志愿组织之间共享科技创新成果。在充分考虑劣势因素和挑战因素后，扬长避短地构建志愿组织和政府部门的应急救援联动机制。[①]

关于应急管理和应急管理法治化的研究，目前学术成果较多，其中以薛澜（2020）、闪淳昌（2021）、莫于川（2005、2020）、林鸿潮（2020、2021）等学者的研究成果为代表，这些成果比较全面地阐述了应急管理的基本理论问题，分析了中国特色应急管理体制的特色和运行状况，研究了应急管理法治中的权力运作、权利保护、程序约束、制度建设和责任机制等问题。其中，有些成果涉及应急救援法治化问题。比如，薛澜、闪淳昌主编的《应急管理概论：理论与实践》系统梳理了应急管理的基本概念并构建理论体系，以"一案三制"为主体脉络展开论述，总结了国外突发事件应急管理经验，研究了我国应急管理体制和中国应急救援队伍建设等应急管理体制问题；按照应急管理的过程，具体研究了预防与应急准备、监测与预警、应急处置与救援、恢复与重建等内容；涉及应急管理法制，研究了突发事件应急法制概述与应急管理法律体系等。[②]闪淳昌的《应急管理：中国特色的运行模式与实践》采用理论推演与案例研究相结合的方法，对中国特色的应急管理运行模式进行了探讨，总结了中国特色应急管理运行

---

① 杨涛、王迪：《应急救援联动机制中的志愿组织参与态势分析》，载《华北理工大学学报（社会科学版）》2021年第1期。

② 薛澜、闪淳昌主编：《应急管理概论：理论与实践》，高等教育出版社2020年第2版。

模式的背景和中国应急管理的历史与现状,分析了美国、英国、日本等发达国家应急管理运行模式,并研究了中国特色的应急管理运行模式基本经验,提出了提升中国应急管理能力的政策建议。[①] 莫于川的《社会安全法治论:突发社会安全事件应急法律机制研究》研究了依法预防和处置突发社会安全事件的对策思路,相关研究成果可以推动落实"完善应急管理体制机制、有效应对各种风险"的战略方针,保障经济社会协调和可持续发展。[②] 林鸿潮的《应急法概论》系统回顾和总结了我国应急法制体系的逐步建立和发展过程,详细阐述了突发事件应对过程中各个环节涉及的法律制度和相关问题,集中研究了我国应急法体系、应急组织体系、应急管理中的行政机关、突发事件的风险管理制度、应急预案制度、应急准备制度、信息与预警制度、应急决策和处置制度、恢复和重建制度、突发事件应对中的法律责任等。[③] 林鸿潮、陶鹏的《应急管理与应急法治十讲》研究了应急管理中的基本概念、风险管理的基本框架、应急预案体系及其管理、应急管理中的社会共治、激发和创新我国应急管理制度优势、法律在应急管理中的作用、应急管理中的基本法律原则、我国应急法制的体系框架、应急管理中的责任机制等。[④] 林鸿潮主编的《〈突发事件应对法〉修订研究》讨论了《突发事件应对法》修法的基本思路和法律名称、基本框架、紧急状态制度等关键问题,并对《突发事件应对法》各章节具体修订方案逐一进行了研究,进而提出修订建议。[⑤] 这些研究成果部分涉及应急救援法治化建设的相关内容。

四、基本结构

第一章主要分析了我国应急管理体制变迁的制度逻辑及我国应急管理法治化建设的制度需求,总结了我国应急救援法律体系建设的现状以及域

---

① 闪淳昌主编:《应急管理:中国特色的运行模式与实践》,北京师范大学出版社2011年版。
② 莫于川主编:《社会安全法治论:突发社会安全事件应急法律机制研究》,法律出版社2020年版。
③ 林鸿潮:《应急法概论》,应急管理出版社2020年版。
④ 林鸿潮、陶鹏:《应急管理与应急法治十讲》,中国法制出版社2021年版。
⑤ 林鸿潮主编:《〈突发事件应对法〉修订研究》,中国法制出版社2021年版。

外相关立法的进展。

第二章是本书的基础部分，研究了应急救援立法的法律名称、调整范围、体系定位，特别是研究了应急救援立法与《突发事件应对法》《自然灾害防治法》《安全生产法》《消防法》等的关系。

第三章研究了应急救援的体制机制问题，具体包括政府职责、部门职责和应急救援中的部门协调机制、应急联动机制、社会参与机制等各种机制问题。

第四章主要研究了应急救援能力建设的法治保障。根据应急救援的流程初步研究了应急预案与应急演练、应急处置能力建设、信息化能力建设；还研究了开展应急救援所需的资金保障、物资保障、科技保障、交通保障、通信保障等，并初步研究了救援后的处置能力问题。

第五章研究了应急救援队伍建设的法治保障。应急救援队伍作为应急救援的重要参与者和实际承担者，在应急救援立法中占有重要地位。应当完善应急救援队伍的发展规划，建立应急救援的职业化体制，加强应急救援队伍的协调机制，完善应急救援队伍的支持措施，同时，推动社会化应急救援队伍发展。

第六章研究了应急救援现场的指挥机制，提出以现场指挥部为中心构建救援现场指挥机制，并分析了中国特色的"靠前指挥"，还分析了"靠前指挥"的制度优势及其可能后果，提出将应急救援中的"靠前指挥"转化为常态化的指挥机制建设。初步研究了现场指挥部设置的相关问题，包括开设现场指挥部的情形、现场指挥部的开设流程、现场指挥部的选址、现场指挥部的组成、现场指挥部的职权、现场指挥官的选任和职责、现场指挥部的运行机制、现场指挥部的撤销等。

第七章研究了应急救援的基本原则。该内容之所以放在现场指挥部后面，是因为这是应急救援过程中应当遵循的原则，是与救援现场密切相关的内容。结合救援过程的具体环节，本书提出了应急救援的及时性、科学化、社会参与和临机处置等原则。

第八章研究了应急救援中的法律责任，其中重点研究了应急救援费用的承担机制，明确提出自行承担救援费用的情形，还研究了应急救援人员不承担责任的相关法律问题。

第九章研究了应急设施"三同时"制度。应急设施"三同时"制度在我国目前应急法律体系中没有确立，但可以开展制度探索，在地方立法中先行确立，总结其实施效果，并在此基础上进一步完善应急设施"三同时"制度。应急设施"三同时"制度属于一般性制度，并非应急救援阶段独有，但与应急救援具有密切关系，建议在《突发事件应对法》或者未来的突发事件应对管理法中加以明确规定，以此指导《安全生产法》《自然灾害防治法》《消防法》和应急救援立法。

五、可能的创新点

1. 将应急救援作为单独的研究对象。应急救援在目前的法学研究中没有得到充分的研究，甚至没有将其作为独立的内容进行研究，往往是在研究应急管理法中顺带研究应急救援的相关内容。本书将应急救援法治化作为独立的研究对象，初步研究了应急救援法治化的相关理论问题，并对个别制度展开了初步分析。

2. 明确了应急救援立法在应急管理法律体系中的地位。目前的应急救援立法是缺位的，中央层面的立法尚在制定过程中，而地方层面也缺少相应的制度探索。"1+4"应急管理法律体系中，应急救援立法的地位并未达成共识。本书初步分析了"1+4"应急管理法律体系各个部门法之间的关系，明晰了应急救援立法在应急管理法律体系中的地位，在此基础上可以进一步明确应急救援立法所涉及的具体制度内容。

3. 分析了"靠前指挥"的制度内涵。"靠前指挥"是具有中国特色的突发事件应对制度，该制度在突发事件应对中具有一定的优势，但也存在潜在后果。本书初步分析了"靠前指挥"的制度内涵及其潜在后果，并提出完善"靠前指挥"的制度路径，使其与中国特色应急管理体制相融合。

4. 提炼了应急救援的基本原则。有些学者提出了应急处置和救援的基本原则，但这些基本原则的独特性不够，往往与应急管理的原则相混同。应急救援的基本原则应当体现出应急救援环节的独特性，回应应急救援的制度需求。因此，除了应急管理的一般原则，应急救援也应当有自己的原则。本书结合应急救援的阶段性特征，提出了应急救援及时性、科学化、社会参与和临机处置等原则。

5.初步研究了应急管理中的"三同时"制度。"三同时"制度在我国应急管理领域和应急管理法治领域都较少涉及，在具体的制度设计中，除了《安全生产法》之外，其他法律也没有明确确立这一制度。本书认为，应当明确确立应急管理中的"三同时"制度，加强预防环节的制度设计，完善应急管理体系，进而为应急救援提供坚实的保障。

第一章　应急救援立法体系

2019 年，习近平总书记在中央政治局第十九次集体学习时的讲话中指出："发挥我国应急管理体系的特色和优势，借鉴国外应急管理有益做法，积极推进我国应急管理体系和能力现代化。""要坚持依法管理，运用法治思维和法治方式提高应急管理的法治化、规范化水平，系统梳理和修订应急管理相关法律法规，抓紧研究制定应急管理、自然灾害防治、应急救援组织、国家消防救援人员、危险化学品安全等方面的法律法规，加强安全生产监管执法工作。"

受多样化的地理环境、复杂的气象条件等自然因素影响，我国易受各类自然灾害的侵袭；城市化进程持续推进，城市安全发展压力越来越大，安全事故时有发生；以新冠肺炎疫情为代表的突发公共卫生事件凸显了公共卫生治理的制度漏洞，亟须进行公共卫生治理体系变革。这些都为应急管理工作提出了新要求。因此，为了回应应急管理面临形势的新变化，2018 年2 月，国家层面推动了应急管理机构改革，打破部门本位、条块分割、自成体系的碎片化应急管理格局，向"系统化、综合化"应急管理模式转变，成立了应急管理部。2019 年，应急管理部推进《应急管理立法体系框架方案》落实，加快构建"1+4"（应急管理法＋安全生产法、自然灾害防治法、消防法、应急救援组织法）法律体系骨干框架，力争到 2023 年，初步形成"1+4"的应急管理法律体系框架。2022 年 2 月发布的《"十四五"国家应急体系规划》提出："加快完善安全生产法配套法规规章，推进制修订应急管理、自然灾害防治、应急救援组织、国家消防救援人员、矿山安全、危险化学品安全等方面法律法规，推动构建具有中国特色的应急管理法律法规体系。"

《突发事件应对法》的修订工作已经进入正式的立法程序，自然灾害防治法也已提上立法日程，《安全生产法》《消防法》已于 2021 年修订通过，应急救援组织法的立法工作也应当加快推进。为了落实新的应急管理理念，构建统一高效的应急救援体系，加强部门协调联动，发挥社会化救援力量的作用，优化应急救援体制，完善工作机制，提升应急救援工作的规范化、专业化、科技化、智能化水平，制度化应急管理的社会化参与，实现应急救援的统一领导和协调有序，需要进行专门的应急救援立法。

一、我国应急管理体制变革与应急管理法治化建设

（一）我国应急管理体制变迁的制度逻辑

长期以来，我国遭受地震、水灾等各种恶劣自然灾害的侵扰；危化品爆炸、煤矿事故等屡有发生，安全生产形势严峻；城市发展中存在各种安全隐患；从 2003 年的"非典"到 2019 年底暴发的新冠肺炎疫情，凸显了公共卫生应急方面的制度短板。应急管理制度建设任重道远。应急管理是国家治理体系和治理能力现代化的重要内容，强化应急管理的现代化建构，推进应急管理法治化建设，是国家治理体系和治理能力现代化的重要内容。

应急管理不仅是中国面临的问题，也是全世界面临的共同难题，如何通过常态化的制度设计消除各类潜在危险，是应急管理制度建设的重要着力点，也是应急管理体系效能的重要评价指标。

我国一直重视防灾减灾和安全生产工作，但长期以来，防灾减灾和安全生产方面的应急管理工作在预防方面存在制度缺失，没有形成系统性的应急管理体系和完善的应急管理制度，应急管理措施也主要集中于自然灾害和事故灾难发生后的应对方面，形成应对危机的社会政治动员和政府行政管控的机械管理模式，以及条块分割组织体制、被动撞击式和事后救火式的应急机制。①2018 年机构改革组建了应急管理部，我国迈向了应急管理制度建设的新阶段。

但从我国应急管理制度的发展现状看，尚未形成系统性的应急管理改革方案，应急管理的体制机制也处于持续调整和优化状态，距离国家治理现代

---

① 刘霞：《公共危机治理：理论建构与战略重点》，载《中国行政管理》2012 年第 3 期。

化的要求尚有差距。因此，应通过法治化路径，总结应急管理制度改革的经验和成果，进一步完善"一案三制"的制度安排，推进应急管理体系现代化。

从我国应急管理体制的历史发展看，应急管理体制变迁遵循以下逻辑：

第一，从突发事件的个案处理到应急管理的系统应对。在突发事件应对的制度实践中，由于缺少系统性的应急思维，"一案三制"没有得到有效落实。突发事件发生后，往往通过个案处理的方式加以解决，没有形成系统性的应对方案。突发事件处置完毕后，对自然灾害或安全事件的处置工作进行总结评估，相关的经验教训也没有形成制度建设的有效契机，难以推动应急管理的整体制度建设。在我国突发事件应对的某些情况下，个案应对模式的弊端极其明显，临时性的方案、应急性的措施、不惜代价的投入、不计后果的管控、难以复制的经验和缺少预期的责任，往往都是个案应对模式中存在的问题，而系统性应对方案的不足，降低了应急管理的制度成效。应急管理部的组建标志着我国应急管理体制演化的新思路，应急管理需要从系统性的角度加以考虑，从而形成整体的治理理念、完善的应对链条、系统化的应对方案和法治化的制度保障。

第二，应急管理的相关制度建设，从政策应对走向法治应对。我国应急管理工作长期以来并不缺少相关的制度约束，"一案三制"是我国应急管理制度建设最经典的总结和概括。但更多的应急管理制度和规范以意见、通知、文件等形式予以呈现，缺少系统性，并且法治化的刚性约束不足，应急管理体制机制长期存在法治化滞后问题。由于应急管理面对的是非常态化状态下的问题，法治化建设有其独特性，但作为国家治理体系现代化重要组成部分的应急管理体系也要遵循法治原则，因此，需要加强应急管理制度建设，持续推进应急管理体制的法治化。2007年通过并进入修订程序的《突发事件应对法》及2021年修订通过的《安全生产法》和《消防法》，以及将要制定的自然灾害防治法等法律，初步构建了应急管理的法治化框架。与应急管理相关的行政法规和部门规章越来越多，形成了完善的应急管理法律体系，应急管理工作有法可依。应急管理逐步实现从政策治理到法律治理的转变。

第三，从事后应对到事前预防的转变。应急管理不仅着眼于突发事件发生后的应对，更要注重事前预防，这是应急管理体制变革的重要价值取向。突发事件发生之后的应对非常必要，可以减少人员伤亡，降低财产损失，但从总体上看，仍会造成不可逆的损失，是一种比较低效的应急管理活动。"救援与处置发展越超前，预防与准备、预警与监测发展越可能滞后。同理，由于救援与处置针对突发情形，事态相对紧急，救援与处置越发展，越容易迅速控制事态，一旦事态平息，也就削弱了发展预防与准备、预警与监测的紧迫性。"[1] 在当前的应急体制变革中，需要加强预防方面的制度建设，避免或减少突发事件的发生。比如，通过制度建设，完善应急预案体系，推动应急预案落地，加强应急演练，构建信息化的监测预警指挥平台，及时发现突发事件信息、控制事态发展等，这些都是预防原则的重要体现，也是我国未来应急管理制度建设的重要着力点。

第四，应急管理体制建设应当充分吸收其他国家的先进经验，同时又要兼顾本土的制度实践。风险社会中，全球不同国家面临同样的风险和威胁，应急管理工作具有一定的全球趋同性，应急处置和救援经验可以互相借鉴，制度设计可以互相参考，因此，我国的应急管理体制建设也应当充分吸收其他国家的先进经验。同时，我国的应急管理体制具有特殊的制度环境和独特的运作逻辑。比如，我国的体制具有较强的动员能力，这种动员能力可以快速有效地应对突发事件，迅速开展应急处置和救援工作。我国特色的应急管理运行模式，可以概括为政府主导下的"多力量整合模式"。[2] 我国应急管理体制改革可以充分利用这一制度性的本土特色，在广泛动员的基础上，进一步加强常态化的制度建设，将本土的制度实践转化为长期的制度效能，将全民动员型的突发事件应对模式转化为制度主导型的系统性应对模式，强化制度在应急管理中的作用，避免个案型的应对模式对应急管理体制造成冲击，这是我国应急管理体制变革应当考虑的核心要点之一。

我国的应急管理体制处于变革和调整状态，应急管理模式也在持续优化。在国家治理体系和治理能力现代化的语境下，法治化的应急管理体制是制度建设的必然要求，也是应急管理制度建设的重要着力点。在应急管理体制变革中，应当强化法治思维的指导，强化法律手段的运用，强化法治

---

① 张海波、童星：《中国应急管理结构变化及其理论概化》，载《中国社会科学》2015年第3期。

② 闪淳昌主编：《应急管理：中国特色的运行模式与实践》，北京师范大学出版社2011年版，第102页。

框架的约束,形成常态化的突发事件应对模式和法治化的应急管理体制。

应急救援属于应急管理体制的重要组成部分,应急救援与应急管理遵循相同的制度逻辑。应急救援是事后的突发事件应对活动,属于应急管理体系的末端环节,应急救援的效能依赖于应急管理体系的整体运作。如果形成了完善的应急管理体系和有效的应急管理框架,强化应急管理预防环节的制度约束,很多突发事件就不会发生,也就不存在启动应急救援的问题。即使发生了突发事件,在高效运作的应急管理体制之下,也能够迅速启动应急处置和救援,以最低成本最大限度减少人员伤亡和财产损失。所以,应急救援的效能依赖于整体应急管理体系制度的有效性。

(二)我国应急管理法治化建设

应急管理法治化在西方国家经历了长期的历史阶段。第二次世界大战结束之后实现了长期和平,经济发展导致大量环境、经济等新型灾难,西方主要国家纷纷缩减甚至废止关于战时戒严的法律规定,并将更为频繁的自然和社会突发公共事件纳入法治化的轨道,并在这一基础上建立起各自完整的应急法治框架,走向专业化的应急道路。20世纪末期,突发公共事件又凸显了许多新的特点,应急手段日新月异,应急法治向纵深化发展,显现出新的趋势。[1]

长期以来,我国采用单行立法的方式应对各种自然灾害,各个部门也出台了各自主管领域的安全生产相关法律法规,应急管理立法整体上呈现碎片化状态。突发公共卫生事件应急方面的立法一直缺位,直到2003年,为应对"非典"事件才出台了《突发公共卫生事件应急条例》。新冠肺炎疫情加速了各地突发公共卫生事件应急立法的进程,北京、浙江、深圳等地都出台了地方突发公共卫生事件应急条例。2007年《突发事件应对法》出台,其中的突发事件包括自然灾害、事故灾难、公共卫生事件和社会安全事件等四大类,作为统筹性、整体性的应急管理法律,该法将应急管理法治化提升到了新的水平。随着应急管理面临的形势发生变化,《突发事件应对法》已不

---

[1]　马怀德主编:《法治背景下的社会预警机制和应急管理体系研究》,法律出版社2010年版,第35页。

能适应新形势下的应急管理工作。应急管理部提出"1+4"应急管理法律框架体系，应急管理法治化工作进入新阶段。

基于应急管理实践和应急管理制度建设状况，我国总结出了"一案三制"这一独具特色的应急管理制度体系。"一案三制"是指为应对突发公共事件所制定的应急预案和建立健全应急体制、应急机制、相关法律制度的简称。"一案"是指应急预案，"三制"是指应急体制、应急机制和应急法制。应急体制主要指建立健全集中统一、坚强有力、政令畅通的指挥机构；应急机制主要指建立健全监测预警机制、应急信息报告机制、应急决策和协调机制；而应急法制主要指通过依法行政，使突发公共事件的应急处置逐步走上规范化、制度化和法制化轨道。① 在"一案三制"的制度体系下，应急预案被赋予重要地位。各个层级的政府和政府部门及社会各单位都制定了本单位应急预案，形成了全社会的应急预案体系，应急管理工作在应急预案的指导下开展。

除了法律法规，应急管理领域的标准化建设也是应急管理法治化的重要内容。2022 年发布的《"十四五"国家应急体系规划》明确提出推进应急标准建设的问题。"实施应急管理标准提升行动计划，建立结构完整、层次清晰、分类科学的应急管理标准体系。……针对灾害事故暴露出的标准短板，加快制修订一批支撑法律有效实施的国家标准和行业标准，研究制定应急管理领域大数据、物联网、人工智能等新技术应用标准，鼓励社会团体制定应急产品及服务类团体标准。加快安全生产、消防救援领域强制性标准制修订，尽快制定港区消防能力建设标准，开展应急管理相关国家标准实施效果评估。"应急标准既是规范应急管理的重要标尺，也是评判应急管理工作效果的重要参考，应急标准化建设是应急管理法治化建设的重要组成部分。

应急管理是一个系统性、综合性的工作。就应急管理涉及的领域来讲，包括自然灾害、事故灾难、公共卫生事件和社会安全事件，这四类突发事件的可预测性、可预防性、危害性等存在差别，应急处置手段和救援措施也有较大的不同，不同突发事件的应对需要不同的资源、技术、专业能力等，其立法的差异性较为明显；就应急管理包括的阶段来讲，监测、预警、处置、救

---

① 闪淳昌主编：《应急管理：中国特色的运行模式与实践》，北京师范大学出版社 2011 年版，第 25 ～ 26 页。

援和善后等不同阶段对应不同的权力配置和职责分工，协调机制、联动机制、衔接机制、动员机制、参与机制等应当是立法的重要内容，以贯彻应急管理工作的体系性、完整性，提高应急管理工作的效能。

所以，应急管理法治化是复杂的系统工程，在我国现有应急管理法律法规的基础上，应围绕提高应急管理能力这一核心目标，分层次、分阶段推进应急管理领域的法律制定和法治建设。

二、我国应急管理和应急救援立法现状

（一）国家层面立法概况

目前，我国初步形成了应急管理的法律体系，但没有专门的应急救援立法。通过收集和梳理国家和国内有关省市应急体制、应急管理、安全生产、应急救援等方面的立法，可以发现我国的应急管理和应急救援立法较为庞杂。目前立法体系存在以下几个问题：

（1）在法律层面，2007年制定了《突发事件应对法》，作为应急管理领域的一般性法律。《突发事件应对法》确立了我国应急管理体制，但在制度实践中的不足日益明显。随着经济社会形势的变化和应急管理体制改革的深入，应急管理体制改革需要适应现实需求，在"统一领导、综合协调、分类管理、分级负责、属地管理为主"的基础上进一步深化，形成"统一指挥、专常兼备、反应灵敏、上下联动的应急管理体制"。2020年启动对《突发事件应对法》的修订，形成《突发事件应对管理法（草案）》。在《突发事件应对法》和《突发事件应对管理法（草案）》中专章规定了应急处置与救援。现行的制度设计没有体现"大应急"理念，缺少与应急管理部门职责、权力相匹配的制度安排，整体性的制度设计有所欠缺。应急管理部提出加快构建"1+4"的法律体系，为完善我国应急管理立法指明了方向。自然灾害防治法尚未出台，目前自然灾害防治主要依赖国务院制定的单灾种行政法规。《安全生产法》（2021年修订）是包括相关行业领域安全生产单行法律、行政法规的安全生产小法典，自然灾害防治法是包括单灾种法律、行政法规的自然灾害小法典。而应急救援组织法与应急救援立法和整个应急管理法律体系

的关系尚需进一步明确。

（2）在行政法规层面，应急管理和应急救援具有明显的专业性、行业性、范围性等特征，应急管理和应急救援的条块分割、区域分割、行业分割等弊端比较明显，导致制度重复建设、管理指挥混乱、部门联动失灵等问题。比如，针对重大动物疫情，制定了《重大动物疫情应急条例》；针对核电厂事故，制定了《核电厂核事故应急管理条例》；针对铁路交通事故，制定了《铁路交通事故应急救援和调查处理条例》；针对电力安全事故，制定了《电力安全事故应急处置和调查处理条例》。在自然灾害领域，2011年的《破坏性地震应急条例》规定了应急机构、应急预案、临震应急及震后应急等内容；在安全生产领域，2019年发布并实施的《生产安全事故应急条例》，对生产安全事故的应急准备、应急救援做了规定。2019年的《自然灾害救助条例》从救助准备、应急救助、灾后救助、救助款物管理等方面规定了应急救援和应急管理等方面的内容。自然灾害领域、安全生产领域和公共卫生领域的应急管理和应急救援存在差异，自然灾害领域不同灾种之间的应急管理和应急救援也存在差异，这不但影响整体性的立法构建，也影响统一高效应急管理体制的形成。现行立法不符合构建"统一指挥、专常兼备、反应灵敏、上下联动"的中国特色应急管理体制的要求，不符合应急管理体制变革的趋势，也不符合从应对单一灾种向综合防灾减灾转变的要求。

（3）在部门规章层面，应急管理和应急救援立法具有明显的部门性和行业性，很多部门都制定了与部门管理职能相关的应急管理和应急救援规章，如应急管理部门的《生产安全事故应急预案管理办法》、交通部门的《铁路交通事故应急救援规则》、民航部门的《民用运输机场突发事件应急救援管理规则》、原化学工业部门的《化学事故应急救援管理办法》，农业部门、卫生健康部门等也都出台了各自主管领域应急管理方面的部门规章。有些应急管理和应急救援具有明显的专业性，部门主导的应急管理和应急救援有其优势，但这种立法模式不利于构建统一高效的应急管理体制，特别是在需要加强部门联动和部门协作的情况下。实现部门立法与统一立法的衔接、部门立法融入整体的应急管理和应急救援制度体系，实现"大应急"理念，应当是应急管理法治化的重要内容之一。

（4）在规范性文件层面，国家层面有关应急管理和应急救援的规范性文件较多。规范性文件与法律法规在内容上应当如何分工？规范性文件如何与相关法律法规相协调？规范性文件能否上升为相关立法？随着应急管理体制改革的深入推进，需要对现行规范性文件作出全面的清理和分析，划定规范性文件和法律法规的调整范围和规范边界，构建多层次的规范体系，实现立法的科学化和系统化。

具体来看，国家层面有关应急管理和应急救援的规范性文件集中在应急管理标准化工作管理、应急救援中央与地方财政事权和支出责任划分、消防工作、安全生产应急救援等方面。比如，2011年的《国务院关于加强和改进消防工作的意见》，旨在促进消防工作与经济社会发展基本适应，健全消防法律法规，形成社会化消防工作格局等；2019年实施的《应急管理标准化工作管理办法》，旨在促进应急管理科技进步，提升安全生产保障能力、防灾减灾救灾和应急救援能力；《2019年安全生产应急救援工作要点》，旨在加强安全生产应急救援队伍和基地建设，推进法规标准体系建设，强化应急准备，提升应急救援能力；2020年实施的《应急救援领域中央与地方财政事权和支出责任划分改革方案》，旨在健全中央和地方两个积极性体制机制，优化政府间事权和财权划分，建立权责清晰、财力协调、区域均衡的中央和地方财政关系，形成稳定的各级政府事权、支出责任和财力相适应的制度。

除了规范性文件，2018年实施的《应急管理部工作人员"八个必须"行为规范》、2021年实施的《"工业互联网＋危化安全生产"试点建设方案》和2022年实施的《"十四五"应急管理标准化发展计划》等对应急管理和应急救援的标准化和规范化作了进一步的规定。

总体来看，除《突发事件应对法》之外，国家层面有关应急管理和应急救援的法规、规章和规范性文件较多，初步形成了应急管理的制度体系，但相关法律法规和规范性文件的部门化、行业化色彩比较浓厚，制度比较分散，效力层级不一，不利于构建有机统一的应急管理法律体系。并且，现行法律体系中，有关应急救援的相关立法和制度规定比较分散和薄弱。

（二）国内有关省市立法情况

从地方立法看，不同地方在应急管理及应急救援立法和制度实践方面作出了探索，但立法情况存在差别。一些省市较早制定了突发事件应对条例或实施《突发事件应对法》办法。比如，北京市在 2008 年奥运会前通过了《实施〈突发事件应对法〉办法》，上海市在 2012 年制定了《上海市实施〈中华人民共和国突发事件应对法〉办法》。广东省关于应急管理和应急救援的法律规范较少，除了作为地方性法规的《广东省突发事件应对条例》外，其他法规亦呈现分散的特点。国内其他省市的立法情况与广东相似，缺乏体现"大应急"理念的应急管理和应急救援立法体系，但部分立法规范也有可借鉴之处。以上海市、河南省、重庆市、天津市、四川省、江苏省、江西省、安徽省、山东省、贵州省、广东省等省市为例，可以初步了解应急管理和应急救援的地方立法状况。

1. 上海市的应急救援立法

上海市根据《突发事件应对法》，于 2012 年出台了《上海市实施〈中华人民共和国突发事件应对法〉办法》，2018 年进行了修订。上海市根据《消防法》，于 2020 年对《上海市消防条例》进行了第四次修正。机构改革后，上海市应急救援指挥体系延续了原有的法规体系框架，依托上海市应急联动中心（2004 年正式启用），通过《上海市实施〈中华人民共和国突发事件应对法〉办法》《上海市突发事件应急联动处置办法》《上海市突发事件预警信息发布管理办法》《上海市气象灾害防御办法》《上海市应急抢险救灾工程建设管理办法》《上海市应急管理局、上海市民政局、上海市财政局关于加强全市灾害信息员队伍建设的实施意见》《上海市自然灾害生活救助资金管理暂行办法》《上海市消防安全责任制实施办法》《上海市应急管理局应急演练计划制定工作规范（试行）》《上海市应急抢险救灾工程建设管理办法》等支撑形成了一套应急管理和应急救援的制度体系。同时还通过《上海市灾害事故紧急处置总体预案》《上海市突发事件信息报告工作管理办法》《上海市公共场所卫生事件应急处理和报告工作流程》《上海市突发放射事件卫生应急处理和报告工作流程》《上海市人民政府办公厅关于进一步明确突发事件应急处置现场指挥的意见》等规范性文件以完善对灾害事故的处理方法、处理程序等。

鉴于《突发事件应对法》正在组织修订，上海市计划组织开展《上海市实施〈中华人民共和国突发事件应对法〉办法》实施后评估工作，考虑依据评估结论修订该办法。此外，目前上海市已完成《上海市安全生产条例》《上海市消防条例》《上海市防汛条例》的修订，以及推进应急管理"十四五"市级规划和应急救援体系建设、安全生产、综合防灾减灾、消防事业发展4个专项规划。

总体而言，在全国各地制定的突发事件应对的地方条例中，《上海市实施〈中华人民共和国突发事件应对法〉办法》是最具有创新性的，虽然已过8年，其间还经历了2018年的机构改革，但其中的一些制度设计仍具有借鉴意义。比如，在《上海市实施〈中华人民共和国突发事件应对法〉办法》中创新性地规定了单元化应急管理制度，即由市突发公共事件应急管理委员会在化工区、保税港区、大型交通枢纽等特定区域，指定牵头单位统筹协调该区域内突发事件应对工作的管理模式。① 建立了应急联动制度，并以一章的篇幅予以详述。其中先期处置制度能够有效地抑制或减少突发事件造成的损失。② 就预警信息的发布和传播，特别规定了对特殊群体或场所的针对性公告方式。③

2.河南省的应急救援立法

河南省应急管理和应急救援立法规范包括《河南省消防条例》《河南省防震减灾条例》《河南省安全生产条例》《河南省气象灾害防御条例》《河南省突发公共卫生事件应急办法》《河南省消防安全责任制实施办法》《河南省安全生产风险管控与隐患治理办法》《河南省生产安全事故隐患排查治理办法》《河南省重大危险源监督管理办法》《河南省公共消防设施管理规定》《河南省实施〈自然灾害救助条例〉办法》《河南省人民政府关于进

---

① 《上海市实施〈中华人民共和国突发事件应对法〉办法》第14条规定："市突发公共事件应急管理委员会办公室应当加强对本市单元化应急管理工作的指导，健全单元化应急管理相关制度。前款所称的单元化应急管理，是指由市突发公共事件应急管理委员会在化工区、保税港区、大型交通枢纽等特定区域，指定牵头单位统筹协调该区域内突发事件应对工作的管理模式。"

② 《上海市实施〈中华人民共和国突发事件应对法〉办法》第29条规定："本市建立突发事件应急处置工作联动机制。市应急联动中心通过'110'以及其他紧急求助电话号码，统一受理公民、法人或者其他组织的突发事件报警，组织、指挥、调度、协调应急联动单位开展应急联动处置工作。"

③ 《上海市实施〈中华人民共和国突发事件应对法〉办法》第27条第2款规定："预警信息的发布应当根据实际情况，通过广播、电视、报刊、互联网、微博、手机短信、电子显示屏、宣传车、警报器、高音喇叭或者组织人员逐户通知等方式进行，对老、幼、病、残等特殊人群以及学校、医院、养老院、通信盲区等特殊场所应当采取针对性的公告方式。"

一步加强和改进消防工作的意见》《河南省突发事件预警信息发布运行管理办法（试行）》《河南省突发事件应急预案管理办法》等。河南省应急管理立法缺乏整体性制度设计，统一的应急管理法律法规较少，既有的立法规范主要侧重于对生产经营单位的安全生产监督管理及安全生产事故的应急处置，而在自然灾害、公共卫生事件、社会安全事件等方面的应急立法较为单薄，落后于应急管理的现实需求。河南省政府2019年印发《关于改革完善应急管理体系的通知》，指出要推进应急管理体系改革，构建统一领导、权责一致、权威高效的应急能力体系，形成统一指挥、专常兼备、反应灵敏、上下联动、平战结合的应急管理体制，推动应急管理实现从安全生产监管向安全生产、自然灾害、应急救援一体化综合协调转变，从应对单一灾种向全灾种综合防灾减灾救灾转变，从应急资源分散管理向应急救援统一指挥、联合响应转变。同时，河南省政府也将制定、修订应急管理地方法规规章，研究制定灾情报告、会商研判、监测预警、应急响应、现场指挥、物资征用、信息发布、舆情应对等一批工作制度。在应急救援方面，缺少专门的应急救援条例，而是分散在其他相关立法中，比如，《河南省安全生产条例》专章规定应急救援和事故调查处理，其中包括救援工作机制，演练和应急救援物资储备、管理、调拨体系，生产经营单位的应急救援职责，并简单规定了应急救援程序。从总体上看，关于应急救援的条文只有4条，制度设计不完善。在应急救援队伍建设方面，河南省于2020年9月发布《河南省应急救援队伍建设管理办法（试行）》，旨在建立完善以国家综合性消防救援队伍为主力，专业应急救援队伍为协同，军队应急救援力量为突击，基层组织和单位应急救援队伍、社会应急救援力量为辅助的应急救援队伍体系，以实现应急救援队伍科学化、规范化、标准化建设管理，提升突发事件应对能力。

3. 重庆市的应急救援立法

重庆市应急管理立法规范涵盖了各类自然灾害、事故灾难、公共卫生事件和社会安全事件的专项应急预案及多项规范性文件，如《重庆市突发公共卫生事件专项应急预案》《重庆市公共密集场所突发事件应急预案》《重庆市食品安全突发事件应急预案》《重庆市消防安全责任制实施办法》《重庆市气象灾害预警信号发布与传播办法》《重庆市地质灾害防治条例》《重庆市市级应急物资管理办法（暂行）》《重庆市应急避难场所管理办法（试行）》

《重庆市应急物资储备管理办法（试行）》《重庆市应急志愿者管理办法》《重庆市突发事件应急预案管理实施办法》《重庆市突发事件预警信息发布管理办法》等。从上述立法规范来看，重庆市已经通过专项预案和规范性文件，对各类自然灾害、事故灾难、公共卫生事件和社会安全事件的应急物资、应急场所、应急预案做了明确规定，完善了重庆市应急管理和应急救援立法的架构。重庆市应急管理系统坚持"边应急、边改革"工作思路，确立了以应急体系建设为基本平台和主要抓手的战略选择，在全力确保机构改革重组特殊时期安全生产和自然灾害防治形势稳定的同时，全面推进应急体系建设，取得阶段性成果。重庆市将全面推动应急体系建设改革，立足"大应急、全灾种、综合性"应急管理发展方向，以控大事故、防大灾害为核心目标，按照目标导向、问题导向，深化体制机制改革。重庆市出台了《重庆市突发事件应对条例》，第五章规定了应急处置与救援，用9个条文规定了应急处置与救援的程序性问题。2010年12月，重庆市人民政府办公厅印发了《重庆市综合应急救援队伍管理办法（试行）》，将全市综合应急救援队伍管理纳入制度规定，具体包括队伍建设、队伍职责、指挥调度、日常管理、培训演练、综合保障等内容。在已有《重庆市消防条例》（2013）的基础上，重庆市已经作出下一步的立法规划，市应急管理局根据机构改革单位职能职责转变的实际情况，向市人大和市司法局上报了地方应急立法的基本构架、五部地方性法规和一部地方政府规章，即《重庆市安全生产条例》《重庆市应急管理条例》《重庆市森林防火条例》《重庆市应急救援组织条例》《重庆市自然灾害防治条例》《重庆市危险化学品安全管理办法》。其中，《重庆市应急救援组织条例》是为了科学有序做好事故灾害应急救援工作，解决应急救援指挥协调体系不健全、应急救援无序低效和不专业、应急救援保障能力不足等问题，为建立健全组织指挥体系、规范应急处置与救援提供保障和支持。

4. 天津市的应急救援立法

天津市应急管理立法规范涵盖自然灾害、安全生产、消防安全、应急救援队伍建设和突发事件应急体系建设等。如《天津市防震减灾条例》《天津市安全生产条例》《天津市实施〈中华人民共和国突发事件应对法〉办法》《天津市消防条例》《天津市突发事件总体应急预案》《天津市应急救援队伍建设管理办法》《天津市人民政府办公厅关于进一步加强和改进突发事件应急体系建设的实施意见》。天津市进一步健全和完善应急管理工作的体制、机制，促进应急管理工作规范化、制度化、科学化，提高全社会预防与应对突发事件的综合能力。2017年，天津市政府办公厅发布了《天津市人民政府办公厅关于进一步加强和改进突发事件应急体系建设的实施意见》。在此基础上，2020年3月，天津市政府出台了《天津市应急救援队伍建设管理办法》，旨在加强天津市应急救援力量建设，提高各类突发事件应急救援能力，并规定了应急救援队伍建设、应急救援队伍管理、应急救援队伍保障等内容。但是当前天津市的应急立法仅有四部地方性法规和三部地方政府规章，在立法体系上仍不健全，距离实现"大应急、全灾种、综合性"的应急管理发展目标还有差距。

5. 四川省的应急救援立法

四川省应急管理立法规范缺乏统一的大应急制度设计。2003年实施的《四川省〈突发公共卫生事件应急条例〉实施办法》规定了对突发公共卫生事件的应急准备、应急报告和应急处理等；2007年实施的《四川省安全生产条例》规定了应急救援与事故调查处理等；2012年实施的《四川省突发事件应对办法》规定了对突发事件的应急准备以及对突发事件的应急救援和处置等。除此之外，还有《四川省突发公共卫生事件应急预案（试行）》《四川省食品安全突发事件应急预案》《四川省防汛抗旱应急预案》《四川省生产安全事故灾难应急预案》《四川省自然灾害救助应急预案》《四川省气象灾害防御条例》《四川省突发生态环境事件应急预案（试行）》《四川省突发地质灾害应急预案（试行）》等。从上述四川省有关应急管理的地方性法规、地方政府规章和专项应急管理规范性文件等看，四川省应急管理立法呈现分散状态。四川省在全国率先建立相关制度，推动实现科学应急管理，提高应急救援能力。2016年3月，四川省出台《关于加强和规范突发事件应急处置和应急救援力量常态建设经费保障管理的意见》，通过厘清支出责任，明确保障范围，加大应急经费统筹整合力度，建立健全应急管理经费保障制度，其在常态建设经费保障方面，把应急救援队伍建设、应急管理信息系统建设及运行维护、应急物资储备体系建设和应急救援训练基地建设及运行维护等重点项目纳入保障范围。2020年4月，四川省出台的《四川省省级应急救援队伍管理办法（试行）》，明确了省级应急救援队伍的管理细则和调度指挥等工作内容，还对救援队伍的训练演练、内部管理、队伍保障、认证考评等方面提出明确要求。在应急救援队伍建设方面，2021年7月，四川省进一步出台《四川省应急委员会办公室关于进一步加强地方应急救援队伍建设发展的指导意见》，提出要完善地方应急救援队伍建设模式，形成规模适度、管理规范的应急救援体系。在2022年底建成"一队多能"的地方应急救援队伍，形成统一领导、协调有序、专兼并存、保障有力的地方应急救援队伍体系。

6. 江苏省的应急救援立法

江苏省应急管理立法规范包括《江苏省安全生产条例》《江苏省防震减灾条例》《江苏省消防条例》《江苏省政府专职消防救援队伍管理办法》《江苏省突发事件预警信息发布管理办法》《江苏省气象灾害评估管理办法》《江苏省高层建筑消防安全管理规定》《江苏省采掘施工企业安全生产监督管理暂行办法》《江苏省突发事件预警信息发布管理办法》《江苏省突发事件总体应急预案》《江苏省突发重大动物疫情应急预案》《江苏省突发地质灾害应急预案》《江苏省突发环境事件报告和调查处理办法》《江苏省突发环境事件应急预案管理办法》《江苏省突发事件应急预案管理办法》。当前未见江苏省出台综合性应急管理地方法规，同时也缺乏专门的应急救援队伍建设方面的地方法规。2022年3月，江苏省政府出台的《江苏省政府专职消防救援队伍管理办法》规定了政府专职消防救援队的组织形式、人员管理、执勤训练、保障措施等内容，但这仅局限于消防领域。江苏省制定的地方性法规也仅限于安全生产、防震减灾、消防等领域。江苏省制定的预案涵盖突发事件、重大动物疫情、突发环境事件等方面，并在个别方面有预案管理办法。比如，《江苏省安全生产条例》第30条就规定了生产经营单位应当制定本单位生产安全事故应急救援预案，与所在地县级以上地方人民政府组织制定的生产安全事故应急救援预案相衔接。《江苏省防震减灾条例》第34条规定全省应当建立健全地震应急预案体系。

7. 江西省的应急救援立法

江西省有关应急管理的立法规范较少，具体包括《江西省突发事件应对条例》《江西省安全生产条例》《江西省防震减灾条例》《江西省消防条例》《江西省专职消防救援队和志愿消防救援队建设管理办法》《江西省实施〈自然灾害救助条例〉办法》《江西省自然灾害救助应急预案》《江西省应急管理厅办公室关于加强汛期烟花爆竹安全生产工作的通知》《江西省关于进一步加强高危行业企业生产安全事故应急预案管理规定（暂行）》。就现有的立法规范看，江西省在安全生产、防震减灾、消防、突发事件等领域制定了地方性法规。江西省于 2013 年出台了《江西省突发事件应对条例》，对应急准备、突发事件的应急处置与救援作了规定。江西省于 2021 年实施的《江西省防震减灾条例》规定了地震应急救援的内容。江西省 2020 年实施的《江西省消防条例》就灭火救援作出了规定。在应急救援队伍建设方面，江西省出台了《江西省专职消防救援队和志愿消防救援队建设管理办法》，但仅对消防领域的应急救援队伍建设进行立法规范。

8.安徽省的应急救援立法

安徽省应急管理方面的地方性法规和规章有《安徽省突发事件应对条例》《安徽省消防条例》《安徽省防震减灾条例》《安徽省安全生产条例》《安徽省消防安全责任制规定》《安徽省自然灾害救助办法》《安徽省森林防火办法》。安徽省应急管理立法的规范性文件侧重于应急救援力量建设、应急物资保障和应急预案及演练等。安徽省应急救援力量的发展经过了较长时间。2010 年，安徽省政府发布《安徽省人民政府关于加强全省应急队伍建设的意见》，旨在建成全省综合性应急救援队伍，全面加强重点领域专业应急队伍建设及进一步规范应急志愿服务。在此基础上，2014 年安徽省安全生产监督管理局出台《安徽省非煤矿山救护队管理暂行办法》，旨在加强全省非煤矿山救护队管理，提高防范和应对非煤矿山灾害事故的应急救援能力，完善应急救援的组织建设。2019 年，安徽省应急管理厅发布《安徽省危险化学品安全生产应急救援队伍管理办法》，强化全省危险化学品安全生产应急救援队伍管理，提高防范和应对危险化学品生产安全事故的应急救援能力。2022 年，安徽省应急管理厅印发《安徽省"十四五"应急救援力量建设规划》，旨在推进"十四五"时期安徽省应急救援力量建设发展，其涉及的应急救援力量是指安全生产类、自然灾害类专业应急救援力量和社会应急力量。2022 年，《安徽省减灾救灾委员会办公室关于印发〈安徽省应急物资保障规划（2021—2025）〉的通知》，进一步完善了应急救援力量建设。除此之外，《安徽省应急管理厅关于印发 2022 年度应急预案演练计划的通知》

《安徽省应急管理厅关于印发安徽省突发地质灾害应急预案的通知》《安徽省应急管理厅关于编制（修订）部门应急预案的通知》等规范性文件，涵盖自然灾害救助、防汛抗旱、地震、突发地质灾害、森林草原火灾、低温雨雪冰冻、生产安全事故等方面的应急预案。

9. 山东省的应急救援立法

山东省应急管理立法规范包括《山东省自然灾害风险防治办法》《山东省突发事件应对条例》《山东省突发事件应急预案管理办法》《山东省财政厅关于印发山东省省级安全生产和应急管理资金管理暂行办法的通知》《山东省自然灾害救助办法》《山东省消防条例》《山东省防震减灾条例》《山东省安全生产条例》《山东省突发事件应急保障条例》《山东省突发公共卫生事件应急办法》《山东省生产安全事故应急办法》《山东省生产经营单位安全生产主体责任规定》《山东省防震减灾知识普及办法》等。山东省主要倾向于自然灾害防治与安全生产事件的专项应急管理，有关专项预案主要集中在突发事件应急、自然灾害救助应急与自然灾害卫生应急等方面。山东省有部分体现"大应急、综合性、整体性"顶层制度设计的应急管理规范，如《山东省突发事件应对条例》《山东省突发事件应急预案管理办法》《山东省人民政府办公厅关于印发〈山东省专业应急救援队伍建设管理办法〉的通知》《山东省防震减灾事业发展第十四个五年规划》《山东省油气管道应急救援队伍和基地建设规划》《山东省安全生产监督管理局关于印发〈山东省非煤矿山应急救援队伍建设规范〉（DB37/T2894-2016）和〈山东省危险化学品应急救援队伍建设规范〉（DB37/T2895-2016）的通知》《山东省应急管理系统行政执法信息公示实施办法》《山东省应急管理系统行政执法全过程记录实施办法》《山东省应急管理系统重大执法决定法制审核实施办法》。《山东省突发事件应对条例》第四章专门规定了应急处置与救援，包括救援体制、部门职责、指挥协调、救援程序等问题。《山东省专业应急救援队伍建设管理办法》旨在加强山东省专业应急救援力量建设，规范专业应急救援队伍建设管理，提升山东省专业应急救援能力和水平。《山东省防震减灾事业发展第十四个五年规划》提出，到2025年，山东省初步建成"监测智能、防治精细、服务高效、科技先进、管理科学"的新时代防震减灾事业现代化体系。地震灾害风险防治、监测预测预警、应急救援、信息服务、科技创新、社会治理等工作水平显著提高，社会公众防震减灾素质进一步提高，"防大震、减大灾，抗大震、救大灾"的能力不断增强，全省防震减灾工作继续走在全国前列。2020年11月27日，山东省第十三届人民代表大会常务委员会第二十四次会议通过了《山东省突发事件应急保障条例》，自2021年1月1日起施行。该条例目的在于加强突发事件应急保障工作，提高应急保障能力和水平，主要规定了组织与人员保障、物资与资金保障、科技与信息保障、运输与通信保障、社会秩序保障等内容，对应急救援立法具有重要的制度借鉴意义。值得注意的是，在应急管理专家队伍建设方面，2019—2020年，山东省应急管理厅发布了《山东省应急管理厅关于印发〈山东省应急管理专家评价考核管理办法（试行）〉的通知》《山东省应急管理厅关于印发〈山东省应急管理专家管理办法〉的通知》《山东省应急管理厅关于印发〈山东省应急管理专家遴选实施办法〉的通知》等规范性文件，形成了应急管理专家的遴选、管理、考核制度。

山东省青岛市在国家、山东省立法基础上，结合青岛市实际和突发事件现状，出台了地方性法规《青岛市突发事件应对条例》《青岛市突发事件应急预案管理办法》。其中，《青岛市突发事件应对条例》规定了市内应对自然灾害、事故灾难、公共卫生事件和社会安全事件等突发事件的相应措施，该条例具体从预防与应急准备、监测与预警、应急处置与事后恢复重建环节进行安排。青岛市还实施了《青岛市人民政府办公厅关于印发青岛市突发事件应急预案管理办法的通知》《青岛市人民政府办公厅关于印发青岛市突发事件信息发布管理办法的通知》《青岛市人民政府关于印发青岛市突发公共卫生事件应急办法的通知》等规范性文件。其中，《青岛市人民政府办公厅关于印发青岛市突发事件应急预案管理办法的通知》旨在规范青岛市突发事件应急预案管理，增强应急预案的针对性、实用性和可操作性。在应急救援队伍建设方面，2020年，青岛市发布了《青岛市应急救援力量联调联战工作机制建设实施方案》，将政府应急救援力量、企业应急救援力量、社会应急救援力量和应急救援专家纳入青岛市应急救援力量，就指挥调度机制、日常联勤机制、应急联动机制、联动保障措施等作了规定。2022年11月，青岛市出台了《青岛市应急救援队伍建设管理办法》，就应急救援队伍组建与职责、队伍管理、指挥调度、后勤保障等作出了规定。

10. 贵州省的应急救援立法

2019 年，贵州省人民政府办公厅发布《关于建立应急救援指挥体系的通知》，其中提到"建立健全应急管理政策法规标准体系。研究制定《贵州省自然灾害防治条例》《贵州省应急救援条例》，修订《贵州省安全生产条例》《贵州省消防条例》等有关法律法规"。2021 年，贵州省修订《贵州省消防条例》，对制定火灾应急预案、应当建立专职消防队的单位、应急协调机制作出了规定。2022 年贵州省开始实施《贵州省安全生产条例》，对生产安全事故的应急救援与调查处理作出规定。目前，贵州省政府办公厅出台了《贵州省应急救援队伍建设管理办法（试行）》，其中规定了应急救援队伍建设、队伍职责、队伍管理、队伍保障等内容。有关应急救援队伍建设，贵州省具有地方特色。例如在山地应急医疗救援方面，贵州省 2017 年出台《贵州省人民政府关于加快构建山地紧急医学救援体系的意见》，在此基础上，贵州省卫生健康委员会在 2022 年出台《贵州省山地紧急医学救援队伍管理办法（试行）》，规定了紧急医学救援队伍建设、队伍管理、装备管理等与山地应急救援有关的内容。在应急专家咨询方面，2021 年贵州省卫生健康委员会出台《贵州省突发事件卫生应急专家咨询委员会管理办法（试行）》，旨在适应新形势下卫生应急工作需要并进一步完善突发事件卫生应急决策机制。总的来看，除了上述立法规范以外，贵州省有关应急管理和应急救援的立法规范还有《贵州省防震减灾条例》《贵州省自然灾害防范与救助管理办法》《贵州省应急平台体系数据管理暂行办法》《贵州省应急厅机关疫情防控 20 条措施》《贵州省自然灾害救灾资金管理暂行办法》《贵州省自然灾害应急预案》《贵州省消防安全责任制实施办法》《省人民政府办公厅关于印发贵州省突发事件总体应急预案的通知》《贵州省突发事件应急预案管理办法》《贵州省突发公共卫生事件应急预案》。

11. 广东省的应急救援立法

广东省应急管理立法规范包括《广东省突发事件应对条例》《广东省气象灾害防御条例》《广东省动物防疫条例》《广东省突发公共卫生事件应急办法》《广东省防震减灾条例》《广东省安全生产条例》《广东省民用核设施核事故预防和应急管理条例》《广东省自然灾害救助办法》《广东省消防救援队伍职业保障办法（试行）》《广东省突发环境事件应急预案》《广东省

突发事件现场指挥官制度实施办法（试行）》《广东省突发事件现场指挥官工作规范（试行）》《广东省安全生产监督管理局关于〈生产安全事故应急预案管理办法〉的实施细则》等。在地方性法规层面，广东省对气象灾害、防震减灾、安全生产、动物防疫、突发事件应对、突发公共卫生事件、民用核设施等方面制定了专门条例。《广东省突发环境事件应急预案》《广东省安全生产监督管理局关于〈生产安全事故应急预案管理办法〉的实施细则》等对应急预案做了规定。广东省在突发事件现场指挥方面的立法具有特点，如《广东省突发事件现场指挥官制度实施办法（试行）》《广东省突发事件现场指挥官工作规范（试行）》对现场指挥官的确定，指挥官的前期工作、现场工作、危险消除或控制后的工作等做了明确规定。

12. 深圳市的应急救援立法

深圳市缺少应急管理和应急救援的相关条例，仅在深圳市应急管理局的规范性文件中能够找到部分应急管理和应急救援的法律规范或制度内容，比如深圳市安全生产监督管理局发布的《关于印发〈生产安全事故应急预案评审和备案工作指南〉的通知》《深圳市突发事件应急专项资金管理办法（修订稿）》等。

深圳市 2005 年发布《深圳市人民政府突发公共事件总体应急预案》，提出以市区两级政府及其职能部门为主体，启动应急预案体系建设。2013 年修订后延用至今。2012 年，深圳市出台《深圳市突发事件应急预案管理办法》，为全市应急预案体系建设提供了指引。2016 年修订后延用至今。2005 年至今，在全市总体应急预案框架和预案管理办法引导下，逐步编制了包括 57 个市级专项应急预案及相关部门应急预案、10 个区级总体应急预案、单位和基层组织应急预案，重大活动应急预案等在内，"横向到边、纵向到底"的全市应急预案体系。关于军地联动，目前有《军队参加抢险救灾条例》《军队处置突发事件应急指挥规定》等原则性规定，没有具体的衔接和操作性指引。虽然深圳市制定了《深圳市突发事件军地应急联动工作机制实施办法》，但机构改革后，军地联动机制需要修订。《深圳市突发事件应急专项资金管理办法（修订稿）》，从资金来源和适用范围，突发事件应急专项资金的申请、审批、使用和监管等方面对应急专项资金管理机制进行健全完善，从而提高突发事件处置效率。深圳市目前已经印发了《深圳市专业应急救援队伍建设指引》，该办法从队伍建设、队伍管理、队伍调度与救援、队伍保障等方面作了规定，以规范和加强全市专业应急救援队伍建设和管理，提高应对各类突发事件的应急救援能力。深圳市应急管理局出台《深圳市应急管理局突发事件内部响应制度》，明确全局各处室的应急职责分工，进一步完善联动协同机制，快速、科学、有效应对和处置各类突发事件。出台了《关于支持社会应急力量参与应急工作的指引》，明确了社会应急力量参与应急工作的范围和主要任务、日常业务管理、突发业务管理、激励与保障等内容。《深圳市高层建筑消防安全管理实施办法》正在征求意见阶段。除此之外，深圳市出台了很多与应急管理工作相关的规范性文件，比如《深圳市人民政府关于进一步加强全市应急能力建设的意见》《深圳市消防救援队伍职业保障办法实施细则（试行）》《深圳市人民政府办公厅关于印发〈深圳市防汛防旱防风抢险救灾工程管理暂行办法〉的通知》《深圳市生产经营单位安全生产主体责任规定》《深圳市物业服务企业参与基层社会治理办法》《深圳市重特大突发事件现场总指挥部开设办法》《关于进一步加强应急队伍建设的意见》等，这些规范性文件从不同方面涉及应急管理工作，初步构建了深圳市应急管理的制度体系。

深圳市很多规范性文件法律层级较低，也落后于应急管理体制的变革趋势和深圳市应急管理的现实需求。基于深圳市应急管理立法现状和立法需求，结合深圳市城市发展状况、安全生产形势、自然灾害的区域特征、应急管理体制变革、应急队伍发展状况、应急救援能力建设等，创新性地提出深圳经济特区应急管理立法的"1+4"方案（"1"指《深圳经济特区城市安全发展条例》，"4"指《深圳经济特区自然灾害防治条例》《深圳经济特区安全生产监督管理条例》《深圳经济特区消防条例》《深圳经济特区应急救援条例》），为完善深圳应急管理立法指明了方向。

13.其他省份的应急救援立法

总体上看，国内很多地方都制定了与应急管理或突发事件应对相关的地方性法规或规范性文件，并配套制定了应急预案管理、安全生产、防灾减灾等方面的相关规定，形成了应急管理的地方法律法规体系。但开展专门应急救援地方立法的省市不多，应急救援方面的规定比较分散，很多规定集中在应急队伍建设发展方面，专门的应急救援立法较为薄弱，并且都是采用规范性文件的形式。就专门的应急救援立法来看，2009 年，湖南省人民政府办公厅印发的《湖南省应急救援实施办法》，是目前国内为数不多的关于应急救援的规范性文件，其目的在于整合应急资源，规范应急救援行动。该办法规定了组织体系和职责、值班与应急、应急救援与处置等内容，其中关于应急救援与处置的内容只有 3 条，法律层级较低，离专门的应急救援立法尚有较大差距。2010 年 9 月，内蒙古自治区办公厅印发了《内蒙古自治区应急救援管理办法》，本办法相对全面地规定了应急救援工作的基本内容，包括救援队伍、职责任务、组织指挥、预案制定与实战训练、应急保障等内容。该办法属于规范性文件，层级较低，但制度思路、制度设计和制度安排对应急救援立法具有一定的借鉴作用。除此之外，国内其他地区只是制定了应急队伍方面的立法或者规范性文件，国内目前没有制定专门的应急救援立法。按照贵州省的立法规划，准备制定《贵州省应急救援条例》；按照重庆市的立法规划，准备制定《重庆市应急救援组织条例》。

应急管理部提出的立法构想包括应急救援组织法，但国内尚无立法经验和立法范本可资借鉴，应当允许各地结合地区实际进行制度探索。从国内目前的立法现状看，制定综合性的应急救援法是一个比较好的路径选择，可以实现对应急救援工作的全链条管理、全方位覆盖和综合性调整，进而构建完善的应急管理立法体系。

三、域外应急救援立法

（一）美国的应急救援立法

美国的应急管理和应急救援立法历史较久，内容较为完善。美国经长期发展从宪法、综合性法律、各种单行法到应急预案和计划等，已形成了一套较完善的应急管理法律体系，应急法治建设可追溯到 1803 年的《国会法》。[①]

美国 1950 年制定了《联邦民防法》(The Civil Defense Act) 和《灾害救助法》(The Disaster Relief Act)。《联邦民防法》要求政府建立一个全国范

① 隋建波、孙刚：《中美应急管理综合对比研究》，载《中国减灾》2013 年第 1 期。

围的民防体系,并将一系列具体民防措施制度化。《灾害救助法》规定,联邦政府在灾害救助过程中应承担法定职责,并要求联邦政府在各州和地方政府履行救灾职责时,为其提供持久有效的援助。这些援助包括减轻因重大灾害而造成的损失,修复灾害中损毁的重要公共设施,促进州一级的安全应急机构发展,并帮助其制定应对重大自然灾害的必要计划。《灾害救助法》于1970年和1974年进行了两次修订。1988年美国国会在《灾害救助法》的基础上通过了《罗伯特·斯塔福救灾与紧急援助法》(Robert T. Stafford Disaster Relief and Emergency Assistance Act)[1],这部法律也被称为《斯塔福法》,是一部以救灾和减灾为内容的法律。《斯塔福法》规定了紧急状态的宣布程序,明确了公共部门的救助责任,确定了各级政府之间的救援程序,规定联邦政府必须对州和地方政府以及民间灾害救助组织进行支持。[2]该法授权联邦应急管理局(Federal Emergency Management Agency,FEMA)在"自然灾害"期间有系统地向州和地方政府提供应对灾难的援助,并协调国家的应对行动,包括调动联邦基金。历史上,多位总统依据该法宣布进入紧急状态,最近的一次是美国总统特朗普依据该法宣布美国进入紧急状态,让联邦政府调集更多资源抗击新冠肺炎疫情,也使得联邦政府为各州和市政当局提供更多援助成为可能。因此,该法在美国的应急管理法律体系中具有非常重要的地位。

美国应急救援的实施机构,在联邦层面为联邦应急管理局(FEMA),这是由卡特总统于1979年3月31日签署总统令正式成立的内阁级联邦政府机构。它整合了原隶属商务部的国家消防管理局、原隶属住房和城市发展部的联邦保险局、原隶属总统办公厅的联邦广播系统、原隶属国防部的防务民事准备局、原隶属住房和城市发展部的联邦灾害援助局及原隶属总务管理局的联邦准备局等六个部门。成立这个机构的主要目的是解决美国20世纪60年代以来应急管理体制碎片化和低效率的问题,但由于各种原因,FEMA在成立之初并没有达到预期效果,直到1988年的《斯塔福法》对FEMA的职责权限作出了更为明确的界定,FEMA才成为一个强有力

---

① 法律文本全文见,https://www.fema.gov/sites/default/files/2020-03/stafford-act_2019.pdf,2022年6月15日访问。

② 汪波、樊冰:《美国安全应急体制的改革与启示》,载《国际安全研究》2013年第3期。

的联邦机构，并在后续的救灾减灾中发挥了巨大作用。"9·11"事件后，美国的应急救援体制更多地转向了反恐。2002 年，根据《国土安全法》成立的国土安全部整合了来自财政部、国防部、司法部、交通部、能源部等八个联邦部门的 22 个机构的职责。FEMA 被纳入国土安全部的应急整备与响应部门后，影响力和重要性较之前都大大削弱。[①]2005 年 8 月 29 日，卡特里娜飓风成为美国历史上破坏力最强的自然灾害之一，FEMA 应对不力，2006 年通过了《后"卡特里娜"应急管理改革法》(Post-Katrina Emergency Management Reform Act)。该法对联邦应急管理局的架构进行了重大调整，赋予其新权力，弥补了其在卡特里娜飓风应急救援工作中存在的不足。2012 年 10 月 24 日，桑迪飓风登陆美国，造成巨大破坏，2013 年美国通过的《桑迪恢复改善法案》(Sandy Recovery Improvement Act)，对 FEMA 向幸存者提供联邦救援的方式作出了重大改革。2018 年的《灾难恢复改革法》(Disaster Recovery Reform Act)[②]引入了一些改革措施，如承认在灾难应对和灾后恢复方面，人人有责；改革旨在降低联邦应急管理署的复杂度，并提高美国应对下一次灾难性事件的能力。当前 FEMA 发布了《2022—2026 年战略计划》，该计划有三个目标：其一是将公平作为应急管理的基础；其二是在气候适应力方面领导整个社区；其三是促进和维持一个准备就绪的 FEMA 和准备好的国家。FEMA 战略计划中所列出的目标和目的将有助于确保 FEMA、应急管理社区和受到服务的人取得成功。儿童约占美国人口的四分之一，青年准备和让青年参与应急管理是整个社区参与的重要组成部分。FEMA 专门针对儿童制订了应急计划，具体而言，FEMA 发布了《青年备灾目录：备灾教育计划和资源》《实施以社区为基础的计划》《青年准备计划实施清单》《青年准备计划实施工作手册》等以指南、计划、手册的形式对应急管理作准备。除此之外，FEMA 还发挥志愿者和社区的作用，通过社区服务计划提供灾害法律服务、灾害失业援助和灾害案例管理计划等以实现应急管理。

美国多有高温、干旱、暴风雨、洪水和野火等灾害，洪水灾害在美国较

---

① 汪波、樊冰：《美国安全应急体制的改革与启示》，载《国际安全研究》2013 年第 3 期。

② 法律文本参见，https://www.fema.gov/disasters/disaster-recovery-reform-act- 2018，2022 年 6 月 15 日访问。

为典型,美国制定了专门的洪水灾害应对法律。美国国会认为洪水灾害不时造成个人经济困难,而分担洪水损失风险的方法是通过洪水保险计划。基于此背景,1968年美国的《洪水保险法》(The National Flood Insurance Act)出台,通过联邦政府和私人保险行业合作,为美国全国范围内提供洪水保险。1973年的《洪水灾害保护法》(The Flood Disaster Protection Act)则扩大了洪水保险计划范围,增设了海岸侵蚀和崩塌损失保险。1973年法律通过之后,保险计划进展顺利,到1979年底共有180万保险单生效,投保财产达730亿美元。①1994年的《国家洪水保险改革法案》(National Flood Insurance Reform)对1968年的《洪水保险法》和1973年的《洪水灾害保护法》做了修改,通过制订减灾援助计划的方式优化国家洪水保险计划,帮助减少破坏性洪水的影响,从保险援助角度完善了减灾救援的方法。2004年的《洪水保险改革法案》(Bunning Bereuter-Blumenauer Flood Insurance Reform Act)修改了1968年的《洪水保险法》,以减少重复支付洪水保险索赔的财产损失。2014年的《房主洪水保险可承受性法案》(Homeowner Flood Insurance Affordability Act)对1968年的《洪水保险法》做了修改,废除了FEMA行政长官禁止向潜在财产被保险人提供洪水保险费补贴的禁令。美国在应对洪水灾害时,具有一个较为完备的灾害应对保险体系。1977年的《地震危害减灾法》(Earthquake Hazards Reduction Act)的目的之一就在于减少地震带来的财产损失和人身伤害。具体而言,该法案通过具有协调性的应急准备计划、对公众的教育和公众的参与等来实现该目的。该法案设立了地震灾害机构间协调委员会,该委员会由FEMA、美国地质调查局、美国国家科学基金会、科技政策办公室、管理和预算办公室等组成,可实现监督计划的规划、管理和协调。在应急救援队伍建设方面,其主要通过在联邦和州层面配备专业人员及充足的资金实现地震减灾计划。比如,FEMA应在地震后需要及时制定、协调和执行国家响应计划,并支持为每个高风险地区制订具体的州和地方计划,以确保提供充足的紧急医疗资源、搜救人员和设备以及紧急广播能力。在美国经常干旱而遭受严重经济和环境损失的背景下,因缺乏可应对此类紧急情况且协调一致的联邦战略,1998年美国

---

① http://139.196.26.22/index.php?m=content&c=index&a=show&catid=6&id=187.,2022年6月15日访问。

国会出台《国家干旱政策法》（National Drought Policy Act），该法案旨在强调对紧急情况的防备、缓解和风险管理，从而减轻严重干旱的影响并从灾害中尽快恢复。与之对应的是，美国国家干旱政策委员会于1998年成立，该委员会作用在于为应对严重干旱紧急情况的综合、协调的联邦政策提供意见和建议。2005年的美国《国家干旱防备法》（National Drought Preparedness Act）旨在改善美国国家干旱准备、缓解和响应工作。在具体的防旱减灾方面，该法案提出需要一个全面、综合的国家计划，该计划能够为参与干旱规划、缓解和响应活动的人员提供可靠、可访问和及时的信息。比如，该法案"抗旱计划"部分就规定设立抗旱援助基金，用此基金向各州、印第安部落、地方政府、流域群体和关键服务提供者提供技术和财政援助。

（二）德国的应急救援立法

德国是联邦制度国家，根据德国基本法的规定，应急救援的主要职责在各州，联邦政府只有在救援超出州政府能力范围的情形下才会提供应急协调和灾难救助。联邦民众保护与灾难救助局和联邦技术救援署是德国联邦内政部的两家直属机构，在联邦层面负责应急管理与救援工作。

1957年德国曾经成立过联邦民众保护机构。随着1999年德国《预算重构法》（Haushaltssanierungsgesetz–HsanG）的实施，该机构被解散，其职能和任务被分布和转移到联邦行政办公室。2001年美国的"9·11"事件和2002年德国东部的洪灾等，使德国政府认为有必要成立一个强有力的应急管理与救援部门，以应对一些新型威胁和风险。2004年5月1日，联邦民众保护与灾难救助局（Bundesamt für Bevölkerungsschutz und Katastrophenhilfe，BBK，英语名为 The Federal Office of Civil Protection and Disaster Assistance）成立，主要负责民众保护和灾难救助相关事宜，隶属联邦内政部。BBK的成立使德国有了一个保障民众安全的中央机构，使相关任务和信息的提供集中在一个政府部门。"民众保护"主要指保护民众减少或免受所有自然灾害及人为灾难（包括战争）的危害。"灾难救助"主要指各州面对所有种类的大型灾害时，对各州的灾害管理措施提供支持，特别包括信息分享、合作、稀缺资源的管理等方面的支持。BBK的主要职责有：

（1）实施和执行联邦关于民众保护的所有任务；

（2）制订应急供应的计划和实施准备；

（3）制订联邦和州之间关于特定危害应对的合作计划及准备；

（4）为决策者和高级管理人员提供基础的和高级的培训；

（5）通过德国联合信息和情势中心（GMLZ）进行信息和合作的服务；

（6）帮助建立国家保护重要基础设施的战略；

（7）警示并为公众提供信息；

（8）加强民众的自我救助；

（9）进行研究和发展；

（10）开展国际合作。

德国联邦技术救援署（Bundesanstalt Technisches Hilfswerk，THW）是为应急救援提供技术支持的政府机构，成立于1950年。国家颁布《联邦技术救援署法》保障THW的有效运行。2019年有79543位工作人员，其中99%是志愿者，仅有1%为全职工作人员。除在波恩设立总部外，THW在全国各地设有分支，在16个联邦州设立了8个州协会，在州协会之下设了66个区域分局，在全国共有668个基层性组织。THW在当地政府请求救援时参与救援，提供各类技术支持。THW为世界各地的救援机构提供技术支持，取得了很好的效果。

与我国的情形类似，德国的应急救援队伍体系以消防为主要力量，配以各种社会救援力量。参与应急救援的队伍主要有消防部门、联邦技术救援署、公立事故医院及志愿者救援组织。技术力量的深度参与是德国应急救援的一个特色。

（三）日本的应急救援立法

日本属于自然灾害多发的国家，特别是地震灾害比较频繁，因此，日本建立了比较完善的应急管理体制和应急救援机制。

在应急管理体制方面，日本各地普遍设置防灾企划局和灾害对策局，建立全天候的监测应对机制；建立了跨区域的协作机制，以及多个救援力量联动的应急救援机制。由于政府力量是有限的，并且在灾害来临时，难以全面及时地作出应对,因此,在日本的应急体制中,比较强调民众的自助和互助。日本对民众开展风险教育、救灾知识培训等,提高公众的风险认识能力和自救技能,同时,日本倡导建立了完善的家庭应急物资储备制度,最大限度地降低灾害损失。比较强调企业在应急救援中的作用,在灾害来临时,企业不但要为员工提供保障,也要积极参与社区的应急管理工作。由此可见,日本应急管理体制呈现出重视对突发自然灾害的预防;注重倡导在灾害发生时的自救与互救,突出社会参与;重视基层的灾害应对能力建设等特点。①

日本依托科技手段建立了比较完善的信息预报、分发、共享系统,各系统网络相通,形成了一个覆盖全国的应急对策通信网。

在应急救援队伍建设方面,中国与日本有相似之处。日本的救援队伍也是专职和兼职相结合,专职应急救援队伍包括警察、消防团员、陆上自卫队等,兼职应急救援队伍主要是企业成立的应急救援队伍。日本的应急设施分布广泛、功能完善,可以为应急救援工作提供充足的保障。

日本救援体系完善。日本已建成了由消防、警察、自卫队和医疗机构组成的较为完善的灾害救援体系。日本的自卫队属于国家行政机关,灾害发生时,自卫队长官可以根据实际情况向灾区派遣灾害救援部队,参与抗险救灾。日本政府有以内阁总理大臣为会长的常设组织"中央防灾会议",这个会议专门负责制订全国防灾基本计划和审议有关防灾的重要事项。"中防会议"下设一个"专门调查会",由它为会议提供各种资料。②

日本形成了以《灾害对策基本法》为基础的法律体系,包括《灾害救助法》《建筑基准法》《大规模地震对策特别措施法》《地震保险法》《原子力灾害对策特别措施法》《大雪地带对策特别措施法》《关于推进南海海沟地震防灾对策的特别措施法》《防洪法》《特定都市河川浸水被害对策法》《关于推进泥石流灾害警戒区域等泥石流灾害防止对策的法律》等。《灾害对策基本法》包括有关防灾的组织、防灾计划、灾害预防、灾害应急对策、灾害恢复、财政金融措施、灾害紧急事态等内容。③其中有很多值得借鉴的制度措施。比如,该法规定了发现灾害者的信息通报义务:所有发现有发生灾害可

---

① 刘亚娜、罗希:《日本应急管理机制及对中国的启示——以"3·11地震"为例》,载《北京航空航天大学学报(社会科学版)》2011年第5期。
② 张永春:《日本大地震应急救援启示录》,载《中国应急救援》2012年第4期。
③ 杨东:《论灾害对策立法以日本经验为借鉴》,载《法律适用》2008年第12期。

能的异常现象者，都有义务迅速将这一情况向市町村长或警察官或海上保安官通报，最大限度地收集汇总信息，第一时间加以应对。除此之外，在征收征用、补偿等方面的制度举措都值得借鉴。

日本也高度重视应急管理人才的培养。2002年，日本政府批准成立"日本防灾士"机构，专门用来培养应急管理人才。"防灾士"平时参与调查研究自然灾害情况，协助政府对公众开展宣传教育，灾害发生时参与救援活动，发挥了非常重要的作用。

对于应急救援装备及标准体系，日本政府和社会各界通过不断总结灾害逐步建立起一套比较完善的应急救援标准体系。日本与应急救援密切相关的标准化组织有日本工业标准调查会（JISC）和日本安防协会（JSAA）。日本工业标准调查会是根据日本工业标准化法建立的全国性标准化管理机构，其主要任务是组织和制定审议日本工业方面的国家标准；日本安防协会属于国家级协会，协会的宗旨是以有益于国民的安全生活为目的，通过对从事安防产品行业的人员进行培训等事业，加深国民对防范设备的理解，同时促进更为安全、可靠的防范设备的普及，为预防犯罪和维护社会公共安全秩序作贡献。[①]

① 宋天佳等：《日本应急救援装备及标准体系解析》，载《中国标准化》2020年第11期。

第二章　应急救援立法的基本问题

在应急管理部"1+4"立法体系中，除了应急救援组织法，其他立法相对较为成熟。早在 2007 年我国就通过了《突发事件应对法》，目前正处于修订阶段；2021 年修订通过了《安全生产法》《消防法》；虽然尚未制定自然灾害防治法，但国务院出台了多个单灾种的自然灾害应对条例，制度较为完善，应对多灾种的统一的自然灾害防治法在国务院相关立法的基础上可以完成，自然灾害防治立法的制度基础较好。应急救援立法属于应急管理法律体系中相对新的立法，尚无经验可资借鉴，无论是国家层面还是地方层面，应急救援领域的专门性立法都较为缺乏。虽然目前的应急管理体制比较注重突发事件的事后应对，但临机处置和个案解决代替了制度化应对，延缓了应急救援立法的进度。即使制定了应急救援立法，在目前动员型的突发事件应对模式下，也很容易置相关法律于不顾，回到个案应对的老路上来。因此，无论是从现实需求还是从应急救援的特征来看，应急救援立法的滞后性都是客观存在的。在尚无先例和经验可借鉴的情况下开展应急救援立法，需要明晰立法中的相关问题，以提高应急救援立法的针对性、实效性，并实现与其他相关法律的衔接和配合。

一、应急救援立法的名称问题

应急管理部提出加快构建"1+4"（应急管理法＋安全生产法、自然灾害防治法、消防法、应急救援组织法）法律体系骨干框架。这一立法构想为构建应急管理法律体系指明了方向，但由于应急管理体制处于调整优化状态，相关的立法构想也可能会出现调整。并且，结合目前的应急管理实践和立法体系，"1+4"立法设想未必是成熟和完美的，也有可能随着应急管理形势的变化作出相应的调整。比如，"1"指的是《应急管理法》，2020年《突发事件应对法》启动修订时，该法的修订草案曾改名为《应急管理法》，明显是为了迎合"1+4"的立法构想，但在随后征求意见过程中，该法的名称又被改为《突发事件应对管理法》，这一名称的变化就说明任何立法都不会拘泥于固有的框架，而应当随着问题的变化作出调整。《安全生产法》《消防法》和自然灾害防治法的名称、调整范围和制度内容是相对确定的，但应急救援组织法的名称和内容仍有可能出现比较大的调整。

按照"1+4"的立法构想，并没有明确提到要进行应急救援立法，而只是提出要出台应急救援组织法。应急救援组织立法与应急救援立法的内涵和外延尚未明确，对于两个立法之间的关系尚未达成共识。因此，从这个意义上说，应急救援立法的名称仍是不确定的。本书倾向于制定《应急救援法》，而不是制定《应急救援组织法》。原因如下：

（1）"1+4"应急法律体系中有应急救援组织法，但目前对"组织"一词没有达成共识，可以有两种理解方式，即名词和动词两种解读。

2021年修订通过的《消防法》第三章为"消防组织"，该章的内容为国家综合性消防救援队、专职消防队、志愿消防队和多种形式的消防组织，明确将"组织"理解为名词，消防组织即消防队伍。将"1+4"法律体系中的应急救援组织法理解为应急救援队伍方面的法律，应该是有法律依据的。如果将"组织"理解为名词，应急救援组织即应急救援队伍，则该法的主要内容是关于应急救援队伍方面的法律，包括社会化应急救援力量在内的各类应急救援组织。因此，应急救援组织法的主要内容包括应急队伍分类、布局、建设、支持、演练、调度、救援、协作等方面。《突发事件应对管理法（草案）》规定了应急管理各环节的内容，包括风险管理与应急准备、监测与预警、应急处置与救援、事后恢复与重建等，该草案已经明确规定了应急救援的内容。从"1+4"的关系看，作为"1"的《突发事件应对管理法（草案）》虽然是综合性和统帅性的立法，但它与"4"的内容并不重复，比如安全生产法、自然灾害防治法等与应急管理法各有分工，所以，从这个角度理解，应急救援组织法也不应与《突发事件应对管理法（草案）》的内容大幅度重合，而只可能是对《突发事件应对管理法（草案）》中有关应急组织内容的进一步深化和细化。所以，应急救援组织法应当是调整应急救援队伍的立法。

如果将"组织"理解为动词，则"应急救援组织"的意思可以理解为"组织应急救援"，该法主要规范应急救援过程中的指挥、协调、救援等各项工作，因此，从这个意义上说，应急救援组织法实质上等同于《应急救援法》。如果理解为动词，"组织"一词显得多余，应急救援活动不仅仅包括组织，它应当是包括预警、响应、指挥、处置、救援、动员等一系列工作在内的综合性活动，有些活动可能很难被"组织"一词所简单涵盖。

无论将"组织"理解为名词还是动词，作为立法名称可能都存在问题，因此，应当在厘清该法所试图解决的问题的基础上，将该法的名称确定为《应急救援法》。

（2）应急救援组织立法的调整范围过于狭窄，内容可能较为单薄。应急管理部等多部门联合出台了《关于进一步推进社会应急力量健康发展的意见》（2022），该意见对社会应急力量参与救援提供了指引，提高了应急救援工作整体水平。目前，国内很多地方都制定了应急救援队伍的法规规章或者规范性文件，从这些规定的内容看，主要包括应急救援队伍建设、队伍职责、队伍管理、队伍演练、指挥调动、队伍保障等，这些内容大同小异，与应急救援有关但不能覆盖应急救援的全部内容。比如，深圳市制定了《深圳市专业应急救援队伍建设指引》，这是关于应急队伍的规范性文件，其中包括队伍建设、队伍管理、队伍调度与救援、队伍保障等内容，足以解决应急救援队伍建设发展中的问题，没有必要制定专门的地方性条例。并且，该指引虽然也涉及救援过程，但内容过于单薄，不足以为应急救援工作提供明确指引。所以，从总体上看，有关应急队伍的法律法规和规范性文件较多，而应急救援的规定较为薄弱，有必要加强这方面的立法。

（3）应急救援立法可以包括应急救援队伍的内容。应急救援队伍是应急救援的重要力量，在应急救援立法中不可避免会涉及应急救援队伍的管理、调度、指挥、协作等问题，以体现应急救援队伍在救援过程中的主体地位，因此，可以在应急救援立法中规定应急队伍的相关内容。如果应急救援立法不能包括应急救援队伍的部分内容，可以在《突发事件应对管理法》等其他法律中作出规定。只要不同法律做好内容协调，就可以满足应急救援队伍的立法需求。因此，应急救援的立法模式，可以兼顾应急管理部确立的"1+4"立法体系，同时符合应急救援工作的实际需求，在应急管理体制和立法创新方面作出制度探索。

（4）"1+4"的立法体系并不一定是成熟的立法思路。应急管理部是机构改革之后的产物，历史较短，体制机制尚未理顺，应急管理工作内容庞杂，如何协调不同的工作内容仍是应急管理工作亟待解决的问题，其中，也需要进一步对"1"与"4"的关系、"4"之间的关系等进行论证。所以，即使应急救援组织法是关于应急救援队伍的立法，也需要结合应急管理体制和应急管理工作实践进行深入分析，明确立法必要性和其立法价值。"1+4"的立法体系作为框架性设计，在具体的立法过程中，可以不拘泥于"1+4"的立法体系，而根据应急救援的制度实践和现实需求进行立法创新。

（5）在国家层面法律出台之前，鼓励各个地方结合地区实际进行立法探索。比如，深圳经济特区具有特区立法权，《中共中央 国务院关于支持深圳建设中国特色社会主义先行示范区的意见》明确指出："用足用好经济特区立法权，在遵循宪法和法律、行政法规基本原则前提下，允许深圳立足改革创新实践需要，根据授权对法律、行政法规、地方性法规作变通规定。"目前，国家层面的应急救援相关立法滞后于应急管理体制改革和应急管理形势发展，其他地区也缺少专门的应急救援立法，立法进程不能与应急管理体制变革的步伐相协调。因此，深圳经济特区可以进行探索性立法，在某些方面突破国家层面的制度设计，形成立法的深圳特色和特区示范。应急管理处于体制性变革的关键时期，国家层面的应急管理立法尚处于探索阶段，深圳市应该用好用足特区立法权，就应急管理开展地方的制度性探索，并通过立法的方式为全国提供示范，所以，深圳市应急管理立法可以不拘泥于"1+4"的立法体系，进行特区的立法创新。

深圳市目前确立了自己的"1+4"立法体系，"1"指的是《深圳经济特区城市安全发展条例》，已经突破了应急管理部"1+4"中"1"的内容，因此，"4"的立法也可以根据特区实际进行调整，特别是对应急救援组织法进行符合深圳经济特区实际和应急管理规律的地方性变通立法。深圳经济特区可以采取《应急救援条例》的立法形式，为全国层面的应急救援立法进行制度探索和体制创新。

"十四五"期间，深圳应急救援工作的重点是全面形成应急管理信息化体系，信息化发展达到国际领先水平，打造与中国特色社会主义先行示范区相匹配的应急救援队伍，应急救援能力达到国内先进水平。为实现这一目标，需要加强制度保障，《应急救援条例》是非常重要的支撑力量和推动力量。

《深圳经济特区应急救援条例》在充分遵循宪法和法律、行政法规基本原则和立法规律的基础上，对应急救援立法进行制度探索和立法创新，回应应急管理和应急救援的形势发展、应急管理体制的变革趋势、深圳应急救援工作的现实需求，吸纳国内外先进的制度经验，完善、优化、补充、突破国家层面的立法，创新深圳制度设计，完善应急救援体制，增强应急救援能力，在应急救援立法方面先行先试。根据深圳经济特区应急管理工作的现实需求，贯彻社会主义先行示范区的战略部署，并用好用足特区立法权，为我国应急管理体制改革和应急救援工作进行立法探索，需要在应急救援体制机制、职责分工、指挥机制等方面进行立法突破和制度创新。

二、应急救援立法的调整范围

《突发事件应对法》和《突发事件应对管理法（草案）》明确了突发事件的种类，具体包括自然灾害、事故灾难、公共卫生事件和社会安全事件。四种突发事件都属于这两部法律的调整范围，而这两部法律都明确规定了应急处置与救援的内容，也就是说，在国家层面的立法中，四类突发事件都存在应急处置或应急救援的问题。

（一）自然灾害和事故灾难的应急救援

社会安全事件比较特殊，有专门的主管部门和特殊的处置机制，虽然在一定程度上，社会安全事件也可能涉及应急救援问题，但更多是主管部门采取相关措施进行的社会管制活动。而公共卫生事件类的应急处置具有较强的专业性，需要尊重科学规律，利用各类医学专业知识，采取独特的处置流程，开展专业化的处置。因此，突发公共卫生事件应急中，更多情形下不是开展应急救援，而是进行医疗救治。并且在《突发事件应对法》之外，国务院出台了《突发公共卫生事件应急条例》，虽然其法律位阶较低，但相比《突发事件应对法》，该条例在突发公共卫生事件的应急处置中具有更强的针对性和适用性，所以，突发公共卫生事件应急更多依据专门条例的规定加以处理。2019年底暴发的新冠肺炎疫情，加快了各地突发公共卫生事件应急立法，这些突发公共卫生事件应急处置的专门性立法，明确了专业的救治人员、完备的处置流程、严格的管控措施等，与一般的应急救援存在明显区别。此次新冠肺炎疫情的全面动员模式不是常态化的应急处置方式，相关立法完成后，应当严格按照法律法规规定，理顺突发公共卫生事件的应急处置机制，使立法层面的制度设计转变为突发公共卫生事件应对的制度实践。所以，从这个意义上说，虽然《突发事件应对法》第2条明确包括四大类突发事件，但在具体的制度实践中，其主要调整的还是自然灾害类和事故灾难类的应急救援。根据应急管理部的"三定方案"，应急管理部的职责之一是"组织指导协调安全生产类、自然灾害类等突发事件应急救援"，其中也只明确提到这两类突发事件的应急救援问题。深圳市应急管理局的职责之一是组织指导协调安全生产类、自然灾害类等突发事件应急救援，协助市委、市政府相关领导组织灾害应急处置工作，同样主要聚焦两类应急救援工作。从这个意义上讲，应急救援立法只需要涉及自然灾害类和事故灾难类的应急救援问题，以与目前的应急管理体制和立法现状相契合。

由于突发公共卫生事件和社会安全事件在一定程度上可能也会涉及应急救援问题，因此，可以在应急救援立法中规定，突发公共卫生事件和社会安全事件应对中涉及应急救援的，可以参照应急救援法的有关规定执行。

（二）应急处置和应急救援的关系

《突发事件应对法》和《突发事件应对管理法（草案）》都专章规定了应急处置和救援，在立法表述中，将应急处置和应急救援这两个概念并列，就需要进一步厘清这两个概念之间的关系。

"应急处置与救援是指在突发事件发生以后，负有突发事件应对职责和义务的主体，采取各种必要措施应对突发事件，努力降低或者消除突发事件带来的社会危害，帮助受到突发事件不利影响的人摆脱危险，以最大限度维护人民群众生命、财产安全和基本社会秩序的活动。从广义上讲，应急救援应当属于应急处置中的一项内容，是应急处置工作中直接针对人进行施救的那一部分，因而应急处置和救援实际也可以在总体上定位为应急处置。"[1] "在我国，应急处置是应急响应阶段的重中之重。它主要是指应急响应力量在突发事件发生后所采取的应对行动，而不包括事前所采取的预置救援装备等响应行动。"[2] 有学者认为："应急处置针对的是突发事件的危险源，是对突发事件事态本身的控制，目的是使事态尽快结束或者尽可能限制其影响；而应急救援针对的是受到突发事件威胁的人员和财产，是使这些人员和财产脱离突发事件的威胁，尽可能避免或者减少人身和财产损失。尽管我们在概念上可以做这样的区分，但在应急管理实践中，这两种行为在绝大多数情况下难以被清晰地区分出来。"[3] 根据《生产经营单位生产安全事故应急预案编制导则》（GB/T29639-2013）里的定义，应急救援（emergency rescue）是在应急响应过程中，为最大限度地降低事故造成的损失或危害，防止事故扩大，而采取的紧急措施或行动。从这一概念的表述看，很难将应急处置与应急救援区分开来。

在《突发事件应对法》中，应急处置和应急救援并列出现的地方，二者的顺序并不固定。在"处置"与"救援"并列的地方，二者经常互换顺序。比如，《突发事件应对法》第 7 条第 2 款规定："突发事件发生后，发生地县级人民政府应当立即采取措施控制事态发展，组织开展应急救援和处置工作，并立即向上一级人民政府报告，必要时可以越级上报。"该款中，"救援"位于"处置"之前。该法第 14 条、第 45 条、第 49 条、第 56 条中，都是"应急救援和处置"的表述。而该法第 2 条、第 15 条、第 36 条和第四章的标题则采用"应急处置与救援"的表述。《突发事件应对管理法（草案）》也存在表述混用的问题。从《突发事件应对法》和《突发事件应对管理法（草案）》的表述来看，很难具体区分应急处置与应急救援的关系。但立法中既然将两个概念列出来，说明二者还是有所区分的。

从这两个概念的内涵来看，应急处置应当是比应急救援更大的概念。应急处置包括先期处置、应急救援、善后措施等，它贯穿突发事件发生之后

---

① 马怀德主编：《法治背景下的社会预警机制和应急管理体系研究》，法律出版社 2010 年版，第 288 页。

② 王宏伟：《突发事件应急管理基础》，中国石化出版社 2010 年版，第 88 页。

③ 林鸿潮：《应急法概论》，应急管理出版社 2020 年版，第 218 页。

应对的各个环节，而应急救援是指在先期处置不能控制事态发展或者不能消除突发事件带来的危害后果，需要升级处置措施而采取的救援行动。所以，应急处置是应急救援的上位概念，应急处置包括应急救援，应急救援是应急处置的一个重要组成部分。这是对二者关系的其中一种解读。

如果将突发事件应对视为流程性活动，那么突发事件应对措施有一个序贯的问题，随着突发事件的发展而出现应对措施的逐渐升级。从先期处置到应急救援是有时间先后顺序的。应急处置属于突发事件应对的前端，当突发事件发生后，负有应急处置职责的相关政府和部门应当立即行动，采取处置措施应对突发事件，尽最大可能减少人员伤亡和财产损失，其所采取的一系列措施都会被认为是应急处置措施。如果这类应急处置措施能够控制事态发展或消除突发事件带来的危害后果，那么可能就不会出现后续的应急救援问题，因为应急处置环节已经将突发事件处理完毕，所以就不需要启动应急救援。当应急处置不能解决问题时，需要启动应急救援。从这个意义上讲，应急处置是应急救援的前端，此时的应急处置就是先期处置。应急处置和应急救援是突发事件发生之后应对的不同阶段或者不同环节，二者能够明确区分，并且又紧密联系。这是对二者关系的第二种解读。

可以从这两个层面来理解应急处置和应急救援。但从突发事件应急处置的相关规定和应急救援的具体操作来看，本书倾向于第一种解读，即应急处置包括应急救援，突发事件发生之后的所有应对活动和应对措施，具体包括先期处置、应急救援和善后措施等，都可以被视为应急处置，应急救援是应急处置的其中一个环节。

由于存在应急处置和应急救援的区分，我们应当明确该法的调整范围。应急救援立法是聚焦于应急救援环节还是将包括应急救援在内的应急处置都纳入法律调整的范围，这也是值得研究的问题。

应急处置是应急管理的重要内容，也需要法治化。但就应急救援立法而言，如果只规定应急救援阶段的主体职责、救援程序、指挥机制、队伍调动、救援保障等问题，则立法所涉及的阶段较为明确，主体较为清晰，内容较为集中，有利于提升立法质量。并且只规定应急救援并不排斥先期处置的内容，先期处置虽然不是正式的救援活动，但与救援活动密不可分，及时有效的先期处置可以快速消除突发事件带来的危害、控制事态发展，就不存在启动后续应急救援的问题，因此，可以在应急救援立法中规定先期处置的内容，并与应急救援做好机制衔接。立法聚焦于应急救援，也不排斥救援结束之后善后措施的内容，善后措施也与应急救援密不可分，在应急救援立法中规定善后措施的内容也是适当的。所以，应急救援立法虽然主要聚焦于应急救援环节，但其制度安排也实现了上下贯通，连接应急救援的上下环节，既使立法内容有所聚焦，又能够兼顾相邻制度，是一个比较妥当的立法安排。

首先，如果将应急救援立法定名为《应急处置和救援法》，则可能导致该法的内容与《突发事件应对法》或《突发事件应对管理法（草案）》的内容大幅重合，因为突发事件应对中的很多措施都属于应急处置措施，现有立法已经对应急处置做了相对详细的规定，其他法律没有必要再重复规定，否则就违背了"1+4"立法体系不同法律之间分工配合的要求。其次，应急处置是一个相对宽泛的概念，如果将其规定在应急救援立法中，也会导致该法的主题不够聚焦。最后，《安全生产法》（2021）和自然灾害防治立法也会部分涉及应急处置的内容，如果再在应急救援立法中规定，同样会导致立法内容上的重复。

因此，在明晰应急处置和应急救援关系的前提下，应当明确应急救援立法对应的应急环节，并在立法中明确其与先期处置和善后措施之间的分工配合和制度衔接。

三、应急救援立法的体系定位

我国于 2007 年通过了《突发事件应对法》，其中第四章规定了"应急处置与救援"。2021 年《突发事件应对管理法（草案）》保留了原第四章"应急处置与救援"的内容，并在征求意见稿中改为第五章，该章规定了预案启动、应急指挥、信息发布、处置措施等问题。在行政法规层面，有多部具体领域的应急条例。比如，2011 年 1 月修订的《突发公共卫生事件应急条例》，其中专章规定了应急处理。2017 年 10 月修订的《重大动物疫情应急条例》专章规定了应急处理。2019 年 4 月 1 日开始施行的《生产安全事故应急条例》专章规定了应急救援,其包括预案启动、事故报告、应急救援开展、救援费用承担、救援指挥、救援中紧急情况应对、后勤保障、重要事项的记录和保存、调用征用、工作评估、救治抚恤等内容。该条例对应急救援的规定相对比较完备,覆盖应急救援的各个环节和主要内容。但该条例主要适用于生产安全事故应急工作,不涉及其他情形下的应急救援工作,制度的适用范围较窄。从总体上看,国家层面缺少专门的应急救援立法。

为了有效解决地方应急管理中的问题,增强制度的可操作性,全国很多地方制定了《突发事件应对条例》或《突发事件应对法实施细则》。比如,2008年北京市人大常委会通过了《北京市实施〈中华人民共和国突发事件应对法〉办法》,该办法共68条,对《突发事件应对法》在北京市的实施作了更为详尽而具有可操作性的规定;广东省在2010年通过了《广东省突发事件应对条例》,目前已启动修订程序;2012年上海市人大常委会通过了《上海市实施〈中华人民共和国突发事件应对法〉办法》;湖南省政府办公厅于2009年印发了《湖南省应急救援实施办法》,该办法专门规定了应急救援的组织体系与职责、值班与应急、应急救援与处置等内容,可资借鉴,但该办法属于规范性文件的范畴,有关应急救援的制度设计比较粗糙。

根据"1+4"的立法设计,进行专门的应急救援立法,就需要准确定位应急救援法的体系地位,处理好应急救援法与其他相关法律的关系,既要实现应急救援法与其他法律之间的衔接,又要避免制度内容重复或者制度缺位,以构建逻辑严密、体系完整、制度衔接的应急管理法律体系。

(一)与《突发事件应对法》的关系

1. 应急救援立法与《突发事件应对法》整体的关系

《突发事件应对法》在整个应急法律体系中,应当是综合性、统帅性的立法,全面规定应急管理体制机制问题,明确应急管理的基本理念、基本原则和具体制度,并为自然灾害防治、安全生产监管、消防、应急救援等方面的立法提供指引,以此形成体系化的应急管理立法。因此,《突发事件应对法》是应急管理领域其他法律法规的母法，在应急管理原则、应急管理理念、应急管理体制等方面，对其他立法形成制度指引和立法约束；《突发事件应对法》会涉及应急救援等方面的原则性规定，其中第四章已经有相关的条文，在后续法律修订中，应当进一步明确相关内容。应急救援法在《突发事件应对法》应急救援规定的基础上进一步深化和细化。《突发事件应对法》的综合性、统领性决定了它不可能详细规定与应急管理相关的所有制度，特别是不可能详细规定应急救援的程序性内容，进一步的制度安排只可能规定在应急救援法这一单项立法中。应急救援法是对《突发事件应对法》中与应急救援有关的立法表述的进一步制度化和具体化，特别是在应急救援响应、先期处置、现场指挥、应急救援开展、应急救援队伍建设、善后措施、应急救援保障措施等方面，需要应急救援法作出具体规定。

2. 应急救援立法与《突发事件应对法》第四章的关系

《突发事件应对法》第四章是"应急处置与救援"，该章规定了应急处置措施的内容、政府在应急处置和救援中的职责、应急处置和救援中的信息发布、群众的自救和互救、事发单位的信息报告义务和应急处置措施、公民的配合义务和参与应急救援的义务等。由于该章的标题是"应急处置与救援"，因此，该章构成应急救援立法的制度基础。但从该章的具体内容看，相关规定较为笼统，并没有涉及太多应急救援的流程性内容，而只是规定了相关主体的职责和可以采取的应急处置措施。《突发事件应对管理法（草案）》将应急处置和救援的内容调整为第五章，增加了应急响应级别和应急响应制度、健全应急工作机制、心理援助、个人信息保护等内容，但总体上没有改变《突发事件应对法》在应急处置和救援方面的制度架构。

应急救援立法可以在《突发事件应对法》第四章的基础上进一步完善应急处置和救援的相关制度。在具体的应急救援实践中，应急救援相关主体并不是完全按照《突发事件应对法》第四章的相关规定操作的，毕竟该规定较为粗疏，很难为应急救援工作提供具体的指引。在各地的应急处置和救援实践中，往往依据的是本地政府或应急管理部门的规范性文件，这些规范性文件比较明确地规定了应急处置的相关流程、突发事件发生后各应急救援主体的具体职责和行动指南、现场指挥部开设办法、现场指挥部职责、各应急救援队伍的调度和救援任务等。比如各地的《突发事件应急预案管理办法》《突发事件军地应急联动工作机制实施办法》《重特大突发事件现场总指挥部开设办法》等，这些规范性文件在应急管理和应急救援中发挥着重要作用。这些内容与应急救援直接相关，但过于具体而难以在《突发事件应对法》中加以呈现。

应急救援立法需要整合现有的规范性文件内容，完善制度安排，提升应急救援立法的位阶，促进应急救援工作的系统性和规范化。但应急救援立法也不可能事无巨细地规定应急救援各个环节的所有内容，而必须有所侧重，因此，即使完成应急救援立法以后，也不能忽视各个规范性文件的具体指引作用，所以应当坚持应急救援立法在应急救援工作中的综合性和统帅性，同时发挥与应急救援主体、程序、环节等相关的各个规范性文件的作用，构建原则性与灵活性、统一性与分散性、综合性与专业性相结合的制度体系。

应急救援立法需要结合国家层面的应急管理体制和立法体系，准确把握应急救援的制度框架和救援实践，梳理目前应急救援的制度构成、发展状况、救援经验和立法缺失，对各类应急救援工作展开类型化分析和整理，确定作为应急救援立法调整对象的应急救援的范围以及与其他应急管理环节的制度协调。应急救援涉及很多环节，包括应急救援体制、应急预案、应急救援响应、应急救援组织、部门协调、应急救援开展、应急救援指挥、物资等后勤保障、信息沟通、信息发布、征收征用、救援后评估等内容，这些内容在《突发事件应对法》中都有体现。应急救援立法需要结合现行体制和立法规定，明确条例的调整范围、调整广度和调整力度。

应急救援立法涉及应急管理体制和应急救援机制的深层次问题，需要充分论证与应急管理其他制度和立法的衔接与配合，在立法中考虑不同部门法之间的协调，特别要考虑与《突发事件应对法》第四章的衔接。基于《突发事件应对法》确立的基本原则、体制机制，特别是参与《突发事件应对法》第四章的内容在应急救援法救援立法的目的、原则、应急救援体制、应急救援主体及部门协调等基本内容；在分则部分，则按照应急救援的流程进行立法，规定应急准备、先期处置、应急救援现场指挥、应急救援开展、应急救援保障制度、应急救援后相关事项的处理等内容。同时，在应急救援的激励机制、约束机制、保障机制等方面推动制度创新。

（二）与《消防法》的关系

《消防法》的立法目的是预防火灾和减少火灾危害，加强应急救援工作，保护人身和财产安全，维护公共安全。其中，应急救援是消防工作的重要内容，该内容与应急救援法密切相关。2021年4月，《消防法》修订通过。《消防法》关于应急救援的规定，主要在第四章"灭火救援"的部分，只有九个条文，内容略显单薄。随着消防体制改革的深入推进，需要建立与地方行政管理模式和要求相适应的火灾治理和消防执法工作机制。消防工作的法律实施主体由"公安机关""公安机关消防机构"等调整为"应急管理部门""消防救援机构""住房和城乡建设部门"等，进一步凸显了消防救援与应急救援之间的紧密联系。但修订通过的《消防法》关于灭火救援的内容仍然较少，主要原因在于《消防法》侧重于火灾预防，贯彻预防为主的理念。

消防救援属于综合性救援，其与应急救援的工作内容并不完全重叠。应急救援包括自然灾害救援、安全生产事故救援等，救援过程中会借助消防救援力量，但应急救援与消防救援在救援体制、救援响应、救援内容、专业分工等方面存在一定的差别，所以，二者不是互相代替的关系，而是互相补充、互相支持的关系，消防立法不能代替应急救援立法，二者并行不悖。但二者又同属于应急救援，因此，应当在制度设计上关注二者的相同点，通过制度化设计，实现消防救援与应急救援的任务分工和制度衔接，同时，需要进一步理顺二者之间的体制机制，实现消防救援与应急救援的制度协调。

由于消防救援和应急救援具有紧密关联，同时制度并不完全重叠，所以，在应急救援法立法中，需要参考《消防法》的相关内容，在此基础上，进一步细化应急救援的制度安排，优化应急救援的工作流程，实现应急救援与消防救援的任务分工、程序衔接和制度配合，并实现立法内容的协调。

（三）与《自然灾害防治法》的关系

自然灾害是指自然因素或者人为活动引发的，危害或者可能危害人民生命和财产安全的水旱灾害、气象灾害、地震灾害、地质灾害、海洋灾害、生物灾害、森林草原火灾等事件。目前，国家层面制定了《地质灾害防治条例》《气象灾害防御条例》《森林病虫害防治条例》《农作物病虫害防治条例》《森林防火条例》《地震监测管理条例》等法规，这几部法规都与自然灾害防治有关。我国目前的自然灾害防治主要采取单灾种立法模式，国家层面尚缺少统一性和综合性的《自然灾害防治法》。2022 年 7 月 4 日，应急管理部发布了《自然灾害防治法（征求意见稿）》，我国的自然灾害应对立法进入新阶段。该法的立法目的是加强自然灾害防治工作，建立科学高效的自然灾害防治体系，提高自然灾害防治能力，减轻自然灾害风险，减少自然灾害造成的损失，保护人民生命财产安全，其适用于自然灾害风险防控、应急准备与监测预警、抢险救灾与应急处置、灾后救助与恢复重建等活动。贵州、深圳等地目前也正在开展自然灾害防治条例的起草工作。比如，《深圳经济特区自然灾害防治条例（征求意见稿）》适用于特区内水旱灾害、气象灾害、地震灾害、地质灾害、海洋灾害和森林火灾等的防治规划、风险治理、应急准备、监测预警、预警响应、灾后恢复及其相关管理活动。

从目前国务院有关自然灾害防治的几部条例来看，主要内容集中在自然灾害预防、监测等方面，有关应急处置和应急救援的内容较少。比如，《地质灾害防治条例》（2003）包括地质灾害防治规划、地质灾害预防、地质灾害应急、地质灾害治理等内容，地质灾害应急的内容有 9 条，《气象灾害防御条例》（2017）包括预防、监测、预报和预警、应急处置等内容，其中与预防、监测、预报和预警有关的内容较多，应急处置的内容只有 9 条。《农作物病虫害防治条例》（2020）包括监测与预报、预防与控制、应急处置、专业化服务等内容，其中应急处置的内容只有 4 条。"自然灾害防治"这一表述就表明这类立法的主要目的在于"防"和"治"，侧重于自然灾害的预防，以减少自然灾害带来的损失。所以，这类立法的主要内容集中在采取各种防治措施及相应的制度安排，而有关应急处置和应急救援的内容较少。这种体例编排具有科学性和合理性，在内容上可以和应急管理领域的其他立法明确区分开来。

自然灾害防治立法应当侧重于自然灾害的预防，而自然灾害发生之后的应急处置和救援则主要规定在应急救援立法中，以此实现不同法律之间的分工配合和有机衔接。自然灾害防治立法可能会部分涉及应急处置和应急救援，比如《贵州省自然灾害防治条例（征求意见稿）》（2021）中的自然灾害防治包括洪涝、干旱等水旱灾害，风雹、暴雨（雪）、低温冷冻、雷电和大雾等气象灾害，地震灾害，崩塌、滑坡、泥石流等地质灾害，森林草原火灾和重大生物灾害等的防治规划、风险治理、应急准备、监测预警、救援救灾、恢复重建等相关防范与治理活动。其中救援救灾也是该条例的内容之一，并在第六章专章规定，但第六章的内容不是全面的应急救援，而是包括先期处置和应急救助在内的综合性应急管理措施。所以，应急救援不应该成为自然灾害防治立法的主要内容，否则会偏离自然灾害防治法的立法目的，并影响整个应急管理立法的制度协调。全国层面与自然灾害防治和救助有关的立法中，除了国务院制定的各单灾种自然灾害防治条例，还同时出台了《自然灾害救助条例》，该条例规定了救助准备、应急救助、灾害救助等内容，是自然灾害救助的专门性条例。因此，从国家层面的立法看，自然灾害防治立法和自然灾害救助立法是分开的，二者的侧重点不同。自然灾害防治立法应当避免立法的大而全，严格按照防治自然灾害的立法目的，在防治措施方面进行创新性的制度安排，而不应当在自然灾害救援和救助方面规定太多内容，避免制度内容的重复和立法资源的浪费。

2019 年 11 月 29 日，习近平总书记对应急管理工作提出要求，强调要发挥好应急管理部门的综合优势和各相关部门的专业优势，根据职责分工承担各自责任，衔接好"防"和"救"的责任链条，确保责任链条无缝对接，形成整体合力。"1+4"的应急立法体系，就需要明确"防"与"救"的关系并进行立法确认。目前的应急管理体制按照"防抗救"适度分开的原则对有关部门的职责范围进行了划分。① 在"防"的方面，多灾种、跨领域灾害综合防范工作，以及与"救"难以分割的防治职责，由应急管理部门负责。专业性较强、与日常管理关系密切的具体防治工作仍继续由行业主管部门承担。应急救援立法需要制度创新，通过合理的职责划分，为构建统一指挥、上下联动的应急救援体制奠定坚实基础，而自然灾害防治立法应当实现与应急救援立法的制度协调。

---

① 牛占华：《不断完善新时代中国特色应急管理体制》，载《中国机构改革与管理》2019 年第 11 期。

（四）与《安全生产法》的关系

我国的《安全生产法》于 2021 年 6 月修订，规定了生产经营单位的安全生产保障、从业人员的安全生产权利义务以及安全生产监督管理、生产安全事故的应急救援与调查处理等内容。该法的立法目的之一是防止和减少生产安全事故，体现预防为主的原则。山东、浙江、贵州等很多地方也出台了本地区的安全生产条例。

《深圳经济特区安全生产监督管理条例》于 2022 年 6 月 23 日通过，该条例规定了监督管理职责、监督管理措施、生产经营单位内部监督、社会监督等内容，该条例的核心内容主要集中在安全生产监管方面，其立法目的是加强和规范安全生产监督管理，防止和减少生产安全事故，其制度设计侧重于安全生产事故的预防。从贯彻"预防为主"理念来看，《安全生产法》与《深圳经济特区安全生产监督管理条例》的立法目的是相同的。但从法律和条例的名称看，深圳经济特区的条例着重强调安全生产的监督管理，凸显这部条例的主要目的和核心制度，相比《安全生产法》，制度的指向性更为明确。所以，《安全生产法》是安全生产领域的综合性法律，调整安全生产的各个环节，包括生产安全事故的应急救援与调查处理，而深圳市的条例则主要聚焦于安全生产监管，较少涉及事故应急救援环节，其制度链条比《安全生产法》要短。

因此，《安全生产法》作为"1+4"应急立法体系重要组成部分，侧重于事故预防，而应急救援立法侧重于事故发生之后的救援，两个法律制度定位比较准确，制度设计可以实现分工配合和有效衔接。虽然《安全生产法》中也有生产安全事故应急救援的内容，但条文较少，不会在内容上对应急救援立法造成实质性影响。

（五）与《突发公共卫生事件应急条例》的关系

国务院最早于 2003 年制定了《突发公共卫生事件应急条例》，并于 2011 年作出修订，当年的立法背景是"非典"疫情引发了公共卫生治理危机，通过立法的方式弥补突发公共卫生事件应急的制度缺失。2019 年底暴发的新冠肺炎疫情凸显了《突发公共卫生事件应急条例》的制度短板，突发公共卫生应急制度建设有待进一步强化。新冠肺炎疫情催生了很多地方的突发公共卫生应急立法。深圳市在新冠疫情暴发不久的 2020 年10 月即开始实施《深圳经济特区突发公共卫生事件应急条例》，其立法背景是新冠肺炎疫情引发的公共卫生治理危机，深圳在全国率先启动新一轮的突发公共卫生事件应急地方立法。所以，从国家层面和深圳层面的立法进程看，突发公共卫生事件应急立法具有明显的制度回应性。

按照《突发事件应对法》和《突发事件应对管理法（草案）》对突发事件的定义，突发事件包括自然灾害、事故灾难、公共卫生事件和社会安全事件。但从我国目前的应急管理体制看，应急管理部门的职责主要在于自然灾害应急和事故灾难应急。突发公共卫生事件应急在这次新冠肺炎疫情中得到重视，立法确认了公共卫生事件应急的法律地位和制度内容，但它与其他几类应急的关系尚未完全厘清。并且，此次新冠肺炎疫情的突发性、严重性、广泛性测试制度承压能力，考验国家治理能力，在国家主导抗疫和社会全面动员的背景下，此次危机处理方式超越了应急管理体制本身的制度逻辑。所以，非常态化的事件处理方式能否转化为常态化的制度设计、应急管理体制能否容纳非常规性的应急处置措施、全面动员型的突发公共卫生事件应对模式如何与既有的应急管理体制相协调、如何把握后疫情时代公共卫生事件应急体制的变革方向和趋势、小应急模式向大应急模式转变的可能性及制度路径，等等，这些问题不仅仅是突发公共卫生事件应急立法需要考虑的问题，也是整个应急管理立法需要考虑并加以解决的问题。

突发公共卫生事件应急是应急管理工作的重要内容，从突发公共卫生事件应急工作流程看，这类应急工具具有较强的专业性，应急准备、监测、预警、报告、处置和信息发布具有较高的专业要求，并且，其风险评估模式、风险认知规律、信息传播路径、公共干预策略、事件处置方式等存在独特性，因此，有必要进行专门的突发公共卫生事件应急立法。深圳市制定《深圳经济特区突发公共卫生事件应急条例》有其必要性，国家层面的立法修订也应当提上日程，甚至可以考虑制定《突发公共卫生事件应急管理法》。突发公共卫生事件应急立法的目的是全面提高应对突发公共卫生事件的能力，需要规定应急准备、应急物资储备与供应、监测、预警与报告、应急处置与信息发布等内容。其中，应急处置与信息发布涉及应急指挥体制、分级处置、先期处置、应急处置、集中调度、医疗救治、人员转移安置和救助、信息通报等内容，并针对不同的疫情，采取差异化的应急处置措施。这些规定与应急救援具有一定的重合度。但如前文所言，公共卫生应急管理与整个应急管理体制之间的关系需要进一步厘清。回应型的突发公共卫生事件应急立法需要面临后疫情时代的考验，非常态性的动员模式、处置机制等能否转化为常态性的制度安排，需要进一步论证，也有待进一步观察，甚至非常态性的应急模式是否符合应急管理的制度规律和内在要求，都需要作出全面评估，使突发公共卫生事件应急立法不仅仅回应和满足当下的应急需求，还需要持续满足未来突发公共卫生事件应急的制度需求，以体现突发公共卫生应急立法的科学性和前瞻性。

所以，从总体上说，突发公共卫生事件应急具有特殊性，需要厘清突发公共卫生事件处置与一般性应急救援的关系。首先，作为并行的制度安排，在应急救援立法中，需要处理好突发公共卫生应急处置与一般应急救援之间的关系，在应急管理机制、响应程序、处置流程、救援机制等方面，实现不同制度之间的分工配合和有效衔接；其次，尊重突发公共卫生事件应急处置的专业性要求，强化突发公共卫生事件应急处置的专业化，同时，辅之以一般应急救援措施的运用。

突发公共卫生事件应急立法有自身的立法目的、法律原则、制度特征和制度内容，应当厘清与相邻法律的关系，准确定位突发公共卫生事件应急立法在整个应急管理立法中的体系地位。

在应急救援立法过程中，需要兼顾其他几部法律的制度定位和内容设计，特别是要顺应应急管理体制变革的内在要求，回应应急管理体制的现实需求，以整体思维和体系思维推进应急管理法治化。在具体内容方面，需要明确"防抗救"关系，并在立法中实现分工配合和制度衔接，体现"1+4"应急管理立法的体系完整性和制度统一性。

第三章 应急救援的体制机制

  "一案三制"是对我国应急管理工作的经典概括。"三制"包括体制、机制和法制。2018年国家机构改革使应急管理体制机制发生了重大变化。《中共中央关于深化党和国家机构改革的决定》明确要求"构建统一领导、权责一致、权威高效的国家应急能力体系"。《深化党和国家机构改革方案》明确要求"推动形成统一指挥、专常兼备、反应灵敏、上下联动、平战结合的中国特色应急管理体制"。① 中国特色应急管理体制是对应急管理工作经验的高度总结，也符合新形势应急管理工作的新要求。2021年12月公布的《突发事件应对管理法（草案）》第18条规定："国家建立统一指挥、专常兼备、反应灵敏、上下联动的应急管理体制，实行综合协调、分类管理、分级负责、属地管理为主的工作方针。"该条规定是对应急管理相关制度探索和经验总结的法律确认。

  就应急救援体制而言，也应当回应应急管理体制的新要求，构建与"全灾种、大应急"相适应的应急救援体制。应急救援面对的是突发事件发生之后的问题，具有迫切性，所以应当贯彻"人民至上、生命至上"的理念，将救人放在第一位。围绕这一理念，坚持政府负责、部门主导，根据分类分级的要求，明确政府部门的责任，强化应急救援的属地管理，构建快速反应机制，及时控制、减轻和消除突发事件引起的危害。

  就应急救援机制而言，应当加强应急救援的部门协同和应急联动，提升应急救援的公众参与，构建应急救援的部门协同机制、应急联动机制和社会动员机制，提高应急救援的效果。

---

① 2019年10月底，十九届四中全会删去了"平战结合"的表述。

一、应急救援体制问题

应急救援是应急管理的重要组成部分,所以,应急救援工作也应当坚持统一指挥、专常兼备、反应灵敏和上下联动的体制要求。但应急救援又有自身的独特性,应急救援强调救援的迅速、果断和高效。在应急救援的体制构建中,既要发挥政府的主导作用,又要发挥应急管理部门的综合协调作用和其他部门的专业处置优势,构建高效的应急救援体制。《北京市突发事件应急指挥与处置管理办法》(2019)第3条提出,"构建统一指挥、反应灵敏、组织有序、处置有力、平战结合的突发事件应急指挥与处置体系"。《湖南省应急救援实施办法》(2010)第3条规定,"县级以上人民政府建立统一领导、综合协调、分类管理、分级负责、属地处置为主的应急救援体制"。这些规定都是对应急救援体制的进一步细化。

(一)应急救援中的政府职责

1. 政府的日常职责

首先,政府应当完善应急救援的体制机制,为提高应急处置水平奠定良好的制度基础。政府应当主导完善应急救援的体制机制,加强应急救援的统筹协调,发挥政府在制度建设中的基础性作用。政府部门应当明确应急救援的职责分工,确定各类突发事件应对的主责部门,明确应急管理部门和其他相关部门的职责权限,构建高效的应急救援体制。政府应当建立突发事件的监测预警机制,能够第一时间发现突发事件信息并及时向公众发布预警信息,突发事件发生后,能够及时启动应急处置或应急救援。政府应当建立突发事件的应对机制,打造统一的应急物资信息化管理平台、应急指挥平台、信息发布平台等各类平台,为应急救援的开展提供强大的技术支持。

其次,政府应当做好应急救援的基础性工作,加强应急能力建设,做好各项应急准备工作。政府应当为应急救援提供充足的经费保障,应当合理布局备灾仓库建设,适度储备必要的应急救援物资和救援装备。加强应急装备的科技研发,促进应急产业发展,提升应急救援的科学化、智能化水平。

加强应急救援标准化建设，围绕应急救援标准提升应急救援能力。

最后，政府应当构建完善的分类分级处置体系，强化应急救援的属地管理和上下联动。在我国目前的法律中，突发事件的分类分级体系较为完善，不同层级的政府和政府部门按照分类分级的制度要求开展应急管理工作。属地责任是突发事件应对工作的基本原则，也是应急救援非常重要的机制之一，认真贯彻应急救援的属地管理，可以快速有效应对突发事件，提高应急处置效能。比如《北京市突发事件应急指挥与处置管理办法》（2019）第16条规定："属地区人民政府负责组织各部门启动区级应急响应，有关区领导应迅速赶赴现场，统一指挥处置突发事件应对工作。"很多地方的应急预案也明确了属地责任。基层政府应急处置可以消除突发事件带来的危险，大大减轻应急救援的压力。因此，应当加强基层应急救援能力建设，为基层政府开展应急处置和救援工作提供物质保障和专业支持，以便基层组织可以妥善处置一般突发事件，并做好较大及以上突发事件的先期处置、综合保障和善后处置等工作。加强应急救援的上下联动。基层政府的处置能力不足以应对突发事件，或者突发事件升级，需要更高层级政府开展应急处置和救援的，应当及时启动突发事件的响应升级，并启动更高层级的应急处置和救援工作。市人民政府统筹做好较大及以上突发事件的应急处置工作。因此，需要构建上下联动机制，在信息沟通、应急指挥、综合保障等方面实现应急处置和救援在不同层级政府间的有效统筹。

应急救援工作也要坚持系统性思维。构建预防性体制，不能仅仅着眼于突发事件发生后的应急救援工作，而应当加强应急救援基础性制度建设，构建运作良好的应急救援体制，明确不同层级政府和政府部门在应急救援方面的职责权限，为应急救援提供良好的制度保障。

2. 政府的救援职责

突发事件发生后，政府应当立即启动救援，尽最大可能减少人员伤亡和财产损失。这是政府在突发事件发生后承担的应急救援职责。

第一，突发事件发生后，政府应当积极开展应急救援。政府应当建立完备的监测预警和应急响应机制，及时发现潜在的危险，将突发事件消除于萌芽状态。根据监测预警情况，及时向公众发布信息。当突发事件发生后，政府应当第一时间开展应急处置，并根据事态发展启动应急救援。在应急救援过程中,政府应当发挥主导作用,承担应急救援的统筹协调和综合保障职责,为应急救援的开展提供充足的经费保障、物资保障、装备保障、救援人员保障、安全保障和其他各类保障。加强救援现场的统筹协调,构建高效的指挥机制,确保良好的救援秩序。

第二,应急救援过程中,政府应当及时向公众发布与应急救援相关的信息,通报事件进展,消除公众恐慌,并为公众提供避险和自救互救指引,减少伤亡事件和次生、衍生灾害的发生。政府应当及时回应社会关切,对各类涉及突发事件的虚假信息或误导性信息依法进行处理。

第三,应急救援过程中,政府应当严格遵守比例原则,维护社会秩序,保护公民生命财产安全和各项权利。为应急救援的顺利开展需要限缩公民权利的,应当将其对公民的影响降至最低。在应急救援过程中采取的各类社会管控措施,应当有明确的法律依据,并严格遵守法定程序。应急救援结束后,应当及时解除各类社会管控措施。

(二)应急救援中的部门职责

应急救援立法需要明确应急救援的主责部门,明确不同部门在应急管理和应急救援方面的管理权限和职责范围,建立并完善应急救援工作机制,理顺不同部门之间的工作关系和协调机制,完善各级各部门应急联动机制,优化突发事件应对模式,提升组织协调能力和现场救援实效。

应急管理体制变革,是要构建统一领导、权责一致、权威高效的应急管理体系。应急管理部门是应急管理工作的主要部门,其他相关部门也会涉及各自主管领域的应急管理工作。目前的应急救援立法和制度实践具有明显的部门特性,很多部门都制定了各自主管领域的应急管理和应急救援规章,比如交通部门、农业部门、卫生部门、民航部门等。有些应急管理和应急救援具有明显的专业性,部门主导有其优势,但部门之间存在职能交叉和覆盖不全的问题。部门实践如何融入整体的应急救援制度,落实"大应急"理念,将"大应急"理念转化为应急制度设计,是应急救援立法的重要内容之一。

《深圳市突发事件总体应急预案》(2023)明确了各个部门的职责。市、区设立突发事件应急委员会，指导本级有关部门和下级人民政府或派驻机构建立健全突发事件应对工作机制，开展突发事件应对工作。市、区突发事件应急委员会根据本行政区域应对突发事件工作需要，设立专项应急指挥部，负责相关类别突发事件的风险研判、预案编制、队伍建设、资源保障等应急准备工作，组织、协调、指挥突发事件应急处置工作。其他各地的应急预案也做了类似的规定，形成了应急管理领域部门职责分工的总体格局。

1. 应急管理部门

《突发事件应对法》采用"突发事件应急指挥机构"的表述。该法第8条第2款规定："县级以上地方各级人民政府设立由本级人民政府主要负责人、相关部门负责人、驻当地中国人民解放军和中国人民武装警察部队有关负责人组成的突发事件应急指挥机构，统一领导、协调本级人民政府各有关部门和下级人民政府开展突发事件应对工作；根据实际需要，设立相关类别突发事件应急指挥机构，组织、协调、指挥突发事件应对工作。"《突发事件应对管理法（草案）》第20条第3款保留了该表述："县级以上地方各级人民政府设立由本级人民政府主要负责人、相关部门负责人、驻当地中国人民解放军、中国人民武装警察部队和国家综合性消防救援队伍有关负责人组成的突发事件应急指挥机构，统一领导、协调本级人民政府各有关部门和下级人民政府开展突发事件应对管理工作；根据实际需要，设立相关类别突发事件应急指挥机构，组织、协调、指挥突发事件应对工作。"从相关法条的表述看，应急指挥机构是一个临时性机构。《突发事件应对管理法（草案）》第21条第2款规定："应急指挥机构解散后，其发布的有关突发事件应对管理的决定、命令、措施等产生的法律后果由本级人民政府承担。"

2007年《突发事件应对法》通过时，我国尚未组建应急管理部门。《突发事件应对管理法（草案）》明确了应急管理部门的职责，该征求意见稿第22条规定："县级以上人民政府应急管理部门和卫生健康、公安等有关部门应当在各自职责范围内做好有关突发事件应对管理工作，并指导、协助下级人民政府及其相应部门做好有关突发事件的应对管理工作。"从该条的表述看，其将应急管理部门和卫生健康、公安等部门并列，明显是回应突发事件分类的要求，卫生健康部门负责突发公共卫生事件的应急管理工作，公安部门负责社会安全事件的应急管理工作，而应急管理部门则主要负责自然灾害和事故灾难的应急管理工作。从这个法条的表述看，应急管理部门和其他部门的职责相比，并无特别之处。所以，应急管理部门主要负责统筹自然灾害和事故灾难的应对工作。

为了适应新形势下的应急管理要求，推动应急管理机构调整和应急管理模式变革，国家组建了专门的应急管理部门，并整合了应急管理职责。国家应急管理部的职责之一是"指导各地区各部门应对突发事件工作"，这是针对其应急管理的一般职责而言的。具体到应急救援，其职责是"组织指导协调安全生产类、自然灾害类等突发事件应急救援"。从《突发事件应对管理法（草案）》的规定看，我国建立了各个层级的应急管理部门，研究、决定和部署相应层级的应急管理工作，组织、指导、协调不同类别突发事件的应对工作。应急救援工作主要也是由应急管理部门负责。所以，在突发事件应对管理中，应急管理部门既承担统筹指导职责，也负责具体的应急救援工作。在应急救援中，应急管理部门居于主导地位，发挥指挥、协调等关键作用。制度调整后的应急管理实践尚不充分，机构调整和体制变革的效果尚待检验。相关立法应当基于具体的制度实践，明确应急管理部门在应急救援中的相关地位，并明确其基本职责。

2. 其他政府部门

应急救援涉及多个部门，除了应急管理部门外，各有关部门负责组织开展专业应急救援工作，其他有关部门在各自法定职责范围内或者应急预案规定的职责范围内参与应急救援工作。

在应急管理实践中，除了应急管理部门，其他政府部门也都承担应急管理职责，并在有关政府部门设立专项应急指挥机构。各专项应急指挥机构负责相应领域的应急管理工作，其工作职责和工作内容一般由专项应急预案具体规定。在现有的应急管理体制下，突发事件发生后，各专项应急指挥机构根据专项应急预案开展应急处置和应急救援工作。这种模式的优势在于可以充分发挥各专项应急指挥机构的专业优势和专业能力，提高突发事件应急处置和救援工作的实效。

在应急处置和救援阶段，除了应急管理部门和相关政府部门外，气象部门、自然资源管理部门、住房和城乡建设部门、交通管理部门等都会在特定环节介入应急管理和应急救援，这些部门也是应急救援的重要主体。比如，相关部门为应急救援提供特定的气象资料、地理信息资料和提供交通便利等。

应急救援立法应当明确政府相关部门在应急救援中的职责权限和制度角色，并建立部门之间的应急协调机制和工作联动机制。

二、应急救援机制问题

应急管理机制是指政府机关、企事业单位、社会团体、公众等各类主体，在事前、事发、事中和事后应对突发事件全过程中，使用的各种系统化、制度化、程序化、规范化的方法和策略的总称。我国建立应急管理机制的基本要求是：统一指挥、反应灵敏、协调有序、运转高效。[①]应急救援机制是应急救援过程中，为提高应急救援效果，使用的各种系统化和制度化的方法和策略，具体包括部门协调机制、应急联动机制、社会参与机制等。

（一）部门协调机制

"突发事件应对是一个复杂的系统工程，尤其是在风险因素众多且互相交织的条件下，不仅牵涉事前、事中、事后不同的环节，而且更是要涉及不同的部门、行业、领域和群体。为此，从政府应急管理能力建设的角度来看，如何实现政府内部不同部门和次级主体之间的有效协调，以及在外部实现与公众和国际社会之间的联合行动，对于整个突发事件应对工作的成败无疑是至关重要的。"[②]在我国长期的应急管理实践中，存在着部门分设和条块分割的状态，应急管理涉及多个部门，应急救援具有明显的部门主导特色，存在职能交叉、机制重叠、标准不统一等问题。

与应急救援有关的部门包括应急管理部门、消防部门以及各个成立专项应急指挥机构的部门等。在"大应急"理念的主导下，需要不同部门之间的协调配合，以最大限度共享信息、资源和队伍等，快速行动应对突发事件，所以，应当建立不同部门之间的部门协调机制。发挥应急管理委员会等

---

① 林鸿潮、陶鹏：《应急管理与应急法治十讲》，中国法制出版社2021年版，第90页。

② 李宏、闫天池：《新时代政府应急管理能力建设研究》，中国人民公安大学出版社2021年版，第63页。

议事协调机构的作用，建立多个部门的定期会商机制。突发事件发生后，建立综合研判机制，利用统一的应急指挥平台，将所有可能涉及突发事件应对活动的部门在同一平台开展会商和研判，减少信息沟通成本，加快应急处置速度，强化应急处置和救援的部门协调，形成应急处置和应急救援的部门合力，提升应急救援的制度效能。

（二）应急联动机制

政府应当建立和完善突发事件应急联动机制，加强应急救援的部门联动、区域联动和军地联动。应急救援的联动机制不仅仅是部门之间的联动，还包括政府部门和社会层面的联动。因此，应急联动机制包括社会主体在内的多个主体，是应急救援社会参与的重要体现。在应急联动机制中，需要发挥不同主体的信息优势、资源优势、专业优势和处置优势，以最低的成本、最快的反应、最专业的处置、最迅速的救援，实现突发事件应对流程的无缝对接和应急救援效果的最大化。

1. 军地联动机制

《突发事件应对法》第14条规定："中国人民解放军、中国人民武装警察部队和民兵组织依照本法和其他有关法律、行政法规、军事法规的规定以及国务院、中央军事委员会的命令，参加突发事件的应急救援和处置工作。"该法明确规定了军队在突发事件应对中的法律地位。在我国的政治框架下，政府是公共突发事件应对的直接负责者，而执政党在重大突发事件的决策过程中扮演主导角色，并在事件应对的过程中利用其政治影响力发挥号召、动员作用，军队则是重大突发事件中最重要但并不隶属于政府的应急救援力量。[1] 因此，需要完善军地联动机制，确定任务分工，明确指挥权限，优化应急指挥体制，加强政府和军队在应急救援中的信息沟通，加强救援协调，强化应急保障，提高救援效果。

强化军地应急预案对接。建立军队和地方应急预案的对接机制，实现政府部门应急预案与军队应急预案的有机衔接。在应急预案修订方面，也应当加强沟通，实现军地应急预案的同步调整。

---

① 林鸿潮：《中国公共应急体制改革研究》，中国法制出版社2015年版，第94页。

探索建立军地联训联演和应急处置联动机制。在应急演练方面可以加强军地合作,发挥各自优势,并形成有效的互补机制和促动机制,提升军地两方应急救援力量的专业化处置水平。

加强军地应急救援方面的信息共享。由于我国军队与地方政府日常形成的是互不统属的平行系统,因此,两者在突发事件应对中信息来源渠道并不完全相同。我们有必要建立军地的突发事件信息共享平台,促进信息的无障碍共享和双方沟通交流,以提高应急决策时利用信息的能力。[①]可以建立特殊的信息共享平台或沟通管道,实现及时有效的信息共享。

目前,很多地方都与当地的军队力量联合印发当地应对突发事件军地应急联动机制实施办法,这类办法明确了应急救援中军地联动的相关问题。比如,2016 年 2 月,广东省政府办公厅、省军区司令部、省武警总队联合发布《关于建立广东省应对突发事件军地应急联动机制的意见》,要求省、市、县三级人民政府及各专项应急指挥机构与同级军事机关围绕应急预案对接、应急信息共享、应急平台互联互通、应急队伍联建共用、应急联训联演、应急物资储备联动、应急处置联动等方面,建立健全相关机制。应急救援立法应当充分吸收相关的制度经验,在立法中进一步完善应急救援的军地联动机制。

2. 区域联动机制

突发事件往往具有区域性、流域性、跨地域性等特征。比如,发生洪水、地震等自然灾害类突发事件后,影响和波及范围可能相当广泛,不仅仅涉及某一行政区域,因此应急救援就会涉及不同区域之间的协作问题,这就需要加强不同区域之间的信息共享、资源共享和救援联动等。我们应当建立应急救援的区域联动机制,加强应急救援的区域协作,提高全域应急救援能力。2013 年 10 月,国务院办公厅印发的《突发事件应急预案管理办法》第7 条第 5 款规定:"鼓励相邻、相近的地方人民政府及其有关部门联合制定应对区域性、流域性突发事件的联合应急预案。"

加强临近区域或流域的应急协作,建立紧密的区域应急资源共建共享共用机制。比如,《粤港澳大湾区发展规划纲要》提出,要完善突发事件应急处置机制,建立粤港澳大湾区应急协调平台,联合制定事故灾难、自然灾

---

① 林鸿潮:《〈突发事件应对法〉修订研究》,中国法制出版社 2021 年版,第 45 页。

害、公共卫生事件、公共安全事件等重大突发事件应急预案，不定期开展应急演练，提高应急合作能力。《深圳"十四五"规划和2035年远景目标纲要》提出，要完善政府、社会、企业应急协同机制，强化军地应急联动机制，实现信息互通、资源共享、高效联动。加强与粤港澳大湾区相关城市的应急协作，建立紧密的区域应急合作机制。粤港澳大湾区城市群在应急救援领域有广阔的合作空间，有必要建立应急救援合作机制，提升区域整体应急救援能力。因此，有条件的地区可以建立城市间的应急协作机制，探索建立区域应急救援中心，实现应急救援的信息共享、技术交流、物资调剂、人员互助等，提升区域整体应急救援能力。特别是在高难复杂救援领域，加强区域的救援协作和技术交流。建立流域性应急管理合作机制，在物资储备、信息共享、队伍训练、救援协助等方面加强沟通和联动，共同应对流域性的自然灾害类突发事件。

（三）社会参与机制

社会参与是应急管理体制变革的重要方向，也是应急救援应当坚持的基本原则。虽然应急管理是专业性的活动，应急救援有一定的危险性，但并不排斥社会主体的参与。比如，可以发挥社会主体的信息优势，扩大突发事件信息报送的主体范围，拓展信息来源渠道，增强政府部门应对突发事件的信息能力；可以鼓励和支持社会化应急救援队伍发展，发挥社会化应急救援力量的作用；在应急救援过程中，鼓励社会主体开展捐赠等，充分调动和利用社会资源；在应急救援中，充分听取专家意见，增强应急处置和救援的科学性。所以，应当建立应急管理和应急救援的社会参与机制，发挥社会主体的信息优势、资源优势、专业优势，提升整体的应急处置和救援能力。

社会参与机制包括很多具体制度，现有的研究较多。但有两点值得重视，并可以进一步制度化。

1. 应急"第一响应人"

"第一响应人"是专业应急救援力量体系的辅助力量，在专业应急救援力量之前先到达灾害、事故等突发事件现场，负责现场疏导、信息收集和报告等先期处置工作。企事业单位、医院、学校、地铁以及其他人群密集场所等,可以设置"第一响应人",一旦发生突发事件,就能够快速启动应急响应。"第一响应人"利用基本的专业知识和处置技能快速开展应急处置,最大限度减少突发事件带来的危害。

"第一响应人"制度是很多地方应急管理部门推出的新举措,其目的在于通过设置"第一响应人",使具备基本专业知识和应急技能的人承担应急处置职责,负责现场疏导、自救互救等基础性的应急处置工作。同时,"第一响应人"在突发事件现场,掌握比较多的信息,能够进行突发事件信息的收集和报告,第一时间将相关信息报送给政府部门,并能够快速启动响应。所以,应当结合各地的实践经验,在应急救援立法中明确建立应急"第一响应人"制度,在重点行业领域和人员密集场所设立应急"第一响应人"。由于"第一响应人"是非专业的应急处置力量,应当加强对"第一响应人"的培训、考核和管理,提高其应急处置技能,并建立"第一响应人"的免责机制。

2. 自救和互救

自救和互救也属于应急救援的组成部分。有效的自救和互救可以最大限度减少伤亡,减轻政府主导的应急救援的压力,发挥最大的救援效能。因此,应当重视自救互救在应急救援中的作用。在应急救援正式开展之前,相关单位和个人的自救和互救能力极其重要,及时、适当、有效的自救互救可以降低突发事件的危害,减少风险和损失,所以,应当在应急救援立法中明确规定自救互救问题。根据突发事件不同的种类、等级、风险性质等因素,明确不同单位和个人在先期处置中应当采取的自救互救措施和应当注意的事项,避免不当伤亡的发生。

政府应当建立突发事件应急处置的社会动员机制,增强全社会风险防范意识,提升全社会的避险能力和公众自救互救能力。应急管理部门和有关部门应当定期向公众发放应急避险和自救互救指引,并定期更新。有条件的地方应当组织相关培训,以提高公众自救互救的技能。突发事件发生后,企事业单位、群团组织、社会组织和个人应当采取避险、自救互救等必要措施,服从政府统一指挥和调度,配合应急救援工作。行业主管部门应当加强应急知识宣讲和技能培训,提升公众的应急意识和自救互救能力。

日本属于自然灾害多发的国家,因此,日本的应急管理体系较为完备,全社会的风险意识和风险管理能力很强。在日本的应急管理体系中,个人自救是非常重要的组成部分，加上政府主导的应急管理体系，形成"自助、共助与公助"这一独具特色的灾害应急管理模式。其中，自助指的是一切为保障灾害突发后自我生命安全和生活质量的个人行为，包含自我避险、遇险后脱险、个人物资储备保障以及灾后恢复等方面。[①]日本的相关经验可资借鉴。

（四）监测预警响应救援的衔接机制

应急管理链条上的每一个环节都是紧密联系的，任何一个环节出现问题或者不能够有效传导，都会影响应急管理的工作效能。应急管理是包括监测、预警、响应、救援等环节在内的动态过程，所以，应急管理强调全流程、全环节、多阶段等。

应急救援属于应急管理的末端环节，按照应急管理的系统思维，需要注意监测、预警、响应等环节对应急救援的影响，畅通信息传递链条，加强不同机制的衔接，畅通应急管理流程。

应当建立和完善统一的监测预警指挥平台，加强对城市各类风险隐患的监测，及时发布预警信息，并采取相应的应对措施。负有自然灾害防治职责的部门应当加强自然灾害信息的收集、分析和研判，提高自然灾害风险监测的及时性和准确性。负有安全生产监督管理职责的部门应当加强对生产经营单位的监督管理，强化日常监管，提高实时监测能力，预防安全事故的发生。应急指挥平台化，可以提高应急处置和应急救援的辅助指挥决策能力和救援实战能力，提升应急救援效率。这是应急管理的基础性工作。

在突发事件发生后，能够第一时间启动响应。突发事件发生后，相关单位应当立即疏散、撤离、安置遇险人员，组织开展自救和互救，采取防止危害扩大的必要措施，同时向区人民政府和有关部门报告。发生突发事件的单位应当及时向周边单位和人员通报突发事件信息。事件发生地的相关单位和人员应当为应急救援工作提供必要的便利。突发事件发生后，事件发生地的街道办事处应当立即组织开展应急处置，并向区人民政府和有关部

---

① 林亦府等：《自助、共助与公助：日本的灾害应急管理模式》，载《中国行政管理》2022年第5期。

门报告。街道办事处应当迅速采取措施控制事态发展，做好人员疏散、秩序维护、物资保障等工作，组织群众开展自救和互救。先期处置可以控制事态发展、消除现场隐患的，街道办事处应当向区人民政府和有关部门报告先期处置情况，组织做好善后工作。先期处置不能有效控制事态发展、消除现场隐患的，街道办事处应当及时向区人民政府和有关部门报告。接到街道办事处有关突发事件的报告后，区人民政府和有关部门应当第一时间赶赴现场。发生较大及以上、影响较大或者社会关注度较高的突发事件时，市应急管理部门和其他有关部门应当第一时间赶赴现场，全面研判突发事件的性质、风险、发展态势等，按照应急预案启动相应级别的应急响应，提出应急救援方案。

第四章　应急救援能力建设的法治保障

应急救援能力是评价应急救援工作的核心指标，提升应急救援能力是应急救援立法的主要目的之一。应急能力现代化是应急管理和国家治理现代化的必然要求。"十四五"规划提出了应急能力现代化的问题，应急救援立法应当明确规定提升应急救援能力的制度措施。

2022年2月发布的《"十四五"国家应急体系规划》提出，到2025年，应急管理体系和能力现代化要取得重大进展，形成统一指挥、专常兼备、反应灵敏、上下联动的中国特色应急管理体制，建成统一领导、权责一致、权威高效的国家应急能力体系……安全生产、综合防灾减灾形势趋稳向好，自然灾害防御水平明显提升，全社会防范和应对处置灾害事故能力显著增强。到2035年，建立与基本实现现代化相适应的中国特色大国应急体系，全面实现依法应急、科学应急、智慧应急，形成共建共治共享的应急管理新格局。

应急能力是在应急管理过程中，预防突发事件发生或者在突发事件发生后启动应急处置和救援的能力。应急能力是一个综合性的概念，包括多个方面，不仅仅是政府部门的能力，也包括社会主体的能力。此处的应急管理能力主要是在政府主导下所形成的突发事件的管理和应对能力，包括自然灾害防治能力、事故灾难预防能力、监测预警能力、应急响应能力、先期处置能力、应急救援能力、善后处置能力等。

应急救援能力是应急能力建设的重要组成部分。有学者认为，应急救援能力是应急救援力量执行救援行动的实际本领，是救援力量的基本素质的外在表现。[①] 应急救援能力包括应急准备能力、应急处置能力、信息化能力、实施救援能力、救援保障能力、救援后处置能力等。救援能力也是一个综合性的概念，它不仅仅指涉突发事件发生后开展应急救援的能力，也包括

---

① 赵文华、祁越：《应急救援学》，国防大学出版社2015年版，第234页。

081

为开展应急救援而需要具备的基础性能力。

长期以来，我国比较重视应急救援能力建设，国务院等出台的相关文件和指导意见，就应急预案体系建设、应急演练、社会化应急救援队伍的支持、备灾仓库建设和应急物资储备、应急救援装备的科技化和应急产业发展等提出了具体的措施和要求，这些都是应急救援能力建设的重要内容。

从我国应急救援能力建设的制度实践来看，我国目前已经初步形成了应急救援能力建设的制度体系。从总体上看，中共中央和国务院出台的相关政策文件，对我国应急能力建设提出了整体的制度框架，基本上确立了应急能力建设的指标体系、具体内容、建设标准、建设要求等，是我国应急能力建设的重要指南。各地区、各部门可以根据实际情况开展因地制宜的应急能力建设，结合本地区自然灾害的类型、安全生产形势等，合理布局备灾仓库，储备相应的应急救援物资，配备相应的应急救援装备，组建合适的应急救援队伍等。加强应急准备能力建设，包括完善应急预案体系、加强应急演练等，为开展应急救援提供有力的保障。建立应急救援能力的指标体系，根据指标体系评估应急救援能力建设的总体情况，形成体系化的应急救援能力建设标准和评价考核标准。

一、应急预案与应急演练

根据《生产经营单位生产安全事故应急预案编制导则》（GB/T29639-2013）里的定义，应急准备（emergency preparedness）是指针对可能发生的事故，为迅速、科学、有序地开展应急行动而预先进行的思想准备、组织准备和物资准备。突发事件应急预案体系建设和应急演练是应急准备的重要内容。应急预案是我国应急管理领域"一案三制"的核心，因此，应急预案体系建设以及与此相关的应急演练是应急准备能力建设的核心要素。

（一）应急预案

应急预案（emergency plan）是指为有效预防和控制可能发生的事故，最大限度减少事故及其造成的损害而预先制定的工作方案。2013年，国务院办公厅出台了《突发事件应急预案管理办法》，规范了突发事件应急预案管理，增强了应急预案的针对性、实用性和可操作性。全国很多地方都出台了地方应急预案管理办法，各级各类应急预案详细规定了突发事件预警、应急处置、后期处置、应急保障等方面的内容。在突发事件处理中，以应急预案为中心，实现非常态事件的常态化应对。应急预案体系由政府及其部门应急预案、单位和基层组织应急预案两大类组成，其中政府及其部门应急预案包括总体应急预案、专项应急预案、部门应急预案等。

1. 应急预案体系建设存在的问题

我国目前与应急预案有关的规范性文件包括国务院办公厅发布的《突发事件应急预案管理办法》、应急管理部发布的《生产安全事故应急预案管理办法》等，各个地方有《突发事件应急预案管理办法》或者《应急预案评审和备案工作指南》等。目前，关于应急预案体系建设中存在的问题，已经有很多研究，具体包括各级各类应急预案水平不一，部分应急预案缺乏针对性和实效性；各类突发事件的应急预案体系不够完善，部分应急预案缺失，个别应急预案向基层的延伸性不够；部分应急预案缺乏必要的风险评估，应急预案的制定脱离本地区本部门的实际，导致应急预案的实用性和操作性不强；不同层级的应急预案缺少有效衔接，体系性较差。因此，基于应急预案体系化思维，应回应应急管理改革的现实需求，完善应急预案编制；梳理应急预案编制体系，明确不同层级、不同部门应急预案的内容，理顺应急预案的编制流程和部门衔接；充分调研本部门的风险点，理清应急管理工作的具体要求，确定应急预案的内容，增强应急预案的操作性和实用性；建立应急预案的动态调整机制。

2. 应急预案与应急救援立法的关系

《突发事件应对法》明确了不同部门在应急预案制定方面的具体职责，初步明确了应急预案的基本内容，但对应急预案体系建设的其他内容涉及不多。由于应急预案与应急救援具有紧密关联，应急救援很大程度上是围绕应急预案开展的，因此，可以在应急救援立法中专门规定应急预案的内容，将其作为应急救援能力建设的重要内容，优化应急预案的制度设计，明确其在应急救援立法中的制度地位，将应急预案的内容在应急救援立法中予以适当呈现。

2013年，国务院办公厅出台了《突发事件应急预案管理办法》，规范了突发事件应急预案管理，增强了应急预案的针对性、实用性和可操作性。从各地应急预案体系看，应急预案的内容往往较为详尽，详细规定了突发事件预警、应急处置、后期处置、应急保障等方面内容，以应急预案为中心，可以实现非常态事件的常态化应对。"一案三制"中，应急预案居于核心地位。在应急救援实践中，根据应急预案的相关规定，可以为应急处置和救援工作提供明确的指引。所以，应急救援立法是无法绕开应急预案的，需要正确处理应急救援立法与应急预案的关系。

"应急预案体系发展越超前，应急法制发展越可能滞后。同理，应急预案体系越发展，越容易迅速控制事态，应急法制的发展就越可能滞后。"[1] 由于应急预案在应急救援过程中具有很强的指引功能，应急救援立法会被认为是不必要的。这种认识有两个误区：第一，曲解了立法的功能，应急救援立法不是为应急救援提供具体的救援方案和救援流程，而是从宏观上规定应急救援的体制机制问题、应急救援能力建设问题等，属于应急救援的基础性制度建设，因此，应急预案难以替代应急救援立法；第二，应急预案需要根据应急管理工作的要求和应急救援的实际需求进行周期性的修订，以保持应急预案的实际效果，而应急救援立法则要求一定的稳定性，以形成应急救援和应急管理的常态化制度建设，所以，应急预案和应急救援立法在时效性上也存在差别，二者互不替代。

应急预案和应急救援立法在内容上会存在一定的重叠，应急救援立法会参考应急预案的相关内容，但不会与现有的规定重复。即使是在个别制度上有所重合，应急救援立法也会进行制度提炼，以符合立法抽象性、一般性的要求。应急救援立法以应急预案的规定为基础，从应急预案与应急救援的衔接点开始延展性立法，明确应急预案在应急救援立法中的地位，同时实现应急预案与应急救援立法的协调配合。《突发事件应对法》和《突发事件应对管理法（草案）》在应急管理的四大环节方面是一致的，即"预防准备、监测预警、处置救援、恢复重建"，所以，应急管理是从应急准备到恢复重建的全链条、全过程管理，这四个内容在应急管理立法中予以全面呈现。

---

[1]　张海波、童星：《中国应急管理结构变化及其理论概化》，载《中国社会科学》2015年第3期。

应急预案管理属于预防准备环节的内容，但又与应急救援紧密关联，预案的科学性、适用性、针对性等会影响应急救援的效果，所以，在应急救援立法中应当涉及应急预案的内容，但又要控制一定的篇幅，以免使应急救援立法变成应急管理立法。

在"1+4"的应急管理立法体系中，应急预案的内容在《突发事件应对法》和应急救援立法中如何加以配置，既保持预案管理制度的完整性，又增强应急救援立法的针对性，就需要进行系统性的立法设计。从目前的立法看，《安全生产法》（2021）多个条文也涉及应急预案的内容，比如，第21条规定，"生产经营单位的主要负责人对本单位安全生产工作负有下列职责：……（六）组织制定并实施本单位的生产安全事故应急救援预案"；第81条规定，"生产经营单位应当制定本单位生产安全事故应急救援预案，与所在地县级以上地方人民政府组织制定的生产安全事故应急救援预案相衔接，并定期组织演练"。自然灾害防治立法也会有关于自然灾害方面的应急预案。所以，从体系性的角度，应当在《突发事件应对法》中构建应急预案体系建设的一般制度，并指导和统筹《安全生产法》和自然灾害防治立法中应急预案的内容。

而在应急救援立法中，应急预案的内容设计需要考虑以下因素：

第一，应急救援立法主要调整应急救援环节的相关问题，应急预案虽然与应急救援紧密关联，可以为应急救援提供指引，直接指导应急救援工作的开展，但应急预案和应急救援本质上属于不同的应急管理环节，因此，应急预案体系建设的一般问题，应当规定在《突发事件应对法》中。

第二，作为应急管理立法体系的组成部分，应急救援立法需要参考《安全生产法》《自然灾害防治法》《消防法》三部法律关于应急预案的规定，明确它们对应急预案的制度安排和立法处理，避免立法缺失或重复。

第三，在立法之外，可以考虑制定行政法规或者开展地方性立法，规定应急预案体系、应急预案编制、应急预案审批、备案和公布、应急预案修订、应急预案宣教、培训和演练、应急预案监督、检查等一系列实体性和程序性内容，实现应急救援立法与行政法规或者地方性立法的分工和衔接。应急救援立法中涉及应急预案的内容，可以只规定与应急救援能力建设相关的应急预案体系建设的一般内容。应急管理部门应当统筹推动建立和完善应急预案体系。应急管理部门负责编制本区域的总体应急预案。有关部门、企事业单位和社会组织应当根据风险评估情况，科学编制专项应急预案和本单位应急预案。

（二）应急演练

根据《生产经营单位生产安全事故应急预案编制导则》（GB/T29639-2013）里的定义，应急演练（emergency exercise）是指针对可能发生的事故情景，依据应急预案而模拟开展的应急活动。应急演练是应急管理中应急准备阶段的重要活动，也是应急准备能力的重要体现。应急演练是与应急预案紧密联系的活动。完备的应急预案也需要应急演练的检验，通过应急演练检验应急预案的可操作性和实效性，通过应急演练也可以优化和完善应急预案，二者是相辅相成的。应急预案体系建设中存在的问题也会反映在应急演练中。目前，很多研究都总结了应急演练存在的问题，比如应急演练的频次不够、应急演练的实战性较差、应急演练与应急预案的联动性不够等。在具体的制度建设中，应该明确规定各类应急演练的频次，提高应急演练的实操性；模拟灾害场景，加强应急演练的针对性；鼓励跨区域多部门的联合演练，结合本区域自然灾害和安全生产事故的特征，开展有针对性的应急演练。同时应当根据应急演练的情况，及时修订应急预案，提高应急预案的可操作性，实现应急预案与应急演练的有效衔接和双向互动，加强对应急演练效果的评估，复盘应急演练成效。

前已述及应急救援立法与应急预案体系建设的关系，由于应急预案与应急演练之间具有紧密的关系，因此，应急救援立法中，如何处理应急演练的问题，可以参考应急预案的内容。同样作为应急救援能力的重要体现，可以在应急救援立法中针对应急演练作出一般性的规定，比如在应急救援立法中，可以规定应急预案编制单位应当定期组织综合演练、专项演练等各类应急演练。应急预案编制单位应当对应急演练进行评估，并根据演练情况和评估结果修订和完善应急预案。至于应急演练方面更具体的规定，也可以规定在行政法规或地方性立法中。比如，《深圳市突发事件应急预案管理办法》专章规定了应急演练的内容，包括应急演练的组织和指挥、演练频次、演练评估等内容。这些内容可以保留，并与应急救援立法中关于应急演练的内容相互衔接和配合。

二、应急处置能力建设

应急处置是指突发事件发生后，为营救和救治受害人员，疏散、撤离并妥善安置受威胁人员，迅速控制危险源，消除危害后果而采取的措施。提升应急处置能力是应急管理制度建设的重要组成部分。

（一）应急响应

根据《生产经营单位生产安全事故应急预案编制导则》（GB/T29639-2013）里的定义，应急响应（emergency response）是指针对发生的事故，有关组织或人员采取的应急行动。应急管理部门应当参考突发事件应急响应制度，根据突发事件的特点、涉及的地域范围、所处行业、事件性质、风险大小、可能的危害后果等建立、完善突发事件应急处置和应急救援分级响应制度，根据不同的响应级别，采取差异化的应急处置措施。《突发事件应对法》第49条规定了突发事件发生后的应急处置措施。但如前文所述，《突发事件应对法》在使用应急处置和应急救援两个概念时，没有进行严格的区分，两个概念在法律上的定位并不清晰。该法第49条规定："自然灾害、事故灾难或者公共卫生事件发生后，履行统一领导职责的人民政府可以采取下列一项或者多项应急处置措施：（一）组织营救和救治受害人员，疏散、撤离并妥善安置受到威胁的人员以及采取其他救助措施；……（六）组织公民参加应急救援和处置工作，要求具有特定专长的人员提供服务……"应急处置与应急救援存在区别，应急处置的外延比应急救援要宽泛，应急处置是包括应急救援在内的一系列应对措施。并非所有的突发事件都需要启动应急救援。因此，应当结合应急响应级别，综合分析突发事件信息，预判突发事件的走势和可能后果，适时启动应急救援。

应急响应除了涉及政府部门和应急救援队伍，也应当明确社会层面的单位和个人应当注意的事项和应当采取的措施。政府层面的应急响应应当与社会层面的应急反应形成联动，政府部门发出应急响应信息后，个人、企事业单位、公共交通部门、交通管理部门等主体应当根据响应机制作出相应的应急反应，并采取各类保障措施，形成统一高效、社会联动的应急响应体系。《突发事件应对法》没有涉及应急响应制度，《突发事件应对管理法（草案）》第70条规定了应急响应制度："国家建立健全突发事件应急响应制度。突发事件的应急响应级别，按照突发事件的性质、特点、危害程度和影响范围等因素分为一级、二级、三级和四级，一级为最高级别。特别重大和重大突发事件的应急响应级别划分标准由国务院制定，较大和一般突发事件的应急响应级别划分标准由国务院确定的部门制定。"在各地应急管理的制度实践中，建立了突发事件应急响应原则和响应程序，可以为应急救援立法提供借鉴。

（二）先期处置

所谓"先期处置"，是指在突发事件发生后至应急指挥部成立前，由与突发事件相关的部门在接到预警或者报警信息后赶往事发现场进行初步处置的活动，如封控现场、疏散人群、抢救伤员、伤亡预测、向上级部门报告情况等。先期处置的主体不仅为负有处置职责的行政机关，还包括相关企事业单位。[①] 简单而言，先期处置是指突发事件发生后，现场人员、事发单位或基层政府采取的即时避险、伤员救治等应急响应措施。

先期处置是应急管理的重要环节，先期处置能力是应急管理能力的重要体现。及时、适当、有效的先期处置能够将突发事件遏制在萌芽状态或初发状态，避免损失扩大。应当在立法中明确规定先期处置的主体、程序、限度及先期处置能力的培养等问题。根据突发事件的性质、特点、危害程度和影响范围等因素，明确相关政府、单位和个人在先期处置中应当采取的措施和应当注意的事项。

有学者认为，先期处置是一个绝对化的概念，基层组织、单位和个人为控制事态发展、减少损失而采取的应急处置被称为先期处置，是相对上级政府的应急处置活动而言的。还有学者认为，先期处置是一个相对的概念，所

---

① 刘菲:《行政应急法律实施机制之优化》，武汉大学出版社2020年版，第181页。

有上级部门采取应急处置或应急救援之前，下级部门采取的应急处置措施都叫先期处置。比如，根据突发事件分类分级的原则，不同级别的突发事件有不同的应对方式。突发事件发生时，往往由基层政府率先开展处置，此时，基层政府的处置相对上级政府而言是先期处置。当突发事件较为严重，一开始就由高级别政府负责处置，当事件升级，更高级别政府介入时，高级别政府的处置仍然被称为先期处置。从这个意义上讲，先期处置是一个相对的概念。

为了便于理解应急救援的相关流程，应急救援立法应当把先期处置视为特定阶段的活动，即突发事件发生后，由基层组织、单位和个人采取的应急处置措施，才称为先期处置。这一处理方式基于以下考虑：第一，发挥基层组织、单位和个人在应急管理中的基础性作用，突发事件发生后，能够快速反应，尽最大可能降低损失。基层组织是整体社会治理的重要节点，对相关情况比较熟悉，突发事件发生时，可以最低的成本开展应急处置，比如，社区是各种突发事件的直接承受者，也是开展应急管理的最基层的组织。社区既能发挥自己的自治功能，第一时间就地组织各种力量参与救援，也能协助政府开展各类应急管理活动。[1] 所以，社区在应急管理中可以发挥提供信息、提供平台、提供资源、维护秩序、开展自救、应急救援等作用。[2] 但基层组织往往也存在各种能力不足的问题，因此，在先期处置过程中，应当根据突发事件的性质、特点、危害程度和影响范围等因素，采取与突发事件场景相匹配的处置措施。第二，将先期处置明确为基层组织、单位和个人采取的应急处置措施，可以赋予该词明确的内涵，在应急管理的整个环节，形成稳定的制度预期，也便于应急处置工作流程的顺利推进。

（三）应急处置工作流程

应急处置和救援是高度流程化的活动，在具体的制度实践中，形成了完善的操作规程。应急救援立法应当总结国家各个地方有关应急管理与应急救援的相关立法及制度实践，梳理应急救援工作流程，总结应急救援过程中

---

[1] 王柳：《城市社区公共危机管理能力建设》，载《中共杭州市委党校学报》2002年第1期。

[2] 李明：《应急管理多元主体合作治理》，四川大学出版社2021年版，第72～74页。

存在的问题，在与应急响应相关的制度安排、先期处置、应急救援和应急救援现场指挥、协调、处置等方面作出制度创新，优化应急救援工作流程，提升应急救援效率。

突发事件发生后，从先期处置开始，到事态升级，启动应急救援，涉及不同政府部门工作职责、突发事件处置和应急救援流程等实体性和程序性内容。开展现场救援的，需要明确现场指挥部的开设、现场指挥官的确定、救援队伍的调度、应急救援和处置工作协调机制等，直到应急救援工作结束，从而形成完美的制度闭环。

应急救援立法应当优化应急处置和应急救援的工作机制，在不同的应急管理阶段，明确相关主体的职责权限以及应当作出的应急反应；需要启动下一阶段应急工作的，需要明确相应的机制，实现应急管理不同阶段的有效衔接。

三、信息化能力建设

应急管理和应急决策高度依赖信息，信息的丰度和信度会影响应急管理和应急决策的质量。在互联网背景下，大数据、人工智能等技术的发展，将应急管理的信息化推进到了一个新阶段。应急管理越来越依赖信息化系统。"信息系统是整个应急管理体系的神经系统，信息传输、交换畅通是突发事件成功应对的前提。信息管理是指围绕突发事件信息收集、传输、处理及发布等所进行的组织、协调和管理活动，它渗透于应急管理的各个环节和整个过程，其功能是为应急管理系统的正常高效运行提供所必需的数据和信息。"[1] 信息化技术的发展使原本分散的信息汇总起来，降低信息获取、流通和共享的成本，提高应急决策的精准度。因此，要充分利用技术优势，打造信息平台，实现信息报送、信息沟通、信息发布的平台化，提高信息传播速度，提升应急管理和应急决策质量。在应急救援过程中，拓宽信息来源渠道，畅通信息传递链条，有效应对信息来源单一、信息甄别困难、信息精度不高、信息传播不畅等困境，打造信息集约平台，解决信息延迟、信息分散等问题，消除信息孤岛，提升应急管理和应急救援参与主体的信息能力，提

---

[1] 马怀德主编：《法治背景下的社会预警机制和应急管理体系研究》，法律出版社2010年版，第115页。

升应急救援的效果。

（一）信息报送

1. 建立有效的信息报送机制。信息报送是应急管理的关键环节，信息的及时性、真实性、准确性等对应急管理工作具有重要意义，有效的应急管理依赖于多元的信息来源、即时的信息反馈、多向的信息交流、通畅的信息传播以及建立在信息基础上的快速的应急反应机制。增加对突发事件的预判力，将突发事件处置的关口前移，以最大限度降低突发事件带来的风险和损失，提升应急管理水平。

2. 拓展突发事件信息来源渠道，完善突发事件信息报送网络。建立突发事件信息收集报告制度，打通信息报告传导链条，提升获取突发事件信息的能力。加强基层信息员管理，强化其信息报送职责，提高突发事件发现和反应速度，充分发挥系统内信息收集和报送的机制优势。除此之外，还应当充分发挥社会力量的作用，拓展信息来源渠道，构建信息收集和报送的社会网络，依托社会治理体系提升信息获取能力。比如，《深圳经济特区社会建设条例》（2022）第79条规定："市、区住房建设部门应当配合有关部门建立物业服务企业参与基层治理清单制度，发挥物业服务企业在基层治理中的作用。"城市物业服务企业在信息报送等方面具有独特的优势，相比政府部门和政府的信息员能够更快速、更准确地获取相关信息，并加以正确应对，采取先期处置措施遏制突发事件的发生，减少突发事件带来的损失。因此，应当强化包括物业服务企业及其工作人员在内的社会主体在信息报送中的作用，实现信息来源多元化，构建及时有效的信息报送渠道和信息反馈机制。

（二）信息沟通

1. 构建信息沟通机制。通过统一的集约化信息平台，在不同部门、不同层级之间构建良好的信息沟通机制。在信息沟通机制中，需要明确不同部门和不同层级在信息报送和信息沟通方面的基本职责，强化信息沟通的主动性。

在应急救援过程中，畅通现场指挥部与应急管理部门、应急管理部门与其他部门之间的信息沟通机制，解决信息堵点，避免关键信息在个别部门长时间沉淀，通过制度手段强化信息流动的及时性、准确性、安全性和有效性，为应急救援工作的开展提供信息支持。

2. 构建跨区域的信息报送和信息沟通机制。某些突发事件具有跨区域性，因此，应当构建跨区域的信息报送机制和信息沟通机制，实现信息的区域共享。在自然灾害事件中，遭受自然灾害侵害或者获取信息的区域有关部门应当及时将信息分享给相邻区域，使相邻区域相关政府、企事业单位和社会层面提早获知突发事件情况并做好应急准备。安全生产事故情况下，对于可能影响相邻区域的安全事件，事发地政府部门应当及时分享突发事故相关情况，比如危害程度、危害后果、演变态势、潜在影响等，提示相邻区域做好应对措施。

（三）信息发布

1. 及时向社会发布与突发事件处置和应急救援相关的权威信息。明确信息发布的平台、时效、范围和区域，采取适当的方式向不同主体发布信息，提高信息的精准性、透明度和可及性，便于社会公众理解，消除社会恐慌，避免公众过度反应。信息发布不同于舆情管控。在突发事件应对过程中，应当及时提供准确信息，并向社会公众做好沟通解释工作，这种举措可以消除大部分舆情事件。舆情事件的出现往往是信息交流不够充分，公众掌握的信息较少，给虚假信息、误导性信息或者不良信息预留了生存空间，如果能够做好信息交流，可以避免很多舆情事件。

2. 完善信息发布体系，拓宽信息发布渠道，强化多渠道信息的精准发布能力，提升信息发布的覆盖面、精准度和时效性。在应急救援中，建立信息归集和信息传播平台，确保应急信息发布的统一性、权威性和及时性。利用信息传播的规律，探索多样化的信息传播模式，针对不同区域、不同主体，采取不同的信息呈现方式和差异化的信息表达形式，增加信息的可理解性、可接受性，避免公众误解以及由此引发的社会恐慌，保障公众知情权。

（四）信息化平台建设

信息化是应急管理体系建设的重要内容，也是评价应急管理水平的重要指标。信息来源渠道的多样化有可能产生信息噪声，影响信息的精度，因此，需要建立信息甄选机制，提升信息的真实性。信息化平台建设，关系到应急管理和应急救援的成效。需要借助信息化技术手段，打造集约化信息平台，将不同主体、不同部门和应急管理各个阶段的所有信息都归集到平台，通过信息的比较、筛选、鉴别，提高信息的准确性，避免信息误判，并能够实现信息的快速分发、汇总分析，提高对事件的研判能力和突发事件的应对能力，为应急管理和应急救援工作的进一步开展奠定良好的信息基础。

由于目前应急管理处于条块分割的状态，不同的部门都建立了各自的信息化平台，信息平台之间未有效打通，形成了信息孤岛，降低了信息的使用效果。同时，由于应急管理的阶段性特征，在不同阶段建立了独立的平台，比如监测预警平台、指挥平台等，这些都不利于信息的快速传递和有效利用，影响应急救援的成效。因此，应当由应急管理部门或者政府牵头，打造应急管理信息化平台，将备灾仓库建设布局、物资分布情况、应急救援队伍情况和调度情况、突发事件监测预警、应急指挥、突发事件调查和应急救援评估等信息都归集到一个平台上来，实现信息的可视化、集约化、模块化，充分利用云计算、大数据、新技术，有效提升应急管理和应急救援的信息化能力。

四、救援保障能力建设

（一）资金保障

政府应当为应急救援工作提供充足的经费保障，加强应急资金保障和划拨使用。各地可以根据情况设立突发事件应急资金，建立资金快速拨付机制，根据应急救援工作需要，及时划拨、分配和使用应急资金。《深圳市突发事件应急专项资金管理办法》明确了资金的适用范围，包括应急处置需要的聘请专家、队伍、人员等费用，应急处置需要的物资、装备、器材等费用，应急处置需要的相关应急工程费用等与突发事件处置和救援有关的事项。在专项资金的使用方面，应当向应急救援一线倾斜，资金使用的绩效考核应以救援结果为导向。深圳市人民政府应急管理办公室《关于进一步加强全市应急能力建设的意见》提出，完善应急管理资金的长效保障机制。适当安排财政资金，加强应急物资装备的市场储备。修订和完善应急专项资金管理办法，探索符合城市治理体系和治理能力现代化建设需求的资金管理制度，发挥财政资金在应急管理全过程的保障作用。

政府应当根据自然灾害和安全事故的演变态势和未来发展趋势，估算突发事件应对所需的应急资金，并建立应急资金规模的动态调整机制，满足应急管理工作所需。

（二）物资保障

按照适应全灾种需要、规模适度、种类齐全、布局合理的要求，统筹备灾仓库建设，加强统筹管理，避免重复建设和低效利用。应急管理部门应当建立应急物资储备制度，明确物资储备清单，根据区域分布、行政区划等因素确定不同备灾仓库的物资储备，定期更新，实施应急物资储备计划。政府应当建立全市统一的应急物资储备仓库和应急救援物资信息化管理平台，摸清本市备灾仓库和物资储备底数，提升备灾仓库和物资储备管理的信息化水平。

根据自然灾害和事故灾难的发生区域、危险程度、波及范围等因素，启动应急物资快速调拨机制。在应急救援过程中，相关工作组根据应急救援所需迅速组织救援物资和装备，并及时运送至救援现场，实时跟踪物资和装备使用情况，并及时补充。根据指挥部人员数量、参与救援人员数量、伤亡人员数量、灾害和灾难波及范围、危害程度等因素，供应数量充足的食品、被服、药品、交通工具等后勤保障物资。

除了政府的应急物资储备外，社会层面也应当储备必要的应急物资。企业、事业单位应当储备与本单位风险相适应的应急物资，配备必要的应急救援装备，突发事件发生后，能够第一时间开展自救工作。

鼓励家庭和个人储备一定品种和数量的应急物资。早在 2014 年，北京市民政局就向市民推出一份详尽的《家庭应急物资储备建议清单》，鼓励市民遇险时自救。2020 年 11 月，应急管理部发布《全国基础版家庭应急物资储备建议清单》。江苏、湖南、上海、广州、深圳等省市也都推出了应急物资储备建议清单。家庭和个人物资储备是政府应急救援物资储备的必要补充，可以提高整个社会的突发事件应对能力，也是评价整体应急管理能力的重要标准。

（三）科技保障

强化应急救援的科技支撑，全面适应科技发展趋势，以科技化推进应急管理现代化，提高监测预警能力、监管执法能力、辅助指挥决策能力、救援实战能力和社会动员能力。

充分利用科技手段，强化应急决策能力建设，在数据采集、评估决策、通信指挥、应急处置、保障支持等方面实现指挥决策的可视化、智能化。运用大数据、区块链等技术，建设信息化、智能化信息平台，降低应急救援成本，提升应急救援效能。推广使用先进成熟的救援技术和装备，推动搜救机器人、智能装备在危险环境和搜救环节的广泛应用。在应急管理领域，特别是应急救援领域，要摒弃发挥大无畏牺牲精神的传统观念，坚持应急救援"人民至上、生命至上"，不仅仅关注受突发事件影响的群体安全，也要关注参与应急处置和救援人员的生命健康和安全，能够通过科技投入、装备升级等方式实现应急救援，就要避免让救援人员冒着生命健康危险开展救援，所以，应当充分意识到科技化在应急救援中的重要作用，加强应急救援的科技保障和科技支撑。

目前应急管理领域，科技手段的运用较为充分，需要总结相关经验，通过立法形成完善的制度安排。

（四）交通保障

《道路交通安全法》（2021）第 53 条规定："警车、消防车、救护车、工程救险车执行紧急任务时，可以使用警报器、标志灯具；在确保安全的前提下，不受行驶路线、行驶方向、行驶速度和信号灯的限制，其他车辆和行人应当让行。"可以将应急救援车辆与警车、消防车、救护车、工程救险车做同等对待，对应急救援车辆予以通行、停驻等方面的便利，执行应急救援任务的车辆在救援过程中出现闯红灯、违停等违章行为，可以免于交通处罚。

交通管理部门应当对参与应急救援的车辆给予通行便利，在确保安全的前提下，参与应急救援的车辆不受行驶路线、行驶方向、行驶速度、信号灯和停驻位置等限制。参加应急救援的车辆按照国家有关规定享受通行费减免、优先通行等便利。任何单位和个人不得干扰参加应急救援车辆的通行。

（五）通信保障

应急救援现场存在多支应急救援队伍，某些应急救援队伍可能会自建通信平台和沟通渠道，现场指挥部等相关部门应当为他们的通信平台提供通信技术支持，或者将他们的通信平台接入大的通信保障网络。

通信管理部门应当健全应急通信保障体系，指导通信运营企业完善应急通信保障网络，加强应急救援过程中的通信保障能力，确保信息传输安全通畅。

（六）数据资料保障

应急救援现场的数据资料保障是非常重要的，有利于准确了解突发事件现场的相关情况，研判事件发展态势以及开展救援所面临的风险，这是进行应急救援决策的重要前提。

所有掌握相关数据资料的主体都有义务及时向现场总指挥部提供数据资料，用于开展应急救援，这些资料包括但不限于事件处置应急预案、重大危险源和重点防护目标应急分布图、现场基础地理信息图、应急资源分布图等基础资料和数据。发生突发事件的单位也有义务提供事发现场的详细情况，特别是在危险化学品爆炸、矿山事故等现场，应当准确告知突发事故现场的相关数据资料等信息。

现场指挥部调取与突发事件有关的资料和数据时，掌握资料和数据的有关单位和个人应当配合提供。

（七）专家保障

专家是应急救援中非常重要的主体，应急管理部门和其他涉及突发事件处置和救援的相关部门都建立了自己的专家库，日常的应急管理决策会咨询专家意见或者吸收专家参与。突发事件发生后，涉及应急处置和救援时，也会邀请相关专家参加应急处置和救援工作。

应急处置和救援是一种实操性非常强的活动，很多应急救援现场环境和场景非常复杂，需要专业的处置能力和救援知识，因此，应急救援现场需要一些具有救援经验的专家参与救援决策，以设计科学的和更具可操作性的救援方案。

因此，专家保障不仅仅局限于应急管理阶段的专家库建设，更要注重应急救援现场的专家辅助作用。将相关专家吸收进现场指挥部，能够使之深度参与应急救援，特别是一些具有实战经验的专家，应当在应急救援过程中优先考虑。涉及危化品爆炸、矿山救援等具有高度危险性或复杂性的应急救援，更要听取专家意见。现场指挥部可以组建现场专家团队，参与事件研判、应急处置和现场救援等工作。现场专家团队应当包括具有应急救援经验的实务型专家。

（八）其他保障

其他保障措施包括医疗保障、社会秩序保障、供水供电保障、气象保障等。

卫生健康部门应当完善突发事件医疗救治联动机制，统筹医疗救治资源，为应急救援提供医疗物资、技术和人员保障。公安机关应当根据救援现场情况，依法采取有效管控措施，维护救援现场的秩序。对妨害应急救援的人员，及时依法采取必要的管控措施。供水供电部门应当为现场指挥部、救援现场和受灾人员集中安置点等场所提供用水和用电保障。气象部门应当为应急救援提供气象监测和预报服务。

五、救援后处置能力建设

完成应急救援任务的,突发事件和次生、衍生事件造成的威胁和危害得到控制或者消除的,或者经专家研判认为可以结束应急救援的,应急救援阶段结束,此时就进入善后处置环节。

救援后相关处置工作包括事故灾害调查,恢复重建,环境污染等次生、衍生灾害处理,救援人员和被救援人员的医疗救治和心理干预,被救援主体的生活扶助、抚恤制度,事故调查,应急救援工作评估及评估报告的运用等。《突发事件应对法》第五章规定了事后恢复与重建,该章的主要内容包括损失评估、恢复重建、受损地区的资金物资和人力支援、补偿抚恤、评估报告等。国务院于 2019 年 2 月 27 日通过的《生产安全事故应急条例》第 25 条、第 26 条、第 27 条、第 28 条规定了应急救援后的相关问题,主要内容包括应急救援措施的停止执行、征收征用财产的处理、生产安全事故调查评估、伤亡人员的救治和抚恤。这些内容比较简单地规定了应急救援后的相关工作,基本上涵盖了应急救援后相关的制度安排,但制度设计略显粗糙。

在应急救援立法中,与应急救援紧密相关的应急救援后处置工作的内容在立法中应加以明确规定。

(一)救援结束后的必要处置措施

结束应急救援行动的,救援队伍应当及时清点人员和装备,经现场指挥部同意后有序撤离。但应急救援结束后,可能出现事件反复或者发生次生、衍生事件,因此,应当明确规定应急救援结束后的后续必要措施。在现场指挥部撤销或者应急救援队伍撤离后,应当安排留守人员密切关注救援现场的有关情况,并及时采取应急处置措施。对救援现场的封控不能随着应急救援的结束立即解除,而应当延展至救援结束后特定时间,以便随时观察救援后现场事态发展情况，评估其演变态势，并随时采取相应的处置措施。

《突发事件应对法》第58条规定："突发事件的威胁和危害得到控制或者消除后，履行统一领导职责或者组织处置突发事件的人民政府应当停止执行依照本法规定采取的应急处置措施，同时采取或者继续实施必要措施，防止发生自然灾害、事故灾难、公共卫生事件的次生、衍生事件或者重新引发社会安全事件。"因此，决定结束应急救援的，现场指挥部可以指定留守人员，采取必要措施，防止事件反复或者发生次生、衍生事件。

（二）资料存档和利用

现场指挥部应当准确、完整记录救援现场的相关情况并形成文档资料。应急处置和救援结束后，现场指挥部应当将文档资料移交给专项应急指挥机构或有关部门。专项应急指挥机构或有关部门应当保存文档资料，并对文档资料进行汇总和分析，用于调查评估、恢复重建等工作。

应急救援相关主体应当保存重要事项的记录，并对记录进行汇总、分析和保存，以备在灾后评估、重建等方面加以利用。立法中应当明确重要事项记录和保存的主体、重要事项的范围、记录和保存的方式、相关记录的传递和保密事项、相关记录的使用场景等内容。

突发事件应当成为制度完善的契机，制度建设不应当随着个案处置的结束而结束。掌握资料的主体应当根据情况向社会公众公布不涉密的内容，相关主体可以对文档资料进行利用，发挥其学术研究、公众宣教等方面的作用。

（三）救援行动的复盘和评估

应急救援结束后，专项应急指挥机构、应急救援队伍应当对应急救援行动进行复盘，评估应急救援效果。包括应急救援的启动、应急救援的开展、应急救援组织和救援人员情况、应急救援中紧急情况的应对、本次应急救援存在的不足及改进建议，以及与应急救援有关的其他事项。应急救援评估报告可以单独撰写，也可以作为自然灾害和安全事故调查报告的重要部分加以呈现。

（四）补偿措施

应急救援过程中，如果需要使用相关设施、场地、物资、设备等，可以实行征收征用。建立应急救援的征收征用制度，明确征收征用的决策主体、实施程序、补偿机制、返还机制等，在平衡公共利益和私人利益的基础上，保护财产所有人的合法权益。

征收征用补偿。《突发事件应对法》第12条规定："有关人民政府及其部门为应对突发事件，可以征用单位和个人的财产。被征用的财产在使用完毕或者突发事件应急处置工作结束后，应当及时返还。财产被征用或者征用后毁损、灭失的，应当给予补偿。"财产被调用、征用或者调用、征用后毁损、灭失的，批准调用、征用的相关人民政府或者政府部门应当给予公平、合理的补偿。

对第三人财产的补偿。为开展应急救援导致第三人财产毁损、灭失的，政府应当给予公平、合理的补偿。

责任主体的违法行为导致突发事件发生的，责任主体应当对第三人财产的毁损和灭失承担赔偿责任。

（五）健康检查和心理干预

立法应明确对应急救援人员的安全保障措施，强化对应急救援人员的保护。加强对应急救援人员的健康检查，保障其身体健康。应急救援立法中需要明确开展身体健康检查的频次、时间、费用承担等问题。健康检查费用由政府部门承担。

强化对应急救援人员的心理干预，建立日常干预、救援中干预和救援后干预等综合性的心理干预机制。立法中需要明确心理干预的机构、方式及干预效果的评估。参加风险性或者危害性较大的现场应急救援的，应急救援结束后，有关部门不但要对救援人员进行身体健康检查，还应当提供心理健康服务。《突发事件应对管理法（草案）》第80条规定："国家采取措施，加强心理健康服务体系和人才队伍建设，支持引导心理健康服务人员和社会工作者，加强受突发事件影响各类人群的心理健康教育、心理评估、心理疏导、心理危机干预、心理行为问题诊治等心理援助工作。"这种心理援助工作，也应当将应急救援人员包括在内。

（六）风险监测

参与高风险现场应急救援，需要加强救援人员的健康保障。对于高风险救援现场，应急救援结束后，有关部门应当对事故现场可能造成人身伤害的物质进行检测，评估其对救援人员的影响，并及时将评估结果告知救援人员。救援人员受到人身伤害的，有关部门应当及时予以医疗救治。

现场指挥部应当对高辐射、高污染等特殊现场的危险点和风险源进行适时检测，为救援人员提供必要的防护物资和装备。救援现场的放射性、污染性、致病性等物质可能污染救援装备和防护物资的，应当委托专业机构对救援装备和防护物资进行检测和评估，并根据检测结果决定报废和补充。

（七）激励措施

目前，专业应急救援人员的福利待遇不高，在提高福利待遇的同时，可以建立应急救援人员的激励机制，激发应急救援的职业荣誉感。

社会化应急救援人员多数是兼职的，在参加应急救援过程中可能会影响本职工作，也需要对他们采取一定的激励措施。从荣誉表彰、物质奖励及其他措施等多个方面，设计完善的激励制度。

六、应急能力标准化建设

2019 年 7 月，应急管理部通过的《应急管理标准化工作管理办法》明确提出要加强应急管理标准化工作，促进应急管理科技进步，提升安全生产保障能力、防灾减灾救灾和应急救援能力。2021 年 10 月，中共中央、国务院印发的《国家标准化发展纲要》提出："加快推进重大疫情防控救治、国家应急救援等领域标准建设，抓紧完善国家重大安全风险应急保障标准。"2022年7月，国家市场监管总局等多部门联合印发的《贯彻实施〈国家标准化发展纲要〉行动计划》提出，构建完善适应"全灾种、大应急"的以强制性标准为主体的应急管理标准体系。在社会治安、刑事执法、反恐处突、防灾减灾救灾和综合性应急管理、重大疫情防控救治、粮食和物资储备、安全生产、消防救援、交通运输、网络安全、建筑、水资源、产品质量和特种设备等领域加强标准制修订，开展标准应用试点。深圳市人民政府应急管理办公室于2018年发布的《关于进一步加强全市应急能力建设的意见》明确提出要推进应急能力标准化建设。推进应急值守、预警信息发布、应急处置评估、应急队伍建设、应急演练评估、应急物资储备、应急平台建设等标准的制定和实施。结合实际动态调整修订相关标准，不断适应各类各级应急管理机构实际需求。

从域外经验看，美国、日本等国家在应急管理标准化领域的研究起步早，探索时间长，目前逐渐形成了符合自身特点的应急管理标准体系。比如，美国的应急管理标准与法律法规、政策文件紧密结合，无论是总统令，还是应急管理相关法律法规、国家应急框架或国家突发事件管理体系等文件，均直接提出了标准研制的相关要求，并要求将标准化作为与灵活性相平衡的要素，强调标准制修订的重要性，而且在多个法律法规或政策文件中引用了相关的标准，以支撑相关的规范内容。美国的应急管理标准非常完备，覆盖了风险管理、应急准备、应急响应、应急恢复几个阶段，以及覆盖了从风险评估、应急管理、应急设施建设、应急通信、应急医疗、应急救援技术和方法到应急救援符号及标志标识、应急救援队伍建设、应急救援人员专业资格认证等各个层面。[1] 日本是一个自然灾害多发的国家，在长期的历史发展过程中，政府和社会各界通过不断总结灾害应急的经验教训，逐步建立起一套比较完善的应急救援标准体系。与应急救援密切相关的标准化组织有日本工业标准调查会（JISC）和日本安防协会（JSAA）。[2] 国际标准化组织ISO近年来推出了系列安全应急标准，包括《ISO22322 社会安全—应急管

---

① 陈虹等：《国外突发事件应急救援标准综述》，载《灾害学》2011年第3期。

② 宋天佳等：《日本应急救援装备及标准体系解析》，载《中国标准化》2020年第11期。

理—公共预警》等标准。

应急救援标准体系是应急能力标准体系的组成部分，应急能力标准化建设是应急管理的发展方向之一，可以有效推动应急管理工作的规范化和体系化。应急救援立法中应当包括加强应急救援标准建设的内容，为应急救援工作的规范化以及安全生产保障能力、防灾减灾救灾和应急救援能力的持续提升提供技术支撑。政府应当推动应急能力标准化建设，建立和完善与应急救援相关的标准体系。

应急救援标准体系应当包括与应急救援相关的标准，但应急救援活动是标准化活动与临机性活动的统一，某些活动可以标准化，比如备灾仓库建设、应急物资储备、应急救援队伍建设等。在应急救援过程中，涉及具体应急救援的流程性、程序性等工作，在一定程度上也可以标准化，除此之外的其他具体救援活动，可能难以标准化。因此，在应急救援标准化建设中，需要进行甄选，能够标准化的工作，可以参考具体的工作要求进行标准化体系建设，形成强制性的标准体系，促进应急救援工作的规范化。对于难以标准化的工作，可以制定推荐性标准或者形成工作指引，为应急救援工作提供指导，在保持灵活性的基础上促进规范化。

在应急救援标准体系建设中，除了发挥政府的作用外，也应当发挥社会组织、行业协会等与应急救援有关的第三方组织的作用，在某些应急救援领域制定团体标准和行业标准。

第五章　应急救援队伍建设的法治保障

　　应急救援队伍是应急救援立法的重要内容。《"十四五"国家应急体系规划》提出："强化有关部门、地方政府和企业所属各行业领域专业救援力量建设，组建一定规模的专业应急救援队伍、大型工程抢险队伍和跨区域机动救援队伍。完善救援力量规模、布局、装备配备和基础设施等建设标准……加强各类救援力量的资源共享、信息互通和共训共练。健全政府购买应急服务机制，建立政府、行业企业和社会各方多元化资金投入机制，加快建立应急救援队伍多渠道保障模式。"目前对应急救援队伍建设中存在的问题多有研究，主要包括应急救援人员专业性不强、管理机制较为混乱、缺少职业化的发展，应急救援人员严重不足、训练不够、保险机制缺乏、力量比较分散等。因此，需要加强应急救援队伍建设，强化对各类应急救援队伍的制度支持，提升应急救援能力。

一、应急救援队伍在应急救援立法中的地位

　　根据"1+4"应急管理立法体系，应急救援组织立法是"4"的重要组成部分。前文已经讨论了"组织"一词的含义，无论作何种理解，应急救援队伍都是应急救援立法中非常重要的组成部分。我国现有的有关安全生产和应急救援的法律中，除《消防法》外，没有法律对应急救援队伍作出专章规定。

　　应急救援队伍是应急救援的实施者，应运用法律手段对应急救援队伍进行激励和约束，促进其能力提升和权益保障，以提高我国整体的应急救援能力，因此对应急救援队伍进行详细规定极有必要。

　　应急救援立法除了应当规定应急救援队伍的一般性问题，明确应急救援队伍在应急管理体制和应急救援工作中的制度角色，还应当规定应急救

援队伍的区域布局、分类建设、制度支持、工作开展、保障措施、制度激励等内容。

二、应急救援队伍建设存在的问题

（一）应急救援队伍管理机制混乱

我国目前除了作为国家综合性消防救援力量的消防队伍之外，还存在多种专业化的应急救援队伍。很多地方都有数十个专项应急指挥部，应急管理工作有多个牵头部门，而不同的牵头部门都组建了自己的应急救援队伍，开展相应领域的应急救援工作，比如供气、供水、供电系统的应急救援工作，森林火灾、危险化学品爆炸、地铁救援等应急救援工作。

2018年机构改革并没有改变我国应急管理队伍的管理机制，这种管理机制有它的合理性，因为不同领域的应急救援存在较大差别，具有很强的技术性，应急救援队伍之间很难相互通用，比如，供气领域的应急救援队伍就很难去处置供水领域存在的问题。救援队伍的归口管理有其合理性，但条块分割的状态使这种管理机制缺少沟通协调，在综合性的应急救援现场无法达成有效的联动和协作，影响了应急救援的成效。

应急救援队伍的性质更是多种多样，比如国家综合性消防救援力量属于具有编制的工作人员，专职消防队和义务消防队则是合同制工作人员，专业应急救援队伍中的很多消防救援力量以合同制为主，而危险化学品、燃气、电力等应急救援队伍则是依托企业组建的、市场化运作的应急救援力量。政府和政府部门在其中的职责并不明确，也难以对他们进行统一管理、统一指挥、统一调用。

由于存在多个应急救援队伍，标准化建设也存在欠缺。国家综合性消防救援力量的救援能力较强，标准化程度较高，训练也都比较专业，各类保障措施也比较完善。而其他消防救援力量则存在参差不齐的情况，有的救援队伍可能会有日常的应急演练、培训，也有固定的训练场地，但有些救援队伍则缺少常规演练，保障机制也不健全。

不同领域的专业救援队伍受不同的规范约束，具体包括《森林消防专业队伍建设和管理规范》《专业森林消防队伍建设规范》等，这些队伍的建设要求、选拔标准、日常训练、调用调配、经费保障、激励机制、考核机制、约束机制等并不一致，很难进行统一规范的管理，并且训练标准不统一，也没有建立科学有效的应急演练机制，导致其救援水平参差不齐。

目前我国面临着比较严峻的突发事件风险，各类自然灾害和安全事件的层出不穷，应急救援队伍建设的步伐难以同步，在涉及高危险、高风险或者强专业性的应急救援领域，往往缺少专业化的应急救援队伍。因此，亟需进一步加强应急救援力量建设。在救援现场，由于某些救援具有一定的专业性，非一般性的应急救援队伍可以开展施救，但在应急救援队伍的发展过程中，没有针对专业救援进行相应的队伍配备。随着城市化的发展，城市安全问题越来越突出，为城市安全发展带来新的挑战。高层建筑、地下隧道、地下空间、轨道交通的发展以及某些独有的山地救援、海域救援等，这些救援具有高度的专业性和危险性，也需要进行专业化的救援培训。但应急救援队伍的发展跟不上城市安全发展的速度，应急救援队伍建设亟待加强。所以，在全国和各地的应急救援队伍建设中，存在各类各级应急救援队伍，但队伍建设标准不统一，救援能力参差不齐，存在各种亟待解决的问题。

目前我国面临着比较严峻的安全风险形势，急需进一步加强应急救援力量建设。安全事件的类别层出不穷，应急救援队伍建设的步伐难以同步，在涉及高危险、高风险或者高专业性的应急救援领域，往往缺少专业化的应急救援队伍。

（二）应急救援队伍专业处置能力有待提升

由于应急救援队伍人员的待遇福利待遇不足，所以应急救援人员存在很大缺口。长期以来，某些专业应急救援领域的救援能力严重不足，缺少常态化的监管机制；救援队伍缺乏训练，应急救援人员很难参加比较复杂的应急处置和救援活动。而社会应急救援力量以志愿者为主，缺少专门的训练场地，也缺少专业化的应急装备，其应急处置能力有限，只能作为国家综合性消防救援力量和专业救援队伍的补充。

从总体上看，我国应急救援队伍应急处置能力还有待提升，但如果严格按照国家应急救援队伍的建设标准，则可能会造成比较大的财政负担，所以需要探索多种形式的应急救援队伍建设模式，结合应急队伍的分类分级，有针对性地开展应急队伍建设工作。

（三）应急救援队伍救援协同能力较弱

目前我国尚未建立应急救援队伍统筹调用机制，尚未形成统一的应急救援队伍调度平台，各系统间应急救援队伍信息共享不足，突发事件发生时的调度机制不完善，社会应急力量未完全纳入应急救援体系，这些都不利于应急救援队伍统筹调用。某些企业具有专业化的应急救援队伍，但由于缺少相关信息，而未能进入应急救援队伍的协同机制。专业应急救援队伍依托企业，处置突发事件时，容易片面地追求自身利益的最大化和责任的最小化，救援行动不够配合；各救援队伍平常缺少交流，缺少共同合作的演练，缺少经验总结。大部分市区级专项应急预案未包含社会应急力量，突发事件发生后，与救援需求相匹配、具备相应救援能力的社会应急力量不能及时获取事件信息；尚未建立事件信息共享机制，不利于各社会应急力量参与应急救援处置工作。在应急救援过程中，不同的应急救援队伍需要进一步加强信息沟通能力，提高协同水平。

（四）应急救援队伍保障机制不健全

目前，应急救援人员的福利待遇普遍较低。国家综合性消防救援力量有财政保障其福利待遇，其他采取合同制或者依托企业组建的应急救援队伍则普遍存在福利待遇不健全的问题。由于福利待遇不高，很难招到处置能力强、专业技术高的应急救援人员，这进一步降低了应急处置能力，导致应急队伍发展过程中形成恶性循环。对社会化应急救援队伍而言，作为志愿者有本职工作，只能在空闲时间参与应急救援，并且他们也缺少相应的保障措施，有可能还会影响本职工作，抑制其参加救援的积极性。

应急救援现场可能存在一些比较惨烈的情况，会对人的身心造成严重伤害，需要开展心理疏导和心理干预。但我国目前的应急救援体制中，往往只注重人身安全等方面的保障措施，心理干预较少。所以，在目前应急救援队伍建设中，除了福利待遇、人身安全、健康保险方面的保障机制，也要加强心理干预机制的建设。

三、完善应急救援队伍建设的制度路径

（一）应急救援队伍的发展规划

各个地方都应当根据本地区的实际，制订本地应急救援队伍的发展规划，根据本地区突发应急事件的特征、区域范围，合理进行应急救援队伍的区域布局，等突发事件发生后，能够以最小的半径实现最快的反应，实现对突发事件的快速处置。

加强应急救援组织的分类建设，除建设国家综合性消防救援队伍之外，还要加大各专业应急救援队伍的分类建设，合理确定应急救援队伍的规模，构建专业应急救援队伍的建设标准和评价指标，围绕队伍建设标准补齐短板，加强对应急救援队伍的培训和演练，提升其专业处置能力。

（二）应急救援的职业化体制

着力提高应急救援人员的专业化水平和应急处置能力，加强对应急救援人员的培训，提高其相关技能，使其能够掌握多种应急处置技能，参与多种类别的应急救援活动。专业化应急救援队伍建设是必要的，可以通过专业化建设提高其应急救援水平，但在我国目前财政约束局面下，很难建立所有领域的专业化应急救援队伍，而委托企业建立的应急救援队伍又存在能力不足的问题，因此可以打造综合性应急救援队伍。仿照国家综合性消防救援队伍的建设标准，构建应急救援队伍的职业化体制，探索新的应急救援队伍管理模式，提高应急救援的科学化水平。

建立救援人员的人才管理体系。在应急救援人才评价标准方面，应当着重其救援技能，而不仅仅根据学历来进行评定，强化应急救援人才评价的实践导向，构建更为科学的评价体系。

（三）应急救援队伍的协调机制

应急救援涉及不同的管理部门和应急救援队伍，因此，需要建立应急救援协调机制和支援机制，强化救援分工和救援互助，形成全面覆盖、各有分工、协同配合、资源共享、相互支援、快速响应的应急救援网络。在目前的应急管理机制下，应当强化各级应急管理机构的统筹协调职能，理顺应急管理机构与各行业领域主管部门、专项应急指挥机构的协调联动机制。明确现场指挥权、行政协调权划分及指挥权交接的方式和程序，细化责任分工和工作流程，强化现场处置指挥协调，规范应急救援行动。

（四）应急救援队伍的制度支持

1. 应急救援队伍的经费保障。政府部门应将应急救援队伍建设费用纳入部门预算，给予必要的经费保障。政府部门应当落实专业应急救援队伍队员的工资、福利、补助、保险等相关待遇，保证队员工资和福利水平不低于企业一线员工并享受相关保险。

2. 应急救援人员安全保障。完善应急救援人员的安全保障措施，定期对应急救援人员进行健康检查和评估，保障其身体健康。健康检查和评估费用由政府部门承担。强化对应急救援人员的心理干预，建立日常干预、救援中干预和救援后干预等综合性的心理干预机制，定期评估干预效果。《突发事件应对法》第27条规定："国务院有关部门、县级以上地方各级人民政府及其有关部门、有关单位应当为专业应急救援人员购买人身意外伤害保险，配备必要的防护装备和器材，减少应急救援人员的人身风险。"应急救援法可以在这个基础上作出进一步规定。建立应急救援队伍和救援人员的保险制度，在保险缴纳主体、保险覆盖范围、市场机制与行政手段的综合运用等方面作出明确规定。引导商业保险公司开展多种类、多层次的商业保险，扩大商业保险的覆盖面，政府可以根据情况推出对应急救援保险的支持鼓励措施。

3. 政府建立应急救援队伍共享共用训练场地、设施、装备资源的机制，联合开展培训演练、实战训练、技能比赛等活动。推动应急救援队伍和应急装备的人装结合,政府采购的应急救援装备、器材可以委托给符合条件的社会化应急救援组织管理、维护和使用,通过社会化应急救援组织的日常演练,平战结合,强化运用,提升应急救援能力建设,同时加强对社会化应急救援组织托管应急装备器材的监督管理。采取各种措施,补充、完善专业骨干及企业救援队伍承担应急救援任务所需要的各类物资装备。由于很多应急救援队伍缺少专门的场地,也缺少应急演练的常态化机制,因此应急演练严重不足,影响其专业能力的提升,可以统筹规划,建立联合演练机制,在更高层面上实现培训演练的统筹,避免各自为战,建立应急演练的标准体系,约束应急救援队伍,打造应急救援队伍的指挥协调平台,或者将其纳入整个信息化平台建设中,将地区内所有的应急救援队伍统一编号,动态管理,实现应急救援队伍总体情况的可视化,构建应急救援队伍人才数据库。在突发事件发生后,能够在最短时间内组建应急救援专家团队,调拨应急救援队伍。同时,在应急救援现场要实现不同应急救援队伍之间的联动和协调,根据应急救援队伍和人员的情况,进行有效的救援分工和救援互助。

4.建立应急救援行业协会。随着突发事件的增多,应急救援成为一种常态化的活动,应急救援可以成为一个新的行业。因此可以考虑建立应急救援行业协会,将应急救援所涉及的政府部门、应急救援队伍、应急救援产业、应急救援企业、应急救援志愿者、社会化应急救援队伍等全部纳入应急救援协会。由于应急救援队伍类别多样,规模不一,能力存在差异,建立应急救援队伍行业协会,在行业自律管理、业务交流、物资和资源共享、标准化建设、技术交流、产业发展和部门联动、区域交流等方面进行有效的制度探索,能提高应急救援行业的整体发展水平,也能增强与相关主管部门的沟通。

四、社会化应急救援队伍的制度支持

《"十四五"国家应急体系规划》提出:"制定出台加强社会应急力量建设的意见,对队伍建设、登记管理、参与方式、保障手段、激励机制、征用补偿等作出制度性安排,对社会应急力量参与应急救援行动进行规范引导。开展社会应急力量应急理论和救援技能培训,加强与国家综合性消防救援队伍等联合演练,定期举办全国性和区域性社会应急力量技能竞赛,组织实施分级分类测评。鼓励社会应急力量深入基层社区排查风险隐患、普及应急知识、就近就便参与应急处置等。推动将社会应急力量参与防灾减灾救灾、应急处置等纳入政府购买服务和保险范围,在道路通行、后勤保障等方面提供必要支持。"社会应急救援队伍与政府建立的应急力量具有功能互补性。因此,政府需要根据应急救援队伍的整体发展和社会应急救援队伍的情况,制定社会应急力量扶持规划,实现对社会应急力量的针对性扶持,从而建立起匹配各地风险、具有应急救援能力的救援队伍体系。

在社会化应急救援队伍发展方面,政府应当加强宏观指导,鼓励社会化应急救援队伍的发展,特别是细分行业的专业化应急救援队伍,广泛动员、吸纳具有公益心和奉献精神的应急救援专门人才,成立社会化的应急救援队伍,补充政府在应急救援队伍建设方面的不足。政府应当为社会化应急救援队伍的成立、登记、挂靠等提供便利,简化应急救援队伍成立流程。

政府应当为社会化应急救援队伍提供各种各样的扶持,可以采取项目资助、专项资助、购买服务等方式予以扶持,特别是对专业性较强,具有良好口碑和救援效果的社会化应急救援队伍给予重点扶持。

在实践中,社会化应急救援队伍往往缺少稳定收入来源,需要自己投入资金开展应急救援或者接受捐赠,难以形成社会化应急救援队伍的可持续发展机制。因此,政府应当在一定情况下,对社会化应急救援队伍采取倾斜性的扶持政策,比如,政府的备灾仓库,可以在一定条件下委托给社会化应急救援队伍进行管理,实现人装结合。因为很多高科技应急救援装备的运用需要救援人员具备相关知识,事先熟悉装备的使用方法。备灾仓库中的很多装备购买回来之后没有被救援人员事前熟悉和使用,当突发事件发生时,运到救援现场很难尽快投入使用,影响其有效发挥作用。因此,在特定条件下,政府的备灾仓库和备灾物资可以委托给社会化应急救援队伍进行管理,但在这个过程中要加强监管,避免备灾装备和物资的滥用和流失。

政府应当开放共享各类资源。比如,在应急演练中可以吸收社会化应急救援队伍的参与,为社会化应急救援人员购买保险等。在特定情况下,政府可以向社会化应急救援力量购买服务。

对于一些高风险、高污染企业,企业自身的应急救援队伍建设是非常必要的，一旦发生突发事件，可以在专业应急救援队伍到来之前进行先期处置，所以企业应当从员工中选取具有专业处置技能的人员组建应急救援队伍，这种应急救援队伍是政府应急救援队伍的有益补充。鼓励企业组建自己的应急救援队伍，建立和完善企业应急救援队伍的标准体系，使企业根据应急救援队伍建设标准体系加强救援力量，提高企业应急处置能力。

第六章　应急救援现场的指挥机制

　　我国突发事件应对模式是以行政为主导的,在应急救援过程中已经形成了成熟的应对模式。在我国的应急法律体系中,很少出现现场指挥机构的表述。在传统观念中,应对一次突发事件的指挥机构只有一个,这个机构既总揽全局、统筹决策,也负责事故现场的应急指挥。在实践中,各级政府基本上实行决策指挥与现场指挥一体化。[①]由于我国行政体制特有的政绩考核机制和压力传导模式,应急管理存在个案应对的问题,形成事件发生到个案应对的惯性依赖。突发事件发生后,无论突发事件的性质、类别、严重程度等,行政负责人往往会介入应急处置过程,尽量将事件平息在萌芽状态,以免事态扩大或形成舆论关注。行政负责人的深度介入会导致应急管理过程的阶段性不够明显,所有的阶段都是应急处置阶段。

　　在应急救援阶段,行政负责人的深度介入会导致应急指挥权与现场指挥权的混同。从积极意义来看,以行政负责人为主导的应急决策模式可以有效调配资源,通过行政权力的运作和科层制的压力传导,能够压实救援责任,实现快速处置,提升应急处置的效果。在党委重视、政府主导、社会关注的氛围中,可以不惜代价处置突发事件,快速消除影响。但从负面效果看,这种权力混同使应急管理和应急救援过多依赖于领导个人意志,会导致为了快速解决问题而不计代价、不计成本地开展应急处置,并且行政负责人的不当介入会破坏常规的应急管理体系及其常态化运作,使应急管理制度持续处于弹性化状态,应急体制本身出现"应急化"的趋势。对突发事件的重视程度和处置力度往往和行政负责人的级别有关,而不是基于突发事件本身的情况和救援现场的相关情况,这种应急处置模式冲击了突发事件的分类分级体系,导致突发事件的分类分级失去意义。越高级别行政负责人

---

　　① 林鸿潮:《应急法概论》,应急管理出版社2020年版,第102页。

的介入，突发事件处置所表现出来的逻辑和工作流程越区别于低级别的行政负责人。如果行政负责人缺乏应急处置的专业知识，行政负责人的不当介入可能会出现外行指挥内行的情况，影响应急处置的质量。并且中国是以行政负责人为中心的权力运作模式，行政负责人一旦出现在救援现场，就会使救援现场以应急救援为中心转变为以行政负责人意志为中心，从而导致应急救援偏离本身应有的运作逻辑。为了解决应急决策指挥机构和现场指挥机构混同所带来的种种问题，这两个层次的应急指挥机构应该适度分离、各司其职。[①] 所以，从应急管理和应急救援的发展趋势看，现场指挥机构应当独立化，与日常的应急决策指挥机构适度分离，强化现场指挥机构的独立性，提升应急救援的科学化和专业化。为了提高应急处置和救援的效果，应当构建以现场指挥部为中心的现场指挥机制，尊重现场指挥部和现场指挥官的各项职权，避免行政负责人对应急救援的不当干预。

在应急救援立法中，总结我国目前应急救援的指挥机制和相关经验，构建以现场指挥部为中心的现场指挥机制，提高应急救援的规范化、专业化和科学化水平。现场指挥机构在事件现场拥有最高指挥权，突发事件的现场应急指挥必须绝对坚持指挥权的一元化，指挥官是现场指挥机构的核心，是现场应急指挥的领导者，对现场应急指挥承担全部责任。[②]

一、"靠前指挥"的制度内涵

救援现场指挥权是应急救援工作顺利开展的前提。有效的权力配置能最大限度提高应急救援的效率，实现最佳的救援效果。

（一）中国特色的"靠前指挥"

在我国目前的党政体制下，突发事件发生后，强调领导干部的"靠前指挥"。"在应对重大安全事件、重大突发事件、重大自然灾害事件等事件中，领导干部必须深入一线、靠前指挥，及时协调解决突出问题，及时回应社会

[①] 林鸿潮：《应急法概论》，应急管理出版社 2020 年版，第 104 页。

[②] 林鸿潮：《应急法概论》，应急管理出版社 2020 年版，第 104 页。

关切。"突发事件应对中强调"靠前指挥",强化行政负责人在应急救援中的主体责任,其目的在于督促相关行政负责人主动履行相关职责,以此提升应急救援的及时性和救援效果。"靠前指挥"是我国突发事件应对中独有的指挥模式,在我国的行政管理体制中具有独特的内涵,契合我国管理体制中行政主导的制度安排,具有鲜明的中国特色。在我国目前的应急管理体制中,行政负责人作为应急救援的最高指挥官,具有一定的优势,可以最大限度调配相关资源,形成应急救援的有效合力。行政负责人身先士卒,发挥其示范作用,有利于激发应急救援参与主体的积极性,实现最有效的社会动员。

在我国目前的应急管理法律和应急救援法律中,并没有明确提出"靠前指挥"的概念,其往往是一种政策化的表达,对于"靠前指挥"的制度内涵、运作逻辑及其潜在后果缺少深入的理论分析。应当结合中国应急管理体制的现状以及应急救援的实际经验,具体分析"靠前指挥"的制度内涵及其潜在后果。在发挥"靠前指挥"这一应急管理特色和优势的前提下,探讨将其融入应急救援法律体系的可能性。

在我国《突发事件应对法》和《突发事件应对管理法(草案)》中,没有关于"靠前指挥"的表述。《突发事件应对管理法(草案)》第4条提出,建立健全集中统一、高效权威的中国特色突发事件应对管理工作领导体制,形成党委领导、政府负责、部门联动、军地联合、社会协同、公众参与、科技支撑、法治保障的治理体系。国务院印发的《"十四五"国家应急体系规划》(2022)明确提出,我国初步形成统一指挥、专常兼备、反应灵敏、上下联动的中国特色应急管理体制,按照常态应急与非常态应急相结合的原则,建立国家应急指挥总部指挥机制,省、市、县建设本级应急指挥部,形成上下联动的应急指挥部体系。在对中国特色应急管理体制的描述中,并没有出现"靠前指挥"的表述。"统一指挥"强调的是指挥权的统一,其主要目的是防止政出多门,提高信息传递的准确度和应急救援的协同性。因此,"统一指挥"和"靠前指挥"并不是同一个概念。根据我国应急管理体系建设的目标,到2025年要形成领导体制、指挥体制、职能配置、机构设置、协同机制、更具合理的应急管理体制机制。至于什么是"更具合理"的领导体制,目前的应急管理法律法规和政策体系并没有做过多表述,"更具合理"是否包括"靠前指挥"也是不明确的。在中国目前的应急管理法律体系和应急管理制度体系中，缺少对"靠前指挥"制度内容的详细描述。

"靠前指挥"的"前"指什么？一般情况下，"前"往往被理解为救援现场第一线，因此，"靠前指挥"需要贴近救援现场。"靠前指挥"具有两个作用：第一，行政负责人亲临一线，发挥表率作用，在一定意义上，这也是一种社会动员机制，能够激发应急救援的社会参与；第二，行政负责人亲临一线，能够尽快掌握应急救援的相关信息，减少信息传递和沟通的成本，迅速作出反应和决策。所以，在中国目前科层制体制之下，"靠前指挥"通过督促行政负责人亲临一线，在一定程度上可以达到所预设的目标。但在应急管理信息化系统完备的情况下，只要建立了完善的信息报送、共享、传递机制，后方指挥部也能够迅速获得信息。另外，行政负责人尽快获得信息的主要目的在于能够在掌握信息的基础上快速作出反应和决策，适时调整应急救援方案，但实现这个目标的前提是行政负责人能够在应急救援决策中提供专业性的处置意见，否则再多的信息都难以发挥有效作用。所以，从这个角度来讲，通过"靠前指挥"发现信息是不必要的。因此，需要对"靠前指挥"的制度功能进行更深入的分析。

（二）"靠前指挥"的可能后果

应急救援不是常态性的社会治理，它具有突发性、危险性、紧迫性等特征。应急救援中的"靠前指挥"有可能带来各种各样的问题。"靠前指挥"存在制度边界，在突发事件应对中，需要评估其制度价值。应急管理体系中的指挥是一个系统性问题，不仅仅包括突发事件发生之后的应急处置和应急救援中的指挥，不能过于强调应急指挥中的"靠前"，以防止其对应急管理指挥体系带来冲击。

1."靠前指挥"的指挥不当问题

我国《突发事件应对法》并没有明确救援现场的指挥问题，在我国应急管理实践中，往往认为行政负责人可以担任现场指挥，这是我国应急管理长期以来行政主导下的必然结果。但应急救援的现场指挥不同于常态的应急管理活动，它是一种在非常态情境下的决策，这种决策不能仅仅依靠行政权力，而应当尊重科学规律，基于情景化的决策模式，实现科学和专业处置，以免造成可能的指挥失误。

救援现场高度复杂，救援形势随时可能发生变化，救援现场的决策机制具有独特性。应急救援是一种高度专业化的活动，其涉及不同领域的知识和技能。所以，应急救援和其他的应急管理决策存在较大差别。行政主导的应急救援决策模式过于强调行政负责人的作用，而忽视救援现场的复杂情形。以行政为主导的应对日常场景的指挥模式难以匹配应急救援场景。在这种情况下，过于强调行政权力的作用，而忽视救援现场的特殊场景，会导致指挥不当。

2."靠前指挥"的职责缺位问题

从表述看，"靠前指挥"的"前"需要行政负责人贴近救援现场，强化应急救援现场的行政主导。这种方式看似可以发挥行政负责人的主导作用，但容易导致另一种极端情形：过于强调行政负责人在救援一线的"靠前指挥"，而不能使其发挥宏观统筹协调作用。

过于强调"靠前指挥"，突发事件发生后，领导奔赴救援现场第一线，而忽视其在后方应当发挥的作用，可能导致更为严重的后果。"靠前指挥"不一定就是尽职尽责。2021年的郑州"7·20"特大暴雨灾害在一定程度上反映了机械执行"靠前指挥"导致的履职不当问题。相关行政负责人应当坐镇后方指挥部，指挥全市的应急处置和救援调度，但行政负责人却出现在灾害现场，不能发挥其统筹协调作用。"一些领导干部领导能力不足、全局意识不强，对工作往往满足于批示了、开会了、到场了，满足于一般化部署、原则性要求，形式主义、官僚主义问题严重；名义上有指挥部，但没有领导坐镇指挥，制度和预案上也没有明确领导之间的具体分工，领导干部不知道关键时刻自己的职责是什么、岗位在哪里、如何发挥领导作用，认为到了一线就是尽职了、就没有责任了，出了事都往点上跑、打乱仗，结果抓了点丢掉面，有的到了现场也不能发挥作用，解决不了问题，还失去了对全局工作的统一领导。"[①]

在突发事件发生时，应当按照法律规定和应急预案的要求，各司其职，正确履职，这是《突发事件应对法》、应急预案以及我国应急管理体制所要求的。应急预案的主要目的就在于通过事先的职权分配、程序设计等来应

---

① 《河南郑州"7·20"特大暴雨灾害调查报告》，https://www.mem.gov.cn/gk/sgcc/tbzdsgdcbg/202201/P020220121639049697767.pdf，2022年6月15日访问。

对各种突发事件，如果每次突发事件来临时都采取个案应对的模式，或者完全摆脱应急预案的约束，根据突发事件相关情况进行决策或者随意改变应对机制，完全置应急预案于不顾，就容易导致较大的危害后果。

如果突发事件发生时，应急预案中的职权分配、体制机制、处置流程等不能适应突发事件应对的实际需求和应急救援现场的具体情况，就应当在平时加强应急演练，根据应急演练效果调整完善应急预案，增强应急预案的操作性，而不是在每次突发事件发生时，就临时修改或者调整应急预案相关的职权配置或应对流程，否则只会在突发事件发生时引发更大的混乱。

某些突发事件，往往并不是只有一个灾害现场，领导干部奔赴哪个灾害现场以实现"靠前指挥"，也是一个值得考虑的问题。在多个灾害点并发的情况下，如果行政负责人逐个奔赴一线灾害点进行"靠前指挥"，不但无助于问题的解决，也会导致行政负责人疲于奔命，整个应急处置和救援缺少宏观统筹和综合协调，降低应急处置和救援的效率。所以，在某些特殊的突发事件场景下，"靠前指挥"有可能会导致领导干部不能正确履职，出现脱岗问题。"完善防汛抗旱指挥部的响应预案和运行制度，关键时刻必须坚持指挥部的统一领导指挥，明确班子成员之间具体分工，特别是明确防汛关键时段的具体岗位和具体职责，一旦出现重大险情第一时间进入岗位、高效运转。地方党政主要负责人首先要在指挥部靠前指挥、坐镇指挥、掌控全局，注重发挥各职能部门的作用，充分听取专业团队的意见建议，防止经验主义；赴灾害现场时必须明确其他负责人坐镇指挥，并与指挥部保持信息畅通，始终了解全局、正确决策。"[1] 这一问题在郑州"7·20"特大暴雨灾害中有深刻反映。

3."靠前指挥"的指挥权越界问题

应急救援体制建设就是要做好"平战结合"，这是我国应急管理体制的内容之一。所谓"平战结合"就是在平时要做好应急体制机制建设，在战时发挥体制机制的有效作用，避免出现临机处置混乱局面。所以，在我国应急指挥机制建设中，应当通过法律明确应急指挥机构与现场指挥机构之间的关系，正确发挥二者的作用。在涉及专业性的应急救援方面，仍然依赖于包

---

① 《河南郑州"7·20"特大暴雨灾害调查报告》，https://www.mem.gov.cn/gk/sgcc/tbzdsgdcbg/202201/P020220121639049697767.pdf，2022 年 6 月 15 日访问。

括专项指挥部、专家、应急救援队伍等组成的现场指挥部的指挥体系，最大限度减少盲目指挥带来的危害后果。在强调"靠前指挥"的前提下，明确相关行政负责人的行为边界，划分不同主体的职责权限，既强调行政负责人在应急救援中的重要作用，又要尊重专家意见和现场指挥部指挥体系，实现应急救援的科学化和专业化。

应急救援"靠前指挥"不是一种常态性的制度模式，往往是在突发事件处置过程中采取的临时性措施，可能导致应急体制的不稳定。"靠前指挥"的指挥模式，有可能导致领导干部超越自己的指挥权限，导致权力混同。所以，在我国目前的应急救援体制中，应急指挥机构要根据具体情况发挥综合协调作用，而应急救援现场的指挥机制则是应急指挥机制的重要延伸。二者既要做好分工配合，又要做好机制衔接，正确处理"靠前指挥"的指挥权问题，根据突发事件的分类分级确定行政负责人是否需要"靠前指挥"、如何"靠前指挥"。

片面强调"靠前指挥"，不符合科学化救援和专业化救援的基本要求，有可能会引发不当的救援后果。应当正确理解"靠前指挥"的内涵，避免过于强调"靠前指挥"，给行政负责人带来压力，使其不得不奔赴救援现场而忽视其宏观统筹和综合协调作用，或由于不"靠前指挥"而被不当追责。同时，应保障现场指挥部指挥权的有效行使，突出应急救援的科学化和专业化，提高应急救援效果。

（三）应急救援中的"靠前指挥"与常态化指挥机制建设

"靠前指挥"作为我们国家应急管理领域独特的制度设计有一定的优势，但在具体的制度运作中，还要考虑与目前应急救援管理体制和应急救援机制的契合度，避免过于强调"靠前指挥"而影响常态化的制度运作。"现场指挥部的权力被僭越，实际上造成了'谁官大、谁决策'的局面。……在应急处置的过程中，现场指挥官要被赋予充分的权力。应急管理人员在广泛听取各方面意见的基础上，要发挥自身的智慧和创造精神，果断作出决策。"[①]在很多地方的制度实践中，越来越强调专业人员在救援现场的指挥作

---

① 王宏伟：《突发事件应急管理基础》，中国石化出版社2010年版，第102～103页。

用,发挥专业人员的专业优势,形成以现场指挥部和现场指挥官为核心的应急救援现场指挥体制。从"靠前指挥"过渡到常态性的指挥机制建设,明确"靠前指挥"领导的职责权限,将"靠前指挥"的应对模式变成契合应急管理体制的制度设计,既发挥领导的宏观统筹和综合协调作用,又尊重现场指挥部的指挥权的行使。

所以,应当将"靠前指挥"转化为一种常态性的制度设计,前方指挥部和后方指挥部做好分工协调,行政负责人坐镇后方指挥部,同样也是"靠前指挥"的具体体现。加强应急救援常态化制度建设,就需要推行以现场指挥部为核心的应急救援指挥机制,消除行政主导救援指挥机制的弊端,特别是消除"靠前指挥"带来的潜在影响,消除应急治理体系和应急管理制度的"应急性",真正实现应急管理和应急救援的"平战结合"。

二、以现场指挥部为核心的救援现场指挥机制

(一)制度优势

应当推行以现场指挥部为核心的救援现场指挥机制,消除行政主导的救援现场指挥机制的弊端。以现场指挥部为核心的救援现场指挥机制具有明显的制度优势,可以成为我国应急救援立法的核心制度设计,发挥其在应急救援中的主导作用。

第一,现场指挥部在应急救援中具有很强的专业优势。在我国很多地方的制度实践中,现场指挥部是由各专项应急指挥机构牵头设立的,而各专项应急指挥机构往往负责各自主管领域的突发事件应对问题,具有很强的专业能力,所以,专项应急指挥机构牵头成立的现场指挥部可以发挥专业处置和救援的优势,减少救援过程中的随机性和盲目性,尽最大可能避免次生、衍生灾害和伤亡事故的发生,提升应急救援的科学性。

第二,现场指挥部是由不同的政府部门、专家学者等组成的,应急救援方案的设计、应急救援的开展和应急救援中的指挥协调等,往往是通过集体研判和讨论决定的,属于集体决策机制,可以避免行政主导决策的片面性,能够形成科学有效的救援方案。所以,从总体上讲,这是一种科学化的决策

机制。现场指挥部也存在现场指挥官，作为救援现场的最高指挥者，其不是一般意义上的行政负责人，他在做决策时往往也依赖于现场指挥部的各个组成人员和各个工作小组，使整个救援现场既有统一指挥，又有集体分析研判。

第三，现场指挥部与各个政府部门保持密切沟通，其在资源调配、信息分享、队伍调动等方面具有明显优势，可以集合各个部门的资源，实现救援效果的最大化。并且，现场指挥部虽然是由某个专项应急指挥机构牵头成立的，但它又不局限于某一个部门，不会导致应急救援决策的部门化，而是从救援现场的实际情况出发，开展科学处置和救援。在各个地方的应急管理体系中，往往存在数十个专项指挥部，在应急救援中，需要发挥专项指挥机构的重要作用，落实应急救援相关工作，具体负责指导主管行业领域加强风险防控、监测预警、应急处置、恢复重建全过程管理。处理好专项指挥部与其他部门之间的关系，实现救援工作的有效衔接和高效开展。优化指挥部设置标准和流程，细化应急救援工作架构和职责分工，提升突发事件应急救援的科学化、专业化、智能化、精细化水平。

第四，以现场指挥部为核心的救援现场指挥机制，高度契合应急管理体制和应急管理能力现代化的要求，也符合我国统一指挥、专长兼备、反应灵敏、上下联动的中国特色应急管理体制的要求。统一指挥体现为现场指挥部由专项应急指挥机构牵头成立；专长兼备是指专项应急指挥机构是常设性的，在此基础上形成了专业性的现场救援指挥机制；反应灵敏是指现场指挥部可以根据救援现场的实际情况适时调整应急救援方案；现场指挥部既能够深入了解救援现场的实际情况，又能与上级部门和领导保持密切沟通和信息共享，所以它是上下联动的。因此，从中国特色应急管理体制的特色和应急管理现代化的要求看，应急救援的现场指挥部机制是符合应急管理体制优化方向的。

我国《突发事件应对法》并没有明确规定应急救援的现场指挥部，只是在第四章"应急处置和救援"部分强调行政机关的作用，将应急处置和救援的职责配置给相关人民政府。比如，第48条明确规定："突发事件发生后，履行统一领导职责或者组织处置突发事件的人民政府应当针对其性质、特点和危害程度，立即组织有关部门，调动应急救援队伍和社会力量，依照本章的规定和有关法律、法规、规章的规定采取应急处置措施。"《突发事件应对管理法（草案）》第五章明确规定了现场指挥部问题。第71条第1款规定："突发事件发生后，履行统一领导职责或者组织处置突发事件的人民政府应当针对其性质、特点、危害程度和影响范围等，立即组织有关部门，调动应急救援队伍和社会力量，依照本章的规定和有关法律、法规、规章的规定采取应急处置措施；必要时，可以设立现场指挥部，负责现场应急处置和救援，统一指挥进入突发事件现场的单位和人员。"第2款规定："履行统一领导职责或者组织处置突发事件的人民政府，应当建立协调机制，提供需求信息，引导志愿者组织和志愿者及时有序参与应急处置和救援工作。"因此，征求意见稿的该条规定，明确将现场指挥部视为独立的指挥机构，是我国实现以现场指挥部为核心的救援现场指挥体系的重要法律依据，但从该条第2款规定的主体看，也不是完全的救援现场指挥部机制，政府在应急处置和救援中仍发挥着主导作用。

在目前的应急救援体制中，应当构建以现场指挥部为核心的应急救援指挥机制。在该机制之下，强调应急救援现场指挥部和现场指挥官的指挥职权，围绕现场指挥部和现场指挥官开展科学化和专业化救援。所以，在应急救援立法中全面落实现场指挥部制度，建立现场指挥部工作标准和规范，健全快捷高效的应急指挥协同机制，提高组织协调、队伍调用、资源调度、救援指挥等工作效率。强化应急救援统一组织、统一指挥、统一调度、统一实施，实现科学救援、安全救援和高效救援。

（二）立法现状

在《突发事件应对管理法（草案）》之前，国务院行政法规和有些地方性法规明确规定了现场指挥部，初步构建了以现场指挥部为核心的救援现场指挥体制，其主要包括现场指挥部的选址、运行、决策体制、职责权限等内容。比如，《生产安全事故应急条例》（2019）第20条规定："发生生产安全事故后，有关人民政府认为有必要的，可以设立由本级人民政府及其有关部门负责人、应急救援专家、应急救援队伍负责人、事故发生单位负责人等人员组成的应急救援现场指挥部，并指定现场指挥部总指挥。"第21条规定：

"现场指挥部实行总指挥负责制,按照本级人民政府的授权组织制定并实施生产安全事故现场应急救援方案,协调、指挥有关单位和个人参加现场应急救援。参加生产安全事故现场应急救援的单位和个人应当服从现场指挥部的统一指挥。"

广东、北京等地也出台了现场指挥部设置和运作的相关地方法规和规范性文件。《广东省突发事件应对条例》(2010)第36条规定:"突发事件应急处置工作实行现场指挥官制度。履行统一领导职责或者组织处置突发事件的人民政府应当根据应急处置工作的需要设立现场指挥部,派出或者指定现场指挥官,统一组织、指挥现场应急救援工作。现场指挥官有权决定现场处置方案,协调有关单位和部门的现场应急处置工作,调度现场应急救援队伍。各有关部门、单位、公众应当服从和配合现场指挥官的指挥。"广东省人民政府办公厅出台了《广东省突发事件现场指挥官制度实施办法(试行)》(2014)、《广东省突发事件现场指挥官工作规范(试行)》(2016),明确规定了现场指挥的原则、指挥官的职权、指挥官的任命和培训等一系列问题。《北京市突发事件应急指挥与处置管理办法》(2019)第12条规定:"当突发事件事态复杂、影响严重时,根据工作需要,组建市或区级现场指挥部,由市或区人民政府领导、相关职能部门人员及到场应急力量负责人等组成。"西安市地方性立法将现场指挥部称为"前方指挥部"。《西安市突发事件应急指挥与处置管理办法》(2020)第9条规定:"专项指挥部处置突发事件时,可视情况设立前方指挥部。前方指挥部指挥长由专项指挥部指挥长授权,与区县或开发区突发事件应急指挥与处置指挥部共同组成。"

关于现场指挥部开设和运行方面,《深圳市重特大突发事件现场总指挥部开设办法》《深圳市自然灾害类、安全生产类突发事件现场指挥部设置与运行指引》对现场指挥部开设、运行等方面提出了明确的制度指引。

这些法规和规范性文件初步构建了以现场指挥部为中心的救援现场指挥体制,应急救援立法可以在这些规定和实践经验的基础上,进一步细化现场指挥部设置的相关问题,构建以现场指挥部为中心的应急救援现场指挥体系。

三、现场指挥部设置的相关问题

（一）开设现场指挥部的情形

突发事件发生后，并不是所有情况都需要开设现场指挥部，而应当根据突发事件的性质、类别、严重程度和潜在的危害后果以及应急响应的级别确定是否需要开设现场指挥部。按照应急处置流程，先期处置能够解决问题的，就不存在开设现场指挥部的问题，或者某些突发事件比较严重，但能够很快予以处置的，也没有必要开设现场指挥部。一般情况下，应急救援持续时间比较长、突发事件现场比较复杂、救援难度比较大、突发事件的发展态势不明或者受影响范围较大，都可能需要开设现场指挥部。另外，由于应急救援工作可能涉及多个部门，需要部门联动和工作协调，也有开设现场指挥部的必要。

现行立法中，没有明确规定应当开设现场指挥部的情形，在具体的应急救援实践中，每个地方设定了开设现场指挥部的条件。比如，按照深圳市的相关规定，发生重特大突发事件，具备下列条件之一时，经报请市主要领导同意后，即可开设现场总指挥部：（1）国务院、省政府直接参与处置的重特大突发事件。（2）应急处置时间较长、影响较大、情况复杂、事态有演变恶化趋势，国务院、省政府可能介入处置的重特大突发事件。

通常来讲，开设现场指挥部的情形，一般都涉及比较复杂的救援场景。在应急救援立法中，可以明确开设现场指挥部的情形。有下列情形之一的，可以开设现场指挥部：（1）应急救援持续时间较长的；（2）应急救援工作涉及多个部门，需要部门联动和协调的；（3）应急救援难度较大或者事态可能恶化的；（4）现场环境复杂或者受影响范围较大的；（5）其他需要开设现场指挥部的情形。

（二）现场指挥部的开设流程

现场指挥部的开设流程通常与应急响应的流程保持一致。在突发事件处置过程中，如果专项指挥机构或者应急管理部门根据情况研判，达到开设现场指挥部条件的，则可以报经政府批准，下达开设现场指挥部的指令。开设现场指挥部指令下达后，专项指挥机构或者应急管理部门搭建指挥部架构，设置各工作小组。现场指挥部各工作小组应当按照应急预案的要求，根据自身职责和工作内容迅速开展工作，将救援物资、救援装备配送到位，并向可能参加应急救援的各个救援队伍发布指令。需要开设实体现场指挥部的，应当确定现场指挥部的开设地点，按照职责分工，熟悉现场指挥部周边环境以及救援现场情况，快速有序开展现场指挥部的开设工作，并尽快配备现场指挥部所需的各类物资及指挥通信器材。现场指挥部开设完成后，应当根据应急救援工作的实际情况和突发事件的具体情形，使现场指挥部运作起来，并及时向相关领导和应急管理部门以及专项指挥部报告现场指挥部开设情况以及工作内容和工作情况。

（三）现场指挥部的选址

为确保现场总指挥部安全、适用，便于指挥部领导决策指挥，应急救援立法体系应当明确现场总指挥部开设选址、功能设置、设备配置等内容。

如果开设实体现场指挥部，应当选择合适的位置。第一，突发事件现场往往具有较大的危险性，要确保现场指挥部自身的安全，同时，指挥部也要避免对突发事件现场造成影响；第二，现场指挥部要有实用性，既能够满足应急救援各方所需，又方便开展工作；第三，选址要满足现场指挥部各项功能所需，比如储存应急救援物资和救援装备、搭建应急通信网络、提供后勤保障、便于召开新闻发布会等；第四，现场指挥部的选址，应当便于在应急救援现场进行救援指挥，以此降低沟通成本和救援成本，因此，应当在确保安全的情况下尽量靠近救援现场；第五，尽量利用已有的建筑物、构筑物或者征用事发现场周边区域的居民用房等，以便缩短现场指挥部的开设时间，迅速投入应急救援工作状态。

自然灾害具有突发性、全域性等特征，因此，针对自然灾害的救援现场指挥部的开设存在独特性，比如，自然灾害较为严重，可能不适宜开设现场指挥部；自然灾害现场可能不止一处，是否需要开设多个现场指挥部等。针对这些问题，需要对自然灾害现场指挥部的开设和应急救援活动作出特殊规定。在恶劣自然天气等不适合开设现场指挥部的情况下，可以将后方专项应急指挥机构办公地点作为现场指挥部，等到影响开设现场指挥部的情形消除之后，应当根据情况开设现场指挥部。在事故灾难现场一般只需要开设一个现场指挥部，但实际上在自然灾害现场可能存在多个现场指挥部的问题，可以根据自然灾害的危害后果、影响范围、演变态势等，确定现场指挥部的选址。

因此，在应急救援立法中可以规定，发生严重自然灾害不适合开设现场指挥部的，可以由专项应急指挥机构在办公场所组建指挥中心，承担现场指挥部职责，指挥协调开展应急救援工作。自然灾害导致出现多个灾害现场的，可以由专项应急指挥机构组建统一的指挥中心，指挥协调开展应急救援工作。专项应急指挥机构应当密切关注自然灾害的事态发展，及时启动应急预案，适时采取必要的应急救援措施。

（四）现场指挥部的组成

深圳市在现场指挥部开设方面形成了相对成熟的制度。深圳市《关于进一步加强专项应急指挥部建设工作的通知》，明确了各专项应急指挥部的主要职责。现场指挥部由总指挥、副总指挥和各工作组组长组成。总指挥、副总指挥和各工作组组长的岗位设置和职责权限原则上根据专项应急预案确定，并可以根据突发事件应急救援工作实际需要进行调整。现场指挥部实行总指挥负责制。

现场指挥部的组成，除应急管理部门外，专项应急指挥机构也应当参与现场指挥部的搭建。不同部门在其中发挥不同的作用。现场指挥部应当吸收专家学者的力量，实现应急救援方案的科学化和应急救援决策的专业性。参与现场救援的救援人员能够随时掌握救援现场的相关情况，并及时反馈给现场指挥部，现场指挥部在此基础上可以优化救援方案，调整救援方向，提升救援效果。

现场指挥部应当根据应急救援工作实际需求，开设不同的工作小组，其功能应当包括应急指挥、后勤保障、宣传联络、医疗救治、统筹协调等。

（五）现场指挥部的职权

现场指挥部应当围绕救援需要履行相应的职责，包括秩序保障、指挥协调、后勤保障、交通保障等。

现场指挥部可以根据现场情况识别危险源，划定危险区、警戒区等相关管控区域，采取物理隔离等必要措施，禁止无关人员进入管控区域。

现场指挥部统筹安排各类应急资源，研究确定应急救援方案，决定和批准应急救援中的其他重大事项。

现场指挥部执行人民政府、应急管理部门或者专项应急指挥机构有关应急救援的指示和要求。全面组织协调、指挥调度、部署现场应急救援工作。任何单位和个人都应当服从现场指挥部的统一指挥，不得以任何方式妨碍应急处置和救援。现场指挥部下达转移、疏散命令的，有关单位和个人应当按照命令立即转移、疏散。

现场指挥部应当根据突发事件的种类、级别、危险程度、潜在影响、发展态势等，决定参加应急救援的队伍范围，并发布参加应急救援的命令。应急救援队伍抵达现场后，应当立即向现场指挥部报告，服从现场指挥部的统一调度和指挥，开展应急救援工作，并及时向现场指挥部报告应急救援情况。

（六）现场指挥官的选任和职责

根据突发事件种类、严重程度、响应级别等，确定现场指挥部的总指挥和副总指挥。现场指挥官是指在突发事件现场负责统一组织、指挥应急处置工作的最高指挥人员。现场指挥部设现场指挥官一名。根据有关应急预案或者实际需要设现场副指挥官若干名，协助现场指挥官开展工作。

现场指挥部应当选任合适的现场指挥官，现场指挥官是现场指挥部的具体指挥人员，也是救援现场的最高指挥人员，现场指挥官不一定要由最高行政负责人来担任，而应当综合考虑救援现场的相关情况，以有利于开展救援为原则，选任合适的现场指挥官。现场指挥官应当具备必要的专业知识，并能够发挥统筹协调作用。现场总指挥和副总指挥应当定期参加培训,具备应急救援指挥、协调和决策能力。

突发事件发生后尚未指定现场指挥官的,最先带领处置力量到达事发地的有关单位负责人临时履行现场指挥官职责。根据突发事件应急处置和救援工作实际情况,可以调整现场总指挥和副总指挥。突发事件现场应急处置和救援任务基本结束,后续专业处置所需时间较长的,现场总指挥可以由突发事件应对主责部门相关负责人担任。突发事件现场应急处置和救援任务基本完成的,现场总指挥可以由属地人民政府相关负责人担任,直至现场善后处置工作结束。

现场指挥官行使下列职权:(1)负责统筹协调现场指挥部运作,统一组织、指挥现场应急救援;(2)协调有关单位参与应急救援;(3)协调增派处置力量,增加救援物资;(4)以人民政府名义向有关单位和个人调用、征用应急救援所需设备、设施、场地和其他物资;(5)提请负责牵头处置突发事件的人民政府、应急管理部门或者专项应急指挥机构负责人协调解决现场处置无法协调解决的问题和困难。

(七)现场指挥部的撤销

有下列情形之一的,现场指挥部可以提出结束应急救援的建议:(1)完成应急救援任务的;(2)突发事件和次生、衍生事件造成的威胁和危害得到控制或者消除的;(3)经专家研判可以结束应急救援的其他情形。

人民政府认为可以结束应急救援的,应当发布结束命令,并撤销现场指挥部。现场指挥部撤销时,可以根据突发事件处置情况,确定留守人员,密切关注突发事件现场状况,防止事件反复或者发生次生、衍生灾害。

第七章　应急救援的基本原则

应急救援是应急管理的末端，应急救援的原则与应急管理的原则存在一致性。但应急救援的基本原则也应当体现应急救援的独特性，能够为应急救援工作提供相对明确的指引，指导应急救援的开展，同时弥补应急救援具体制度的不足，指导应急救援工作顺利开展。

一、应急管理的基本原则与应急救援的基本原则

（一）应急救援基本原则与应急管理基本原则的关系

"应急管理"是全过程、全链条、全要素管理，涵盖从风险管控、监测预警到应对处置、恢复重建的全过程和各环节。应急处置和应急救援是应急管理的一个环节，所以，应急救援的基本原则与应急管理的基本原则存在一致性，应急管理的原则在一定程度上也适用于应急救援。我国应急管理实行统一领导、综合协调、分类管理、分级负责、属地管理等原则。因此，应急救援也应当贯彻这些原则的要求，并将应急管理原则具体化。比如，应急救援中的统一领导是指要服从现场指挥部的统一领导，应急救援中的综合协调是指要发挥应急指挥部的综合协调作用；应急救援中的分类管理是指需要根据突发事件的情况采取不同的应急处置和救援措施；应急救援中的分级负责是指根据应急响应级别，由不同层级的政府来开展应急处置和救援工作；应急救援中的属地管理是指应急救援过程中要发挥属地的优势，迅速调动资源和人员快速开展处置。所以，应急管理基本原则在应急救援领域可以进一步具体化。

应急救援是应急管理的末端，是一种特殊的处置活动，因此应急救援有

其内在要求。应当结合应急救援的阶段性特征,按照规定流程开展处置工作。所以,应急救援的原则又有其自身的独特性。在应急救援原则的提炼中,如果是一般性的原则,不必列出,而应当提炼可以为应急救援工作提供具体指导的专门性原则。应急救援原则能够统帅应急救援的相关制度,形成原则统筹之下的具体制度,而应急救援的具体制度也能体现应急救援的相关原则。

(二)现有的应急救援基本原则

有学者认为,公共危机应急管理和救援的法律原则包括合宪性原则、合法性原则、合理性原则、应急性原则、比例原则、人权保障和救济原则,以及依法维护国家、社会公共利益和公民个人合法权益原则,严格遵守法定(特殊)程序原则,高度集中统一原则,接受法律监督原则,依法承担法律责任原则,行政公开原则,行政公正原则,时效原则,行政效率原则,法律保留原则,信息公开原则等。[①] 上述所列的所谓原则其实并不是原则,而是法律规则,很多原则也并不属于应急管理和应急救援的原则。还有学者认为,应急救援的基本原则包括预有准备,快速反应,统一领导,合力救援,科学引领、注重实效,区分性质,分类实施。[②] 上述所谓的原则并非全是应急救援的基本原则,很多属于应急救援的体制机制问题。有学者认为,应急处置和救援遵循依法处置原则、科学原则、效率原则、权利保障原则、行政主导和社会参与原则等。[③]

从有关应急处置和救援的现行立法看,对应急救援原则的规定也不尽一致。《北京市突发事件应急指挥与处置管理办法》(2019)第5条规定:"坚持统一指挥、分级响应,专业处置、部门联动,军地协同、社会参与的原则,进一步理顺应急指挥与处置体制机制,科学化设计指挥模式,实现党政之间、各级政府之间、部门之间、军地之间、京津冀之间、政府与社会组织

---

① 郭其云等:《公共危机应急管理和救援法律体系建设研究》,湖南人民出版社2014年版,第97~118页。

② 赵文华、祁越:《应急救援学》,国防大学出版社2015年版,第55~58页。

③ 马怀德主编:《法治背景下的社会预警机制和应急管理体系研究》,法律出版社2010年版,第289~297页。

之间的协调联动。"《内蒙古自治区应急救援管理办法》(2010)第3条规定:"应急救援坚持政府领导、统一指挥、分工负责、单位自救和社会救援相结合、属地处置为主的原则,纳入社会保障体系,坚持为经济建设服务。"《湖南省应急救援实施办法》(2009)第5条规定,应急救援队伍执行应急救援任务,应当坚持"救人第一,科学施救"的原则。

应急救援工作要贴近应急救援的阶段性特征,明确在应急救援中应当遵循的相关原则。按照应急救援的实践需求和阶段特征,可以将应急救援的原则概括为及时性原则、科学化原则、社会参与原则和临机处置原则。虽然它们在一定程度上也会与应急管理的原则相重叠,但就应急管理阶段而言,这四个原则在应急救援阶段体现得更为明显。

二、应急救援的及时性原则

应急救援的及时性原则是指突发事件发生后,应当第一时间启动应急响应,承担应急处置和救援职责的主体,应当立即开展应急处置,将突发事件的危害控制在最低限度,迅速消除突发事件所带来的危险。当先期处置不能解决问题时,应当立即启动应急救援,尽最大可能减少人员伤亡和财产损失。及时性原则体现在应急救援响应、应急救援启动、开展救援到处置完毕的全过程。

及时性原则是应急救援最重要的原则,在应急救援过程中应当坚持"生命至上、人民至上"的理念,突发事件发生后应当第一时间赶赴现场开展救援,所以在应急救援立法的制度设计中,很多制度设计都是围绕及时性原则展开的,比如先期处置、应急第一响应人等都是及时性原则的具体体现。因为突发事件具有极大的危害后果,需要第一时间开展应急处置和救援。突发事件发生后,往往存在"24小时白金救援时间"和"72小时黄金救援时间",在这个时间段内能够最大限度地挽救生命,减少损失。突发事件的突发性、危害性等决定了应急救援要坚持及时性原则。

在具体的制度设计中需要明确坚持应急救援的及时性原则,这一原则贯穿应急救援的全过程。突发事件发生后,有关单位应当立即疏散、撤离、安置遇险人员,组织开展自救和互救,采取防止危害扩大的必要措施,同时向区人民政府和有关部门报告。发生突发事件的单位应当及时向周边单位和人员通报突发事件信息。突发事件发生后,事件发生地的街道办事处应当立即组织开展应急处置,并向区人民政府和有关部门报告。街道办事处应当迅速采取措施控制事态发展,做好人员疏散、秩序维护、物资保障等工作,组织群众自救和互救。接到街道办事处有关突发事件的报告后,区人民政府和有关部门应当第一时间赶赴现场。发生较大及以上、影响较大或者社会关注度较高的突发事件时,市应急管理部门和其他有关部门应当第一时间赶赴现场,全面研判突发事件的性质、风险、发展态势等,按照应急预案启动相应级别的应急响应,提出应急救援方案。需要开展现场救援的,救援队伍和救援人员应当第一时间集结待命,达到现场之后也应当第一时间了解救援现场的相关情况,积极开展救援工作。

三、应急救援的科学化原则

应急救援的科学化原则是指在应急救援过程中应当制定科学的应急救援方案,采取科学的应急救援手段,使用智能化的应急救援装备,开展专业处置和救援,防止发生次生、衍生灾害,并尽可能降低应急救援过程中的生命财产损失,加大对救援人员的保护,提高应急救援的效果。

应急管理是科学决策的过程,需要贯彻科学化原则;应急救援过程中涉及各种技术装备、科技手段的运用,也体现了科学化原则;很多自然灾害救援和安全事故救援涉及复杂的专业知识,必须依赖科学化的救援措施才能减少因为救援不当导致的二次事故和次生、衍生灾害。应急救援的科学化原则体现在多个方面,比如救援方案的科学化、救援装备的科学化、救援人员的专业化等。所以,在应急救援中,应当形成科学化的救援方案、科学化的指挥体系、专业化的救援队伍、科学化的应对措施等,最大限度地提高救援效果。

现场指挥部应当充分评估现场状况,有效发挥专家的作用,制定科学的应急救援方案。现场指挥部应当对现场进行动态评估,并根据评估情况和事态发展,调整和完善应急救援方案。

现场指挥部充分利用高科技装备和手段,提升应急救援的效能。《"十四五"国家应急体系规划》提出:"到2035年,建立与基本实现现代化相适应的中国特色大国应急体系，全面实现依法应急、科学应急、智慧应急，形成共建共治共享的应急管理新格局。"科学应急在应急救援领域体现为救援装备的科学化。目前，越来越多的科学装备在应急救援领域被投入使用，比如智能机器人、搜救机器人，大数据、AI 技术等也都在应急救援领域被广泛使用，实现了应急救援的自动化、智能化、可视化。因此，在应急救援过程中，应当贯彻科学化原则，提高应急救援装备的科技化水平，配备必要的专业化、智能化应急救援装备。我国应急装备建设难以匹配目前面临的各类风险，针对一些比较特大的或者特殊的灾害现场，缺少相应的应急装备。应当大力发展应急救援产业，对能够开发科技化、智能化救援装备的企业提供财税方面的扶持或者其他产业政策支持，加大应急装备的研发力度。根据应急能力标准化体系，构建应急救援装备的标准化清单，提高应急救援队伍的科技化装备水平。建立应急装备共享平台，实现应急装备的共享和调剂使用。

四、应急救援的社会参与原则

应急救援的社会参与原则是指突发事件发生后，应当广泛动员包括政府在内的各种力量，特别是要充分发挥应急志愿者、基层组织、企事业单位等社会主体的作用，在信息提供、资源调拨、救援力量调配、应急救援决策等方面，实现应急救援的多主体参与，降低应急救援的成本，提高应急救援效能。

"灾难性风险规制是任何单一力量都无法独立实现的，它需要以合作的方式激活各方力量共同面对，包括国家组织、非政府组织、企业、家庭、个人等在内的所有社会组织和行为者都是灾难性风险规制的参与者，不能被排斥在规制过程之外。"①强大的社会动员能力是社会化参与原则的具体体现，在应急救援立法中这一原则也得到多方面体现。我国早在《国家突发事件应急体系建设"十三五"规划》（2017）中就提出要"鼓励发展社会化应急救援"。支持专业化社会应急救援力量发展、完善政府与社会救援力量的协同机制等。因此，应当注重发挥企业、社会救援力量、社工组织、志愿者等主体的作用，强化应急救援的社会化参与。培育、扶持各种类型的应急救援

---

① 戚建刚、易君：《灾难性风险行政法规制的基本原理》，法律出版社 2015 年版，第 231 页。

组织，充分发挥它们在应急救援中的作用，形成政府主导、社会参与的应急救援工作格局。[①]

应急管理社会化是应急管理变革的重要趋势，在应急救援过程中强调社会参与是应急管理社会化的重要体现。在我国应急管理体制改革中，一直强调多主体参与，仅仅依靠政府的力量很难实现应急管理效果的最大化。但应急救援相比应急管理是更为特殊的活动，应急管理是应对常态化和非常态化情形的活动，而应急救援是应对非常态化情形的活动，在非常态化情形下容易造成群体恐慌、社会失序等问题，应急救援的社会化参与要比应急管理的社会化参与难度大，效果差。比如，在应急救援方案等设计和应急救援决策方面，不能过多强调社会主体的多元参与，而应当在应急救援决策体制下，突出救援方案的科学性和决策性模式的一元化，但在应急救援的特定环节或者应急救援工作的特定层面，也可以发挥社会主体的作用，实现应急救援的社会化参与。比如，可以发动相关主体提供物资捐赠、组织公众开展献血活动，可以安排特定企事业单位履行社会责任，生产特定的应急物资以满足应急救援所需，可以对社会层面的公民财产实现征用调用，扩大应急物资和装备来源，也可以在后勤保障等方面加大社会参与的力度，强化后勤物资保障能力。

（一）应急救援社会参与机制中的政府主导

"应急管理在本质上是一种公共安全服务，政府作为公共服务的主要提供者，必须承担首要责任，应急管理都应该发挥政府的主导功能。"[②]应急救援是特定阶段的应急管理活动，突发性和应急性更强，如果缺少政府主导，有可能造成更为严重的混乱，因此应当在政府主导下有序开展社会参与工作，发挥政府的主导作用。"应急管理中的社会和公民等所谓多元主体的参与和介入，必须要以国家为主导，即应该在国家法所确立的基本秩序下，充分调动各方面的力量。没有国家权威和国家法的主导作用，越多主体的参

[①] 王宏伟：《试析应急社会动员的基本问题》，载《中国应急管理》2011 年第 8 期。
[②] 张海波、童星：《中国应急管理结构变化及其理论概化》，载《中国社会科学》2015 年第 3 期。

与将带来越多的混乱。"①

（二）应急救援社会参与的形式

1. 突发事件信息的社会化报告机制

信息来源多样化可以最大限度地拓展相关部门的信息获取渠道，能够使相关部门第一时间发现潜在的危险，从而尽快将突发事件扑灭在萌芽状态。突发事件信息来源多样化属于预防阶段的制度安排。因此，要建立突发事件信息的社会化报告机制，使所有可能知晓突发事件信息的相关主体都有义务或者有意愿报告信息，建立常态化的突发事件信息报告和汇总制度，充分发挥应急志愿者等社会主体的作用。获悉突发事件信息或者前兆性、涉险性信息的任何单位和个人，应当立即向所在地人民政府、有关部门报告信息。任何单位和个人都有义务向政府部门报告突发事件信息，不得故意迟报、漏报、谎报和瞒报。

2. 应急救援资源的社会化保障机制

在应急救援过程中，政府承担应急装备和应急物资的供应职责。但政府在特定情形下，也会面临装备不足或物资短缺的问题。因此，应当创新应急救援资源的保障机制，实现应急救援资源的社会化保障。突发事件发生后能够广泛地发动社会主体捐款捐物，对社会主体的财产进行征用调用等，以服务于应急救援活动，并拓展应急救援资源的供给渠道，形成强大的应急资源支持机制。

3. 应急救援力量的社会化供给机制

除了国家综合性消防救援力量和专业化的应急救援队伍之外，很多地方也组建了专业化的应急处置力量，这些应急处置力量在应急救援过程中可以发挥重要作用，有效弥补政府组建的应急救援力量的不足，能够为应急救援提供专业装备、技术人员和专业化的处置方案。② 应当充分吸收社会化应急救援力量、应急志愿者等主体的应急参与，构建应急救援力量的社会化

---

① 马怀德主编：《法治背景下的社会预警机制和应急管理体系研究》，法律出版社2010年版，第81页。

② 王宏伟：《试析应急社会动员的基本问题》，载《中国应急管理》2011年第8期。

供给机制。

4.应急救援过程的社会化互动机制

应急救援虽然是专业化的活动，但由于突发事件可能带来社会恐慌，在应急救援过程中应当保持和社会公众的沟通，汇报应急救援进展，及时发布应急救援相关信息，最大可能消除突发事件带来的社会恐慌，同时应当加大对虚假性、误导性信息的打击力度，通过发布真实的信息来消除虚假信息的生存空间，不同主体之间建立有效的互动沟通机制。

五、应急救援的临机处置原则

应急救援的临机处置原则是指在应急救援过程中，应急救援指挥机构及应急救援人员根据应急救援现场状况、突发事件发展态势、被救援人员情况以及其他可能影响救援行动的因素，动态调整应急救援方案，适时调整应急救援策略，根据救援场景匹配最佳的应急救援手段，并根据突发事件演变态势决定应急救援的中止和恢复等。

临机处置原则在应急管理领域也有多方面的体现。应急救援属于高度情景化的决策，现场指挥部和救援人员也面临理性不足、认知障碍、信息缺乏和情景化的决策扭曲等，对突发事件现场的情况难以全面掌握，并且依靠他们的力量也难以消除应急救援现场所有潜在的危险。所以，应该赋予现场指挥部和应急救援人员临机处置权，并免于承担法律责任。

（一）救援现场的临机处置权

1.现场指挥部的临机处置权

应急救援过程中会面临各种难以预判的风险，需要赋予现场指挥部和现场救援人员临机处置权，允许他们根据自己的专业判断，优化应急救援方案，灵活调整应急救援策略，决定救援的方式、范围、力度、时点，以及中止救援和终止救援的时间，在保护自身生命安全的同时，尽最大可能消除突发事件带来的不可预测的危险，以发挥现场指挥部和救援人员的能动性，实现最佳的救援效果。

这种临机处置不是随心所欲的,而是根据救援目的,采取最优的救援方案,在救援方案的指引下开展应急救援。在这个过程中,应当充分发挥专家等的辅助决策作用,也应当和政府部门等保持密切沟通,接受专项应急指挥机构或者应急管理部门的指令。在依法履行法定职责的前提下,开展临机处置和应急救援。

2. 应急救援人员的临机处置权

应急救援人员是应急救援的直接参与者,他们准确知晓救援现场的相关情况,能够利用专业知识开展独立判断。应当赋予应急救援人员临机处置权,使应急救援人员根据救援过程中的相关情况来确定如何开展应急救援。当然,这种临机处置权并不意味着完全由应急救援人员决定是否开展应急救援或者如何开展应急救援,而是在履行法定职责、遵守处置流程的基础上,尊重应急救援人员的判断,避免盲目指挥和盲目施救。突发事件现场出现未知或者新发情形的,救援人员可以采取必要的临机处置措施,并及时向现场指挥部报告。

(二)应急救援方案的动态调整

现场指挥部应当对救援现场开展动态评估。现场指挥部可以根据事态发展,调整和完善应急救援方案,确保救援行动的顺利,降低救援人员的人身伤亡。"针对不同类型的突发事件,在应急处置时往往需要采取不同的措施和手段。即使针对同一类型的突发事件,每一个突发事件本身也有其特殊的地方。应急法制难以对实践中的这些突发情况及相应的应急所需要采取的措施全部列举。"[1] 在应急救援过程中,应当根据现场情形,采取适当的救援措施,形成完善的救援方案,并保持救援方案的动态适应性。

(三)应急救援中紧急情况的应对

应急救援是高度专业化的活动,应急救援过程中,难以评估和预判所有

① 马怀德主编:《法治背景下的社会预警机制和应急管理体系研究》,法律出版社2010年版,第297～298页。

的突发状况及其危害后果，也难以预测突发事件的发展和演变方向。因此，救援队伍应当评估现场状况，密切关注救援情况和事态发展，尽可能采取必要的风险防范措施应对应急救援中的紧急情况，防止发生次生、衍生事件。

（四）应急救援的中止和恢复

救援中止制度，即在突发事件处置过程中，发现可能直接危及应急处置和救援人员生命安全的紧急情况时，突发事件应急指挥机构或者现场指挥部应当立即采取相应措施消除危险；必要时，可以暂停应急处置和救援工作，暂时撤离应急处置和救援人员。[①] 我国目前的制度体系中多处体现救援中止的理念。比如，《公安消防部队执勤战斗条令》（2009）第79条规定："火灾扑救中，应当按照下列基本要求，做好参战人员的安全防护，严防人员伤亡：……（五）当火场出现爆炸、轰燃、倒塌、沸溢、喷溅等险情征兆，而又无法及时控制或者消除，直接威胁参战人员的生命安全时，现场指挥员应当果断迅速组织参战人员撤离到安全地带并立即清点人数，视机再组织实施灭火救援行动。"《生产安全事故应急条例》（2019）第22条规定："在生产安全事故应急救援过程中，发现可能直接危及应急救援人员生命安全的紧急情况时，现场指挥部或者统一指挥应急救援的人民政府应当立即采取相应措施消除隐患，降低或者化解风险，必要时可以暂时撤离应急救援人员。"《矿山事故灾难应急预案》规定，"在矿山事故救援过程中，出现继续进行抢险救灾对救援人员的生命有直接威胁，极易造成事故扩大化，或没有办法实施救援，或没有继续实施救援的价值等情况时，经过矿山应急救援专家组充分论证，提出中止救援的意见，报现场应急救援指挥部决定。"

在应急救援中，保护人民生命和财产安全固然属于救援人员的积极作为义务，但也应摒弃长期以来存在的"重救援、轻安全"、过分推崇"英雄主义"的陈旧思想，而是要遵循以人为本、"先安全后救援、不安全不救援"的科学救援原则。[②] 现场指挥部应当根据救援现场的情况和其他因素进行科学合理的决策，决定救援中止和救援终止。当存在状况不明、难以预判风

---

① 林鸿潮：《〈突发事件应对法〉修订研究》，中国法制出版社2021年版，第184页。

② 林鸿潮：《〈突发事件应对法〉修订研究》，中国法制出版社2021年版，第183页。

险、救援可能危及救援人员人身安全、救援能力与灾害场景不匹配情形的，可以采取"不干预"式救援方式，或适时中止救援，做好应急救援人员的防护工作，根据形势的变化再决定是否恢复救援、何时恢复救援、恢复后的救援的方式和范围等。

事态变化可能影响救援人员人身安全或者可能造成其他严重后果的，现场指挥部可以决定中止救援，并组织救援人员撤离现场或者就近避险。当需要中止救援或终止救援的，可以根据情况扩大管制范围，严格限定进入管制范围内的人员数量、管控相关人员的行为，采取必要措施防止风险扩大。影响救援的情形已经消除或者得到控制的，应当全部或者部分恢复救援行动。

中止救援往往面临社会压力。应急救援所面临的事情具有突发性，往往会引发社会公众的极大关注，稍微存在不妥当的处置，都有可能引发相关舆情。应急救援过程中的临机处置是赋予现场指挥部和应急机构的独特权限，在这个过程中可能会产生现场指挥部和应急救援人员是否逃脱法定职责的怀疑。因此，临机处置和履行法定职责可能在一定程度上存在矛盾之处，但鉴于应急救援的独特性，还是要坚持应急救援的临机处置原则，赋予现场指挥部和应急救援人员一定的灵活性和机动性，避免在不适合救援的情况下强行施救而导致伤害应急救援人员。现场指挥部应当做好信息发布和公众沟通工作，避免公众对应急救援工作造成误解。

在应急救援立法中应当尽可能列明需要开展临机处置的影响因素，完善进行临机处置的程序性规定，确保现场指挥部和应急救援人员在履行法定职责的基础上开展临机处置，而不是利用临机处置逃脱法定职责。

第八章　应急救援中的法律责任

　　法律责任是保障应急救援各项规定能够有效实施的重要前提。应急救援的责任主体包括行政机关及其工作人员、应急救援队伍和应急救援人员，生产安全事故责任单位及其负责人或直接责任人，通过阻碍、拖延等方式影响应急救援的单位和个人，以及其他生产经营单位和个人等。应急救援法律责任的形式主要是行政责任，个别情形下会涉及刑事责任。立法应当根据不同的违法行为匹配适当的责任形式和责任强度。

一、应急救援中行政机关及其工作人员的责任

　　《突发事件应对法》第63条规定了地方各级人民政府和县级以上各级人民政府有关部门以及直接负责的主管人员和其他直接责任人员应当承担责任的情形。该条规定的承担责任的情形包括：（1）未按规定采取预防措施，导致发生突发事件，或者未采取必要的防范措施，导致发生次生、衍生事件的；（2）迟报、谎报、瞒报、漏报有关突发事件的信息，或者通报、报送、公布虚假信息，造成后果的；（3）未按规定及时发布突发事件警报、采取预警期的措施，导致损害发生的；（4）未按规定及时采取措施处置突发事件或者处置不当，造成后果的；（5）不服从上级人民政府对突发事件应急处置工作的统一领导、指挥和协调的；（6）未及时组织开展生产自救、恢复重建等善后工作的；（7）截留、挪用、私分或者变相私分应急救援资金、物资的；（8）不及时归还征用的单位和个人的财产，或者对被征用财产的单位和个人不按规定给予补偿的。这条规定的个别情形有值得商榷之处。

　　由于应急救援需要贯彻临机处置等原则，在应急救援中有很多弹性化的制度，为应急救援相关主体预留了操作空间，因此，应急救援的法律责任

承担具有特殊性。比如，《突发事件应对法》第63条规定，未按规定及时采取措施处置突发事件或者处置不当，造成后果的，对直接负责的主管人员和其他直接责任人员依法给予处分。"未按规定及时采取措施处置突发事件"，比较容易进行事实认定，从而能够追究当事人的法律责任。但何为"处置不当"？前已述及，应急救援是一种高度临机的活动，是一种情景化决策，救援决策既依赖于事前的救援方案，也要根据救援过程中的情势变化而随时作出调整。由于应急处置和救援具有临机决策的特征，除非是明显的处置不当或者处置措施造成极为严重的后果，否则对"处置不当"难以进行事实认定，不能实现有效的追责。对"处置不当"进行责任追究有可能使现场指挥部和救援人员惮于追责而不主动作为。因此，在法律责任的规定方面，应当考虑应急处置和救援本身的特征，匹配合适的法律责任。

突发事件应对过程中存在谎报、瞒报、迟报、漏报等，或者未按规定发布突发事件预警并采取预警措施的，这些违法活动比较容易进行事实认定，可以规定明确的法律责任。至于应急救援过程中可能存在弹性化或操作空间的行为，则不要轻易规定法律责任，以激励相关工作人员采取妥当的临机处置措施。从博弈论的角度来看，如果立法上过多地规定应急决策者的责任，其结果必然是决策主体不再从"控制、减轻和消除突发事件引起的严重社会危害""保护人民生命财产安全，维护国家安全、公共安全、环境安全和社会秩序"的立场出发尽量作出有效决策，而将首先考虑如何推卸或规避法律为其设定的决策职责。显然，这样的结果是立法者应当竭力避免的。相反，法律应当激励行政官员积极、主动地采取那些在当时看来是必要的应急决策和应急处置措施。不管这些决策最终是否导致了严重的后果，只要决策主体在当时已经尽了合理的注意义务和审慎义务，就应当免除机关和个人的责任。① 所以，在应急救援立法中可以笼统规定，人民政府、有关部门和单位工作人员不依法履行应急救援工作职责的，由其所在单位依法给予处分或者由监察机关依法给予政务处分；涉嫌犯罪的，依法追究刑事责任。

---

① 林鸿潮：《公共应急管理机制的法治化》，华中科技大学出版社2009年版，第80页。

二、与应急救援相关的法律责任

（一）引发事故发生的法律责任

《突发事件应对法》第64条明确规定，有关单位未按规定采取预防措施，导致发生严重突发事件的，未及时消除已发现的可能引发突发事件的隐患，导致发生严重突发事件的，要承担相应的法律责任。该项法律责任是针对预防环节而言的，但预防环节与突发事件的应急救援之间有明确的关联，是由于有关单位没有做好预防措施而发生突发事件从而引发了应急处置和救援行为，所以，在应急救援立法中也可以针对预防问题作出规定，以与《突发事件应对法》《安全生产法》《自然灾害防治法》的规定相衔接。

《"十四五"国家应急体系规划》（2022）落实了生产经营单位主体责任。健全生产经营单位负责、职工参与、政府监管、行业自律、社会监督的安全生产治理机制。将生产经营单位的主要负责人列为本单位安全生产第一责任人。作为预防性立法，《自然灾害防治法（征求意见稿）》《安全生产法》都明确规定了相关主体的预防职责。应急管理部于2022年7月公布的《自然灾害防治法（征求意见稿）》第60条规定："违反本法规定，企业事业单位、社会组织有下列情形之一的，责令立即改正或者限期改正；拒不改正的，处五万元以上二十万元以下的罚款，对其直接负责的主管人员和其他直接责任人员，处二万元以上五万元以下的罚款；涉嫌犯罪的，依法追究刑事责任：（一）新建、改建、扩建建设工程不符合有关建设工程强制性标准的；（二）未按照规定编制自然灾害应急预案以及未按照规定开展应急演练的……"该规定明确了预防环节不作为应当承担的法律责任。《自然灾害防治法（征求意见稿）》中的很多制度都是预防性的，第59条和第60条根据不同主体在预防环节的违法行为，分别规定了相应的法律责任。《安全生产法》的立法目的之一是防止和减少生产安全事故，也是体现了预防为主的理念。该法第94条，第95条等规定了生产经营单位主要负责人在预防事故发生方面应当承担的法律责任，这些内容是与应急救援法的制度衔接点。

所以，在应急救援法中也可以规定生产经营单位的法律责任，具体包括预防环节违法行为的责任追究和救援环节违法行为的责任追究。

地方各级人民政府和县级以上人民政府有关部门、直接负责的主管人员和其他直接责任人员、企业事业单位及其直接负责的主管人员和其他直接责任人员在自然灾害预防环节存在违法行为的，根据违法行为的性质、类别、后果等，承担相应的法律责任。社会组织、生产经营单位的主要负责人或者安全生产管理人员未履行安全生产管理职责，导致本单位发生生产安全事故的，由负有安全生产监督管理职责的部门依照《中华人民共和国安全生产法》等有关法律、行政法规的规定追究法律责任。

自然灾害发生后，地方各级人民政府和县级以上人民政府有关部门、直接负责的主管人员和其他直接责任人员、企业事业单位及其直接负责的主管人员和其他直接责任人员，不积极开展应急处置和救援，由应急管理部门、其他履行有关自然灾害防治工作职责的部门依照有关法律、行政法规的规定追究其法律责任。生产经营单位的主要负责人或者直接责任人员在本单位发生生产安全事故时不及时组织应急救援的，由负有安全生产监督管理职责的部门依照《中华人民共和国安全生产法》等有关法律、行政法规的规定追究其法律责任。

（二）妨害应急救援的法律责任

妨害应急救援的，根据违法行为的性质、类别、后果等，应当承担相应的法律责任。确定违反各级人民政府在应急响应期间发布的决定、命令、公告、通告，有下列情形之一的，由应急管理部门责令立即改正：（1）拒不执行转移、疏散命令的；（2）编造、故意传播有关突发事件事态发展或者应急救援工作虚假信息的；（3）阻碍有关工作人员依法履行应急救援工作职责的；（4）对依法履行应急救援工作职责的工作人员实施侮辱、恐吓、故意伤害或者破坏应急救援装备的；（5）其他妨害应急救援工作的行为。构成违反治安管理行为的，由公安机关依法给予治安管理处罚；构成犯罪的，依法追究刑事责任。

违反法律、行政法规的规定，非法占用消防通道、应急救援通道或者存在其他妨害应急救援行为的，救援人员可以采取排除妨害的必要措施。由此导致违法行为人或者第三人的财物毁损、灭失的，违法行为人自行承担损失或者赔偿第三人的损失；情节严重的，违法行为人承担行政责任和刑事责任。

（三）应急救援中不承担责任的情形

《突发事件应对法》第 67 条规定："单位或者个人违反本法规定，导致突发事件发生或者危害扩大，给他人人身、财产造成损害的，应当依法承担民事责任。"在应急救援过程中，救援不当有可能导致危害扩大，因此，根据本条的规定，救援人员有可能会承担因救援不当而导致危害扩大的法律责任。

应急救援是一个比较复杂的活动，面对各种突发的事件，救援人员难以预判突发事件的应对走向以及可能导致的后果，突发事件通常要求决策者快速地反应，而人脑的精确计算需要大量的时间，在时间压力下会产生更多的决策偏差。[①]应急救援中的决策受各种因素影响，决策者有可能会采取不适当的处置措施，导致救援不能达到预期的效果，这是理性人决策的限度。救援过程中存在各种不确定性，很多不确定因素是难以预判、难以避免的，对应急救援效果的评价不能从一个维度出发，而应当是过程性和结果性相结合。

突发事件的重大性、时间紧迫性、不确定性和信息庞杂往往会给人造成巨大的心理压力，使人陷入应激状态。人脑决策容易受身心状态的干扰，应急状态下人脑的决策模式将被固化。[②]应当在合理水平上确定救援人员的职责以及应当承担的责任，避免不当追责。应急救援的法律责任应当与应急救援工作的特殊性相匹配。同时，考虑应急救援的不确定性，确立合理的免责事由，在形势难以预判、风险不可预警、技术手段不足等情形下，难以避免一定的伤害和损失，可以减轻或免除救援人员的相应法律责任。对责任的免除可以分为全部免除和部分免除。目前应急管理法律体系中，关于

---

① 范维澄、闪淳昌等：《公共安全与应急管理》，科学出版社 2018 年版，第 159 页。
② 范维澄、闪淳昌等：《公共安全与应急管理》，科学出版社 2018 年版，第 159 页。

不承担责任情形的规定比较欠缺，需要作出进一步的分析和论证，在立法中明确具体情形，形成稳定预期，以保护救援人员的权益，发挥救援人员在救援过程中的主动性和创造性。

《突发事件应对法》和《突发事件应对管理法（草案）》等没有明确规定救援人员不承担法律责任的问题。《民法典》第184条规定："因自愿实施紧急救助行为造成受助人损害的，救助人不承担民事责任。"《深圳市大鹏新区山地户外运动管理暂行办法》（2020）第26条规定："因自愿实施紧急救援行为造成被救援者损害的，救援人不承担民事责任。"根据民法典等相关法律的规定以及法律责任的基本理论，可以明确应急救援人员不承担法律责任的具体情形，鼓励现场指挥部和救援人员能够积极主动作为。应急救援人员在救援过程中，非因故意或者重大过失造成救援对象人身伤害或者财产损失的，应急救援队伍和人员不承担法律责任。

三、应急救援费用的承担机制

（一）自行承担救援费用的依据

应急救援费用的承担，是应急救援中非常重要的问题。一般认为，应急救援属于公共产品，是政府应当承担的职责，所以应急救援费用应当在财政中列支，这符合公共财政的基本原理，也符合应急救援公共物品的性质。《突发事件应对法》未对应急救援费用作出明确规定。《消防法》第49条第1款规定："国家综合性消防救援队、专职消防队扑救火灾、应急救援，不得收取任何费用。"但不区分情形一概由财政来承担应急救援费用，除了给财政造成负担、导致公共财政资金的浪费外，还有可能纵容违法行为人不积极履行预防职责，或者放任突发事件发生，不利于构建有效的突发事件预防机制。

为了有效发挥制度的激励效应，实现公共财政的最佳目的，可以考虑在应急救援立法中明确规定应急救援费用的分担机制，由相关主体自行承担救援费用，同时在应急救援立法中建立应急救援费用的财政兜底机制。如果救援费用不能追缴或者难以追缴的，则由公共财政予以兜底，但政府仍可以保留依法向违法行为人追缴的权利。可以探索建立市场化的应急救援机制,部分应急救援可以实现市场化供给,作为政府救援的重要补充。

(二)自行承担救援费用的制度现状

在我国目前国家层面和地方层面的法律法规和规范性文件中,都有关于自行承担救援费用的相关规定。比如《旅游法》《生产安全事故应急条例》《北京市突发事件应急指挥与处置管理办法》等,都明确规定了应急救援费用的承担问题。

《旅游法》(2018)第 82 条规定:"旅游者在人身、财产安全遇有危险时,有权请求旅游经营者、当地政府和相关机构进行及时救助。中国出境旅游者在境外陷于困境时,有权请求我国驻当地机构在其职责范围内给予协助和保护。旅游者接受相关组织或者机构的救助后,应当支付应由个人承担的费用。"《生产安全事故应急条例》(2019)第 19 条第 2 款规定:"应急救援队伍根据救援命令参加生产安全事故应急救援所耗费用,由事故责任单位承担;事故责任单位无力承担的,由有关人民政府协调解决。"《北京市突发事件应急指挥与处置管理办法》(2019)第 39 条规定:"应急救援队伍根据救援命令参加生产安全事故应急救援所耗费用,由事故责任单位承担;事故责任单位无力承担的,由市或区人民政府协调解决。"2021 年 5 月,北京市突发事件应急委员会办公室发布的《灾害事故应急救援中相关费用的处理办法(试行)》规定,按照"谁担责谁承担、谁受益谁承担、谁调用谁承担"的原则,合理解决灾害事故应急救援中的相关费用,着重就救援费用处理的范围、程序、周期等方面进行明确。《安徽省旅游条例》(2017)第 56 条规定:"在禁止通行、没有道路通行的区域,任何单位或者个人不得违反规定开展风险性较高的旅游活动。违反前款规定发生旅游安全事故产生的救援费用,应当由旅游活动组织者及被救助人相应承担。"黄山市人民政府办公室印发的《黄山市山岳型景区救援费用追偿工作指导意见》(2021)中的救援费用追偿,是指旅游者不遵守黄山市旅游景区游览规定,擅自进入未开发、未开放区域(含临时限制或禁止进入区域)陷入困顿或危险状态,属地政府完成救援后,对旅游活动组织者及被救助人承担相应救援费用进行追偿的活动。《丽江市旅游条例》（2022）第29条第2款规定："旅游者不遵守景区（点）规定，擅自进入未开发、未开放区域陷入困境或危险状态需要救援的，相关组织和机构完成救援后，由旅游活动组织者及被救助人承担相应的救援费用。"深圳市大鹏新区管理委员会印发的《深圳市大鹏新区山地户外运动管理暂行办法》（2020）第23条规定："因自身重大过错致使遇险情形发生，接受相关组织或者机构的救助的，根据《中华人民共和国旅游法》，组织者及相关人员应承担以下全部或者部分应由个人承担的费用，包含救援过程中产生的劳务、院前救治、交通、后勤保障、引入第三方救援力量及其他因救援产生的合理费用。"

所以，从目前的制度实践看，应急救援过程中由责任主体自行承担救援费用已越来越普遍，并且具有制度的正当性，在应急救援法中，应当提炼为一般性的制度形态，构建完善的救援费用承担机制。

（三）自行承担救援费用的情形

当存在责任主体导致应急救援事项发生、责任主体导致损失扩大等情形的，由安全事故责任主体自行承担救援费用。应急救援队伍根据救援命令参加生产安全事故应急救援所耗费用，由事故责任单位承担；事故责任单位无力承担的，由人民政府协调解决。

有下列情形之一的，相关主体自行承担救援费用：（1）相关主体的违法行为导致事件发生的；（2）相关主体的违法行为导致事态严重或者损失扩大的；（3）相关主体拒不执行疏散、撤离命令或者疏散、撤离后返回灾害、事故现场的；（4）相关主体存在其他不当行为的。不存在责任主体、责任主体无力承担救援费用或者救援费用无法追缴的，由人民政府协调解决。

第九章　应急设施"三同时"的制度探索

应急设施"三同时"制度与应急救援密切相关，它是应急救援的基础性制度安排。在突发事件发生后，应急设施可以为应急救援的开展提供空间。《突发事件应对法》第19条规定："城乡规划应当符合预防、处置突发事件的需要，统筹安排应对突发事件所必需的设备和基础设施建设，合理确定应急避难场所。"《突发事件应对管理法（草案）》第31条规定："国土空间规划等规划应当符合预防、处置突发事件的需要，统筹安排突发事件应对管理工作所必需的设备和基础设施建设，合理确定应急避难、封闭隔离、紧急医疗救治等场所，实现日常使用和应急使用的相互转换。"我国《突发事件应对法》和《突发事件应对管理法（草案）》并没有明确规定应急设施"三同时"制度，但这一制度具有重要功能，是贯彻应急管理"预防为主"理念、落实生产经营单位主体责任、扩大应急管理社会参与的重要手段。环境保护领域的环保设施"三同时"制度以及其他领域的"三同时"制度可以为应急管理领域的"三同时"制度提供经验。特别是我国生产安全领域确立的安全生产设施的"三同时"制度，与应急管理具有密切关系，可以基于安全生产设施的"三同时"制度，在《突发事件应对管理法》中确立应急设施"三同时"制度，明确生产经营单位在应急设施建设等方面的主体责任。同时，建立应急设施建设的补偿机制，实现政府责任与生产经营主体责任的有效平衡。

地方立法也可以对应急设施"三同时"进行制度探索。比如，"提升城市灾害防御能力"是建设中国特色社会主义先行示范区的内在要求，应急设施"三同时"制度是提升灾害防御能力的重要举措。深圳经济特区可以在应急管理地方法律体系中率先建立这一制度，为完善我国应急管理立法和应急管理体制作出先行示范。

一、应急设施"三同时"的制度功能

环境保护领域的"三同时"制度广为人知，它是环境保护中的重要制度安排。《环境保护法》第 41 条规定："建设项目中防治污染的设施，应当与主体工程同时设计、同时施工、同时投产使用。防治污染的设施应当符合经批准的环境影响评价文件的要求，不得擅自拆除或者闲置。"我国环境保护领域建立的环保设施"三同时"制度对生产经营单位形成有效约束，在消除污染、保护环境等方面发挥着重要作用。环境污染具有很强的外部性，通过市场机制难以实现外部性的内部化。"每当个人或厂商采取的一种行为，直接影响到他人，却没有对其有害后果付费，或因其有益后果获得补偿时，就出现了外部性。当存在外部性时，就意味着，厂商或个人没有承担其行为的全部后果。"① 因此，需要通过"三同时"制度消除生产经营单位导致外部性的行为。

除《环境保护法》外，《劳动法》《职业病防治法》对"三同时"制度也有所涉及。《劳动法》第 53 条规定："劳动安全卫生设施必须符合国家规定的标准。新建、改建、扩建工程的劳动安全卫生设施必须与主体工程同时设计、同时施工、同时投入生产和使用。"《职业病防治法》第 18 条规定："建设项目的职业病防护设施所需费用应当纳入建设项目工程预算，并与主体工程同时设计，同时施工，同时投入生产和使用。"

《"十四五"国家应急体系规划》（2022）提出，"将城市防灾减灾救灾基础设施用地需求纳入当地土地利用年度计划并予以优先保障。完善应急避难场所规划布局，健全避难场所建设标准和后评价机制，严禁随意变更应急避难场所和应急基础设施的使用性质"。《突发事件应对法》及其修订草案没有规定应急设施"三同时"制度。原国家安全生产监督管理总局 2010 年通过了《建设项目安全设施"三同时"监督管理暂行办法》，该办法第 4 条规定："生产经营单位是建设项目安全设施建设的责任主体。建设项目安全设施必须与主体工程同时设计、同时施工、同时投入生产和使用。安全设施投资应当纳入建设项目概算。"由此确立了我国生产安全领域的"三同时"制

---

① ［美］约瑟夫·E.斯蒂格利茨等：《经济学》（第四版），中国人民大学出版社 2013 年版，第 260 页。

度，但这一制度与应急管理领域的"三同时"制度有较大差距。该办法的调整对象是安全生产经营单位，要求安全设施与主体工程同时设计、同时施工、同时投入生产和使用。该办法第7条明确了办法调整的范围，主要包括非煤矿矿山建设，生产、储存危险化学品，生产、储存烟花爆竹等具有较高危险性的项目和领域，其适用范围比较有限。该办法是由原国家安全生产监管总局发布的，其法律位阶较低，并且机构改革之后，国家安全生产监管总局已经整合进应急管理部，从"大应急"的角度看，需要对该办法加以修改完善，以适应应急管理体制的变革。《安全生产法》（2021）也确立了"三同时"制度。该法第31条规定："生产经营单位新建、改建、扩建工程项目的安全设施，必须与主体工程同时设计、同时施工、同时投入生产和使用。安全设施投资应当纳入建设项目概算。"这个是目前应急管理法律体系中"三同时"制度的明确表达。

从制度原理看，环境保护和应急管理具有相似性。在应急管理领域，生产经营单位也有可能给社会带来外部性，罔顾生产经营安全盲目扩大生产、高层建筑缺乏必要的安全设施和逃生通道等，都存在未能预料的安全隐患，可能导致发生突发事件。因此，应当赋予生产经营主体相关义务，以消除生产经营活动给应急管理工作带来的外部性，将这种外部性通过制度手段加以内部化，这是在应急管理领域建立应急设施"三同时"制度的理论基础。应急设施"三同时"制度可以使生产经营单位在成立之时就具备基本的应急救援能力，这也是落实生产经营单位在安全领域中的主体责任所必需的。

二、应急设施"三同时"制度的必要性

（一）贯彻应急管理"预防为主"理念

《突发事件应对法》和《突发事件应对管理法（草案）》都明确规定了应急管理工作"预防为主"的原则。《突发事件应对法》第5条规定："突发事件应对工作实行预防为主、预防与应急相结合的原则。"2021年12月公布的《突发事件应对管理法（草案）》第5条规定："突发事件应对管理工作应当坚持总体国家安全观，坚持人民至上、生命至上，实行预防为主、预防与

应急相结合的原则。"《突发事件应对法》和《突发事件应对管理法（草案）》规定了很多相关制度以贯彻"预防为主"的理念，比如健全突发事件应急预案体系、开展应急演练、建立应急物资储备制度、统筹安排基础设施建设、合理确定应急避难场所、所有单位建立健全安全管理制度、开展应急知识宣传普及和公众教育等。这些都是为了预防事故发生、降低事故损失所作的制度安排。应急设施建设是应急管理工作的重要内容，也是应急管理中"预防为主"原则的重要体现。通过统筹安排基础设施建设、合理确定应急避难场所等，也是落实"预防为主"原则的措施之一。

应急设施"三同时"制度是预防安全生产事故、自然灾害的重要举措，可以有效预防事故发生，降低灾害损失。

（二）落实应急管理主体责任的具体要求

《突发事件应对法》第 19 条规定："城乡规划应当符合预防、处置突发事件的需要，统筹安排应对突发事件所必需的设备和基础设施建设，合理确定应急避难场所。"应对突发事件所必需的设备和基础设施建设在应急管理中具有非常重要的作用，但该规定比较简单，虽然它突出了"预防为主"的理念，但只是要求在城乡规划中统筹安排，并没有进一步明确应急设施的建设主体，或者说，它只是规定了政府在应急设施建设中的职责，并没有具体规定生产经营单位在应急设施建设方面的义务。城乡规划是宏观规划，只能从总体上统筹区域应急设施布局和建设，并不能精准化地确定应急设施建设的相关内容，因此不能有效落实应急管理的主体责任，特别是生产经营单位在应急设施建造、管理和应急设备提供方面的相关责任。《突发事件应对管理法（草案）》第 31 条做了同样的规定："国土空间规划应当符合预防、处置突发事件的需要，统筹安排突发事件应对管理工作所必需的设备和基础设施建设，合理确定应急避难、封闭隔离、紧急医疗救治等场所，实现日常使用和应急使用的相互转换。"该条规定仍缺乏对生产经营单位主体责任的制度安排。

现行应急管理领域法律的原则性规定太多，很多规定需要进一步完善。关于应急设施建设的规定，原则性地规定了政府的主体责任，但如何进一步落实相关主体责任则存在缺失。"三同时"制度是对现有法律规定的进一步延伸,从宏观层面的统筹规划延伸至微观层面的制度操作,可以提高制度实施的绩效。应急管理工作强调要落实生产经营单位的主体责任,这种主体责任应当贯穿应急管理工作的全过程。应急设施"三同时"制度明确相关主体在应急设施建设中的具体义务,强化生产经营单位在应急设施建设中的主体责任。

(三)实现应急管理的社会参与

《突发事件应对法》第 6 条规定:"国家建立有效的社会动员机制,增强全民的公共安全和防范风险的意识,提高全社会的避险救助能力。"《突发事件应对管理法(草案)》第 6 条进一步明确为:"国家建立有效的社会动员机制,组织动员企业事业单位、社会组织、志愿者等各方力量依法有序参与突发事件应对工作,增强全民的公共安全和防范风险的意识,提高全社会的避险救助能力。"应急管理的社会参与是应急管理工作的基本方向之一,是对政府主导型应急管理模式的完善。

应急设施的建设和应急设备的提供是政府的职能之一,但政府面临资源和条件约束,因此应当最大限度发挥生产经营单位等主体的力量和优势,加大应急设施建设和应急设备供应的力度,实现应急设施建设主体的多元化、应急设备来源的多渠道,构建严密的应急管理网络。所以,应急设施"三同时"制度的确立,扩大了应急管理的社会参与,实现了应急管理领域社会共建共享的格局。

三、应急设施"三同时"制度的立法缺失

(一)应急管理领域"三同时"制度的立法覆盖面不够、法律位阶不高

《安全生产法》(2021)明确规定了"三同时"制度,这是应急管理立法体系中比较重要的制度。原国家安全生产监督管理总局发布的《建设

项目安全设施"三同时"监督管理办法》和《冶金企业和有色金属企业安全生产规定》规定了"三同时"制度。广东省应急管理厅发布的《金属冶炼建设项目安全设施"三同时"监督管理实施细则》也明确规定了"三同时"制度。

安全生产与应急管理具有紧密联系，但又存在重要区别。安全生产领域"三同时"制度的责任主体是安全生产经营单位，应急管理领域的"三同时"制度则覆盖所有的生产经营主体，因此，安全生产领域的"三同时"制度不能完全等同于应急管理领域的"三同时"制度。1984年国务院《消防条例》的相关规定比较接近消防设施"三同时"制度，该条例第4条规定："城市规划建设部门，在新建、扩建和改建城市的时候，必须同时规划和建设消防站、消防供水、消防通信和消防通道等公共消防设施。原有市区的公共消防设施不足或者不适合实际需要的，应当进行技术改造或者改建、增建。"但《消防法》又淡化了相关表述，该制度未能在《消防法》中延续下来。《突发事件应对法》和《突发事件应急管理法（征求意见稿）》也没有规定应急设施"三同时"制度。因此，应急管理领域的"三同时"制度存在立法覆盖面不够、法律位阶不高等问题。

（二）应急设施分类不清晰、应急设施清单不完善

《突发事件应对法》要求城乡规划应当符合预防、处置突发事件的需要，统筹安排应对突发事件所必需的设备和基础设施建设，合理确定应急避难场所。城乡规划和国土空间规划的主体都是政府，因此，在城乡规划和国土空间规划中统筹安排应急设施是政府的基本职责之一。

应急设施规划包括应急设施的类别、区域布局、面积、标准、功能、建设主体、日常维护等一系列内容，需要针对区域分布和空间布局作出统筹安排。但大区域内又包括居民小区、商务办公、高层建筑、生产经营场所、公共空间等更小的单元，不同的单元需要建设差异化和针对性的应急设施，以实现风险预防的精准化和应急管理的有效性。所以，应急设施的建造应当实现宏观统筹与微观布局相结合。但目前应急设施分类不清晰，应急设施清单不完善，不能对相关生产经营单位提供明确的操作指引，不利于落实应

急设施"三同时"制度。

（三）应急设施建设义务落实不到位

政府部门负责宏观统筹整个区域内应急设施的布局和公共空间应急设施的建设、运营和维护，生产经营单位、物业公司、高层建筑所有者等主体应当负责本单元或区域应急设施的建设、运行和维护。《消防法》规定了地方各级人民政府消防设施建设方面的领导责任，并规定了单位和个人在配备、检验、维修、维护、管理消防设施等方面的义务。

《突发事件应对法》和《突发事件应对管理法（草案）》规定了政府在应急设施建设方面的主体责任，但没有进一步明确生产经营单位的义务。政府是应急设施的建设主体，而生产经营单位在应急设施建设方面的义务落实不到位。深圳市政府通过的《生产经营单位安全生产主体责任规定》（2018），强调了生产经营单位安全生产主体责任，并规定了安全责任体系、安全生产投入、安全生产教育和培训、风险分级管控和隐患排查治理、设备设施和作业安全管理、应急救援和事故报告等内容，比较全面地规定了生产经营单位的主体责任，其中缺少应急设施建设和提供方面的主体责任的相关规定。

四、应急设施"三同时"制度的立法实现

《突发事件应对法》目前正处于修订状态，法律草案有一些创新性的制度安排，可以此为契机，在立法中确立应急设施"三同时"制度。

（一）在立法中明确确立应急设施"三同时"制度

按照《突发事件应对管理法（草案）》的立法说明，"应急管理"是全过程、全链条、全要素管理，涵盖从风险管控、监测预警到应对处置、恢复重建的全过程和各环节，而"应对"只是应急管理的一个环节。这一修改体现了应急管理理念的重要变革，可以进一步完善应急管理体系。

应当以该部法律的修订为契机,在立法中明确确立应急设施"三同时"制度。将宏观层面的应急设施统筹落实到微观层面的应急设施建设、运营、维护等方面,充分贯彻"预防为主"的理念,落实生产经营单位的主体责任。可以借鉴《环境保护法》等法律的相关规定,结合应急管理工作的特殊性,建立应急设施"三同时"制度。

(二)贯彻"大应急"理念,明确应急设施分类标准和建设清单

基于"大应急"理念,应当明确应急设施的分类标准,扩大应急设施的范围,建立应急设施清单管理制度。根据应急管理环节,将应急设施分为预警设施、响应设施、避护设施、救援设施、与应急管理相关的公共设施等。扩大应急设施的范围,除了消防设施、应急避护场所等,凡是与应急管理相关的设施,都纳入应急管理清单。根据应急设施的区域、面积、功能、类型等,明确不同应急设施的建设主体,为落实"三同时"制度提供明确指引。

(三)完善"三同时"制度的实体性内容和程序性内容

《建设项目安全设施"三同时"监督管理暂行办法》虽然不是应急管理领域的专门性规章,但其相关规定可以为应急设施"三同时"制度提供借鉴。该办法明确规定了建设项目安全条件论证与安全预评价、建设项目安全设施设计审查、建设项目安全设施施工和竣工验收等实体性标准和程序性规则。根据应急设施的特殊要求,建立应急设施建设论证与安全预评价、应急设施设计审查、应急设施施工和竣工验收等实体性标准和程序性规则。实体性内容主要包括应急设施的类型、标准、规格、布局等,以及应急设施的安全评价标准和风险评价标准、应急设施建设主体的权利义务等;程序性内容主要包括应急设施的评价程序、应急设施建设监督制度、应急设施验收程序、应急设施运行维护制度等。

（四）落实生产经营主体责任

根据生产经营单位的类型、规模、行业、经营风险等特征，有针对性地要求相关生产经营主体建设符合应急管理要求的应急设施，提供符合风险防控要求的应急设备。在设定生产经营单位主体义务方面，应当结合生产经营单位的具体情况加以确定，强化对风险较大行业、规模较大主体、涉及人数较多综合商业体、产品服务具有独特性的生产经营单位的法律管控，严格落实"三同时"制度，建设、运行符合标准的应急设施，通过对不同主体的差别对待，实现风险防控和应急管理的精准化。

（五）完善生产经营单位补偿机制，加大应急管理专项资金向应急设施建设的倾斜力度

应急设施建设主要是政府职责，而应急设施"三同时"制度的确立则为相关生产经营单位确立了责任，增加了生产经营单位的负担，为生产经营单位带来额外成本。所以在应急设施建设过程中，应当建立生产经营单位的相关补偿机制，减少其负担。

加大应急管理专项资金向应急设施建设的倾斜力度，将资金更多用于事故和灾害预防，提高专项资金的使用效果。可以进一步论证建立应急设施专项基金的可行性，实现筹资社会化和资金来源多元化，为应急设施建设提供持续的资金来源。

（六）提升应急管理领域"三同时"制度的实施效果

环境保护、劳动保护、职业病防护等领域的"三同时"制度发挥了重要作用，但在制度实践中也存在各种问题。有研究表明，在环境执法领域，违反"三同时"制度的行为比较常见，而对其实施行政处罚的法律适用则显得

十分混乱。[①] 要避免这种执法困境，需要明确执法部门及其权限，优化执法程序，完善责任体系。因此，建立应急设施"三同时"制度，需要总结环境保护领域"三同时"制度的经验，提升应急管理领域"三同时"制度的实施效果。

---

① 　朱谦：《困境与出路：环境法中"三同时"条款如何适用？——基于环保部近年来实施行政处罚案件的思考》，载《法治研究》2014 年第 11 期。

参考文献

一、专著

陈虹:《突发事件应急救援标准及地震应急救援标准建设》,地震出版社2014年版。

程学庆等:《高铁应急救援管理及预案研究》,中国铁道出版社2015年版。

董华、张吉光等:《城市公共安全:应急与管理》,化学工业出版社2006年版。

范维澄、闪淳昌等:《公共安全与应急管理》,科学出版社2017年版。

郭其云等:《公共危机应急管理和救援法律体系建设研究》,湖南人民出版社2014年版。

李宏、闫天池:《新时代政府应急管理能力建设研究》,中国人民公安大学出版社2021年版。

李明:《应急管理多元主体合作治理》,四川大学出版社2021年版。

林鸿潮:《公共应急管理机制的法治化》,华中科技大学出版社2009年版。

林鸿潮:《〈突发事件应对法〉修订研究》,中国法制出版社2021年版。

林鸿潮:《应急法概论》,应急管理出版社2020年版。

林鸿潮:《中国公共应急体制改革研究》,中国法制出版社2015年版。

林鸿潮、陶鹏:《应急管理与应急法治十讲》,中国法制出版社2021年版。

刘菲:《行政应急法律实施机制之优化》,武汉大学出版社2020年版。

马怀德主编:《法治背景下的社会预警机制和应急管理体系研究》,法律出版社 2010 年版。

苗金明：《事故应急救援与处置》，清华大学出版社 2022 年第 2 版。

莫于川主编：《社会安全法治论：突发社会安全事件应急法律机制研究》，法律出版社 2020 年版。

戚建刚、易君：《灾难性风险行政法规制的基本原理》，法律出版社 2015 年版。

钱正荣：《政策能力视域下的公共危机治理研究》，武汉大学出版社 2014 年版。

闪淳昌主编：《应急管理：中国特色的运行模式与实践》，北京师范大学出版社 2011 年版。

闪淳昌、薛澜主编：《应急管理概论——理论与实践》，高等教育出版社 2020 年第 2 版。

王宏伟：《健全应急管理体系探析：从制度优势到治理效能》，应急管理出版社 2020 年版。

王宏伟：《突发事件应急管理基础》，中国石化出版社 2010 年版。

王宏伟：《新时代应急管理通论》，应急管理出版社 2019 年版。

魏礼群主编：《中国应急救援读本》，国家行政学院出版社 2016 年版。

吴宗之、刘茂编著：《重大事故应急救援系统及预案导论》，冶金工业出版社 2003 年版。

杨彬主编：《应急产业研究》，中国工人出版社 2020 年版。

亏道远、冯兆蕙等：《高速铁路安全立法问题研究》，中国社会科学出版社 2021 年版。

赵文华、祁越：《应急救援学》，国防大学出版社 2015 年版。

［美］约瑟夫·E. 斯蒂格利茨等：《经济学》（第四版），中国人民大学出版社 2013 年版。

二、论文

陈虹等：《地震应急救援标准体系及其关键标准研究》，载《中国安全科学学报》2012 年第 7 期。

李昌林、胡炳清:《我国突发环境事件应急体系及完善建议》,载《环境保护》2020 年第 24 期。

刘霞、严晓:《我国应急管理"一案三制"建设:挑战与重构》,载《政治学研究》2011 年第 1 期。

刘亚娜、罗希:《日本应急管理机制及对中国的启示——以"3·11 地震"为例》,载《北京航空航天大学学报(社会科学版)》2011 年第 5 期。

宋天佳等:《日本应急救援装备及标准体系解析》,载《中国标准化》2020 年第 11 期。

时训先等:《重大事故应急救援法律法规体系建设》,载《中国安全科学学报》2004 年第 12 期。

隋建波、孙刚:《中美应急管理综合对比研究》,载《中国减灾》2013 年第 1 期。

汪波、樊冰:《美国安全应急体制的改革与启示》,载《国际安全研究》2013 年第 3 期。

王宏伟:《试析应急社会动员的基本问题》,载《中国应急管理》2011 年第 8 期。

王柳:《城市社区公共危机管理能力建设》,载《中共杭州市委党校学报》2002 年第 1 期。

夏一雪:《突发公共事件应急救援队伍结构体系研究》,载《消防科学与技术》2015 年第 3 期。

夏一雪、郭其云:《公共危机应急救援力量管理体系研究》,载《中国软科学》2012 年第 11 期。

杨涛、王迪:《应急救援联动机制中的志愿组织参与态势分析》,载《华北理工大学学报(社会科学版)》2021 年第 1 期。

张海波、童星:《中国应急管理结构变化及其理论概化》,载《中国社会科学》2015 年第 3 期。

张永春:《日本大地震应急救援启示录》,载《中国应急救援》2012 年第 4 期。

张云龙、刘茂:《应急救援中的应急决策》,载《中国公共安全(学术版)》2009 年第 1 期。

朱谦:《困境与出路:环境法中"三同时"条款如何适用?——基于环保部近年来实施行政处罚案件的思考》,载《法治研究》2014 年第 11 期。

三、学位论文

杜文:《巨灾型突发事件应急救援体系研究》,河南理工大学 2012 年博士论文。

四、事故调查报告

《广东深圳光明新区渣土受纳场"12·20"特别重大滑坡事故调查报告》

《湖北省十堰市张湾区艳湖社区集贸市场"6·13"重大燃气爆炸事故调查报告》

《江苏响水天嘉宜化工有限公司"3·21"特别重大爆炸事故调查报告》

《天津港"8·12"瑞海公司危险品仓库特别重大火灾爆炸事故调查报告》

《福建省泉州市欣佳酒店"3·7"坍塌事故调查报告》

《长深高速江苏无锡"9·28"特别重大道路交通事故调查报告》

《河南郑州"7·20"特大暴雨灾害调查报告》

附录一　我国应急管理立法概况

一、国家应急管理立法

（一）法律

<table>
<tr><td colspan="3">法律</td></tr>
<tr><td>序号</td><td>名称（实施时间）</td><td>内容</td></tr>
<tr><td>1</td><td>《突发事件应对法》（2007）</td><td>预防与应急准备；监测与预警；应急处置与救援；事后恢复与重建；法律责任</td></tr>
<tr><td>2</td><td>《消防法》（2021）</td><td>火灾预防、消防组织、灭火救援</td></tr>
<tr><td>3</td><td>《安全生产法》（2021）</td><td>生产经营单位的安全生产保障、从业人员的安全生产权利义务、安全生产的监督管理、生产安全事故的应急救援与调查处理</td></tr>
<tr><td>4</td><td>《消防救援衔条例》（2018）</td><td>消防救援衔等的设置、编制、首次授予、晋级、保留、降级和取消等</td></tr>
<tr><td>5</td><td>《矿山安全法》（2009）</td><td>矿山事故处理</td></tr>
<tr><td>6</td><td>《自然灾害防治法（征求意见稿）》（2022）</td><td>灾害风险防控、应急准备与监测预警、抢险救灾与应急处置、灾后救助与恢复重建</td></tr>
</table>

（二）行政法规

<table>
<tr><td colspan="3">行政法规（1～7为综合）</td></tr>
<tr><td>序号</td><td>名称（实施时间）</td><td>立法目的</td></tr>
<tr><td>1</td><td>《生产安全事故应急条例》（2019）</td><td>规范生产安全事故应急工作</td></tr>
</table>

续表

<table>
<tr><th colspan="3">行政法规（1 ～ 7 为综合）</th></tr>
<tr><th>序号</th><th>名称（实施时间）</th><th>立法目的</th></tr>
<tr><td>2</td><td>《重大动物疫情应急条例》（2017）</td><td>迅速控制、扑灭重大动物疫情，保障养殖业生产安全，保护公众身体健康与生命安全，维护正常的社会秩序</td></tr>
<tr><td>3</td><td>《电力安全事故应急处置和调查处理条例》（2011）</td><td>加强电力安全事故的应急处置工作，规范电力安全事故的调查处理，控制、减轻和消除电力安全事故损害</td></tr>
<tr><td>4</td><td>《破坏性地震应急条例》（2011）</td><td>加强对破坏性地震应急活动的管理，减轻地震灾害损失，保障国家财产和公民人身、财产安全</td></tr>
<tr><td>5</td><td>《核电厂核事故应急管理条例》（2011）</td><td>加强核电厂核事故应急管理工作，控制和减少核事故危害</td></tr>
<tr><td>6</td><td>《突发公共卫生事件应急条例》（2011）</td><td>有效预防、及时控制和消除突发公共卫生事件的危害，保障公众身体健康与生命安全，维护正常的社会秩序</td></tr>
<tr><td>7</td><td>《自然灾害救助条例》（2019）</td><td>规范自然灾害救助工作，保障受灾人员基本生活</td></tr>
<tr><td>8</td><td>《国务院关于加强和改进消防工作的意见》（2011）</td><td>到 2015 年，消防工作与经济社会发展基本适应，消防法律法规进一步健全，社会化消防工作格局基本形成，公共消防设施和消防装备建设基本达标，覆盖城乡的灭火应急救援力量体系逐步完善，公民消防安全素质普遍增强，全社会抗御火灾能力明显提升，重特大尤其是群死群伤火灾事故得到有效遏制</td></tr>
</table>

（三）国务院规范性文件

<table>
<tr><th colspan="3">国务院规范性文件</th></tr>
<tr><th>序号</th><th>名称（实施时间）</th><th>立法目的</th></tr>
<tr><td>1</td><td>《国务院办公厅国务院应急管理办公室关于做好雪灾和强降温应对准备工作的通知》（2010）</td><td>加强监测预报；完善应对预案；确保交通安全和生产安全；确保市场供应；加强值守应急工作</td></tr>
<tr><td>2</td><td>《国务院应急管理办公室关于做好防范应对强降温降雪天气的通知》（2008）</td><td>做好强降温降雪天气应对工作</td></tr>
</table>

续表

国务院规范性文件		
序号	名称（实施时间）	立法目的
3	《国务院办公厅关于加强基层应急管理工作的意见》（2007）	加强基层应急管理工作，提高基层预防和应对突发公共事件能力
4	《国务院办公厅关于设置国务院应急管理办公室（国务院总值班室）的通知》（2006）	国务院办公厅设置国务院应急管理办公室（国务院总值班室），承担国务院应急管理的日常工作和国务院总值班工作，履行值守应急、信息汇总和综合协调职能，发挥运转枢纽作用
5	《国务院关于全面加强应急管理工作的意见》（2006）	全面加强应急管理工作
6	《关于加强企业应急管理工作的意见》（安全监管总局、国资委、财政部、公安部、民政部、卫生部、环保总局）（2007）	加强企业应急管理工作
7	《突发事件应急预案管理办法》（2013）	规范突发事件应急预案管理，增强应急预案的针对性、实用性和可操作性
8	《国家突发公共事件总体应急预案》（2006）	提高政府保障公共安全和处置突发公共事件的能力，最大程度地预防和减少突发公共事件及其造成的损害，保障公众的生命财产安全，维护国家安全和社会稳定，促进经济社会全面、协调、可持续发展
9	《生产安全事故应急预案管理办法》（2019）	规范生产安全事故应急预案管理工作，迅速有效处置生产安全事故

（四）部门规章

部门规章		
序号	名称（实施时间）	立法目的
1	《中国民用航空应急管理规定》（2016）	加强和规范民航应急工作，保障民用航空活动安全和有秩序地进行
2	《突发环境事件应急管理办法》（2015）	预防和减少突发环境事件的发生，控制、减轻和消除突发环境事件引起的危害，规范突发环境事件应急管理工作，保障公众生命安全、环境安全和财产安全

续表

	部门规章	
序号	名称（实施时间）	立法目的
3	《中央企业应急管理暂行办法》（2013）	加强和规范中央企业应急管理工作，提高中央企业防范和处置各类突发事件的能力，最大程度地预防和减少突发事件及其造成的损害和影响，保障人民群众生命财产安全，维护国家安全和社会稳定
4	《生活必需品市场供应应急管理办法》（2011）	有效监测、及时控制和消除因突发事件引发的生活必需品市场异常波动，满足居民日常基本生活需要，维护正常的社会秩序
5	《交通运输突发事件应急管理规定》（2011）	规范交通运输突发事件应对活动，控制、减轻和消除突发事件引起的危害
6	《核事故辐射影响越境应急管理规定》（2002）	规范核事故辐射影响越境时的应急管理工作，保证所需要的应急响应能力与秩序

（五）部门规范性文件

	部门规范性文件	
序号	名称（实施时间）	立法目的
1	《应急管理部重点实验室管理办法（试行）》（2020）	加快推进应急管理科技创新体系建设，规范和加强应急管理部重点实验室的建设、运行和管理
2	《应急管理部办公厅关于进一步引导社会应急力量参与防汛抗旱工作的通知》（2020）	引导社会应急力量参与防汛抗旱工作，切实发挥好他们在保护人民群众生命财产安全中的作用
3	《应急管理部办公厅、财政部办公厅、中国银保监会办公厅关于支持安全生产责任保险参保企业应对新冠肺炎疫情的通知》（2020）	深入贯彻落实党中央、国务院关于新冠肺炎疫情防控工作部署，支持安全生产责任保险参保企业做好疫情防控期间安全生产工作
4	《应急管理部、民政部、财政部关于加强全国灾害信息员队伍建设的指导意见》（2020）	进一步加强全国灾害信息员队伍建设
5	《国务院安委会办公室 应急管理部关于做好当前安全防范工作的通知》（2020）	确保安全生产、防灾减灾和应急处置各项责任措施落实

续表

部门规范性文件		
序号	名称（实施时间）	立法目的
6	《应急管理部办公厅关于印发〈危险化学品企业生产安全事故应急准备指南〉的通知》（2019）	指导危险化学品企业强化生产安全事故应急准备，提高应急管理工作水平，有效防范和应对危险化学品事故
7	《应急管理部、人力资源和社会保障部、教育部、财政部、国家煤矿安全监察局关于高危行业领域安全技能提升行动计划的实施意见》（2019）	重点在化工危险化学品、煤矿、非煤矿山、金属冶炼、烟花爆竹等高危行业企业实施安全技能提升行动计划，推动从业人员安全技能水平大幅度提升
8	《应急管理部关于印发〈化工园区安全风险排查治理导则（试行）〉和〈危险化学品企业安全风险隐患排查治理导则〉的通知》（2019）	深入排查化工园区和危险化学品企业安全风险，提高化工园区和危险化学品企业安全管理水平，有效防范危险化学品重特大安全事故
9	《应急管理部关于印发〈应急管理标准化工作管理办法〉的通知》（2019）	加强应急管理标准化工作，促进应急管理科技进步，提升安全生产保障能力、防灾减灾救灾和应急救援能力，保护人民群众生命财产安全
10	《中华人民共和国应急管理部关于人员密集场所防范重大消防安全风险加强消防安全管理的通告》（2019）	明确人员密集场所，对照整治要求自查自改，行业系统组织排查，消防救援机构加强执法检查
11	《应急管理部关于全面实施危险化学品企业安全风险研判与承诺公告制度的通知》（2018）	严格落实企业主体责任，强化安全风险防控，提高企业安全生产水平，有效防范遏制危险化学品较大以上事故，全力保障人民群众生命财产安全
12	《农业部办公厅关于进一步做好应急管理有关工作的通知》（2017）	进一步加强农业系统应急管理工作，及时有效应对处置各类突发事件
13	《中国保监会办公厅关于进一步加强应急管理工作的通知》（2015）	进一步提高保险业参与灾害救助、应对突发事件的能力和水平
14	《水利部关于进一步加强水利安全生产应急管理提高生产安全事故应急处置能力的通知》（2014）	进一步加强水利安全生产应急管理工作，提高事故应急处置能力

部门规范性文件

序号	名称（实施时间）	立法目的
15	《农业部关于进一步加强农业应急管理工作的意见》（2013）	加强农业应急管理工作，切实提高农业突发公共事件应急处置工作水平
16	《国土资源部地质灾害应急管理办公室关于切实加强汛期地质灾害防治工作的函》（2013）	加强地质灾害隐患点的排查、复查，健全群测群防体系，做好避灾临时安置点、灾后重建选址评估工作，为抢险救灾和灾后重建提供安全保障
17	《国家税务总局关于印发〈办税服务厅突发事件应急管理办法（试行）〉的通知》（2012）	全面加强办税服务厅规范化、标准化建设，提高办税服务厅工作人员处置突发事件的能力
18	《文化部关于印发〈文化市场突发事件应急管理办法（试行）〉及〈文化市场突发事件应急预案（试行）〉的通知》（2012）	加强文化市场突发事件应急管理，有效预防和妥善处置文化市场突发事件，最大限度地减少危害和负面影响
19	《农业部农产品质量安全中心关于印发〈无公害农产品应急管理规定〉的通知》（2011）	健全无公害农产品应急管理工作机制，明确各级无公害农产品工作机构在无公害农产品质量安全突发事件应对工作中的职责，规范无公害农产品应急管理
20	《国家安全生产应急救援指挥中心关于调查安全生产应急管理统计工作有关情况的函》（2011）	进一步提高统计分析质量和统计工作效率，更好地为应急管理工作决策提供可靠依据
21	《国家安全监管总局办公厅关于进一步加强安全生产应急管理培训工作的通知》（2011）	提升生产安全事故应急处置能力，防范和减少因处置不当导致事故扩大造成的人员伤亡和财产损失
22	《交通运输部关于做好极端天气应对工作的紧急通知》（2010）	加强救灾和安全生产以及市场稳定工作
23	《高速公路交通应急管理程序规定》（2008）	加强高速公路交通应急管理，切实保障高速公路交通安全畅通和人民生命财产安全，有效处置交通拥堵
24	《公安部交通管理局关于进一步加强抗震救灾道路交通应急管理工作的通知》（2008）	进一步维护地震灾区道路交通秩序，保障道路畅通和交通安全，保障抗震救灾的顺利进行
25	《国务院国有资产监督管理委员会办公厅关于印发〈国务院国有资产监督管理委员会应急管理工作暂行规定〉的通知》（2007）	进一步规范国务院国有资产监督管理委员会应急管理工作

续表

	部门规范性文件	
序号	名称（实施时间）	立法目的
26	《国家海洋局关于进一步加强海洋灾害应急管理工作的通知》（2005）	充分履行海洋应急管理工作职能，保障人民群众生命财产安全
27	《商务部关于进一步加强市场供应应急管理工作的通知》（2005）	加强市场供应应急管理工作，提高应对突发事件的能力
28	《应急管理标准化工作管理办法》（2019）	加强应急管理标准化工作，促进应急管理科技进步，提升安全生产保障能力、防灾减灾救灾和应急救援能力，保护人民群众生命财产安全
29	《应急救援领域中央与地方财政事权和支出责任划分改革方案》（2020）	优化政府间事权和财权划分，建立权责清晰、财力协调、区域均衡的中央和地方财政关系，形成稳定的各级政府事权、支出责任和财力相适应的制度
30	《"十四五"应急管理标准化发展计划》（2022）	推进应急管理体系和能力现代化
31	《应急管理部工作人员"八个必须"行为规范》（2018）	打造一支对党忠诚、极端负责、作风顽强、业务精湛、纪律严明的应急管理队伍

二、广东省应急管理立法

（一）地方性法规

	地方性法规	
序号	名称（实施时间）	内容
1	《广东省防汛防旱防风条例》（2019）	应急处置、防御准备、防御工程设施建设与管理、保障措施
2	《广东省森林防火条例》（2021）	森林火灾预防、应急准备、检测预警、森林火灾扑救；灾后处置
3	《广东省突发事件应对条例》（2010）	应急处置与救援、恢复重建、评估考核
4	《广东省民用核设施核事故预防和应急管理条例》（2018）	事故预防、应急管理

（二）地方规章

规章		
序号	名称（实施时间）	立法目的
1	《广东省重大生产安全事故隐患治理挂牌督办办法》（2020）	加强重大生产安全事故隐患治理
2	《广东省较大以上火灾事故调查处理信息通报和整改措施落实评估工作办法》（2020）	规范较大以上火灾事故调查处理信息通报和整改措施落实评估工作，及时总结、发现和化解公共消防安全风险，确保全省消防安全形势稳定

三、深圳市应急管理立法

（一）深圳市人大立法

序号	名称（实施时间）	立法目的
1	《深圳经济特区安全管理条例》（1998年，2009年已废止）	加强安全管理、预防事故发生、维护人身和财产安全
2	《深圳经济特区安全生产监督管理条例》（2022年）	加强和规范安全生产监督管理，防止和减少生产安全事故，保障人民群众生命和财产安全，促进经济社会持续健康和高质量发展

（二）深圳市应急管理局规范性文件

深圳市应急管理局规范性文件		
序号	名称（实施时间）	立法目的
1	《深圳市突发事件应急预案管理办法（修订版）》（2016）	规范本市突发事件应急预案管理，增强应急预案的针对性、实用性和可操作性，提高保障公共安全和处置突发事件的能力

续表

深圳市应急管理局规范性文件		
序号	名称（实施时间）	立法目的
2	《深圳市应急管理局关于印发〈深圳市应急管理专家库及入库专家管理服务暂行办法〉的通知》（2019）	充分发挥应急管理专家的决策咨询和技术支撑作用，规范应急管理专家库建设和管理
3	《深圳市应急管理局关于印发〈深圳市应急避难场所管理办法〉的通知》（2019）	规范和加强应急避难场所管理工作
4	《深圳市森林防灭火指挥部关于印发〈深圳市森林火灾应急预案（2020年版）〉的通知》（2020）	健全森林火灾应对工作机制，建立完善统一领导、权责一致、权威高效的应急管理体系，坚持"预防为主、防灭结合、高效扑救、安全第一"方针，按照"打早、打小、打了"原则，及时、科学、有效处置森林火灾，切实提高保障生态安全和人民生命财产安全的能力，最大限度减少灾害损失
5	《深圳市人民政府应急管理办公室关于进一步加强全市应急能力建设的意见》（2018）	构建统一领导、权责一致、权威高效的城市应急能力体系、提升防灾减灾救灾能力，打造安全城市，保障人民群众生命财产安全和社会稳定

附录二　我国应急救援立法概况

一、国家应急救援立法

（一）法律

<table>
<tr><td colspan="3">法律</td></tr>
<tr><td>序号</td><td>名称（实施时间）</td><td>立法内容</td></tr>
<tr><td>1</td><td>《突发事件应对法》（2007）</td><td>预防与应急准备；监测与预警；应急处置与救援；事后恢复与重建；法律责任</td></tr>
<tr><td>2</td><td>《安全生产法》（2021）</td><td>生产安全事故的应急救援与调查处理</td></tr>
<tr><td>3</td><td>《消防法》（2021）</td><td>灭火救援</td></tr>
</table>

（二）行政法规（1~2、4~8 为综合）

<table>
<tr><td colspan="3">行政法规</td></tr>
<tr><td>序号</td><td>名称（实施时间）</td><td>立法目的</td></tr>
<tr><td>1</td><td>《电力安全事故应急处置和调查处理条例》（2011）</td><td>加强电力安全事故的应急处置工作，规范电力安全事故的调查处理，控制、减轻和消除电力安全事故损害</td></tr>
<tr><td>2</td><td>《破坏性地震应急条例》（2011）</td><td>加强对破坏性地震应急活动的管理，减轻地震灾害损失，保障国家财产和公民人身、财产安全</td></tr>
<tr><td>3</td><td>《核电厂核事故应急管理条例》（2011）</td><td>加强核电厂核事故应急管理工作，控制和减少核事故危害</td></tr>
<tr><td>4</td><td>《突发公共卫生事件应急条例》（2011）</td><td>有效预防、及时控制和消除突发公共卫生事件的危害，保障公众身体健康与生命安全，维护正常的社会秩序</td></tr>
</table>

续表

行政法规		
序号	名称（实施时间）	立法目的
5	《铁路交通事故应急救援和调查处理条例》（2012）	加强铁路交通事故的应急救援工作，规范铁路交通事故调查处理，减少人员伤亡和财产损失，保障铁路运输安全和畅通
6	《危险化学品安全管理条例》（2013）	加强危险化学品的安全管理，预防和减少危险化学品事故，保障人民群众生命财产安全，保护环境
7	《重大动物疫情应急条例》（2017）	迅速控制、扑灭重大动物疫情，保障养殖业生产安全，保护公众身体健康与生命安全，维护正常的社会秩序
8	《生产安全事故应急条例》（2019）	规范生产安全事故应急工作
9	《自然灾害救助条例》（2019）	规范自然灾害救助工作，保障受灾人员基本生活

（三）国务院规范性文件

国务院规范性文件		
序号	名称（实施时间）	立法目的
1	《国务院办公厅关于国家综合性消防救援车辆悬挂应急救援专用号牌有关事项的通知》（2018）	保障国家综合性消防救援队伍依法履行职责使命
2	《国务院办公厅关于印发应急救援领域中央与地方财政事权和支出责任划分改革方案的通知》（2020）	充分发挥我国应急管理体系特色和优势，积极推进我国应急管理体系和能力现代化

（四）部门规章

部门规章

序号	名称（实施时间）	立法目的
1	《化学事故应急救援管理办法》（1994）	在发生化学事故时能及时、有效开展事故单位自救与企业间的互救，尽最大可能减少事故的危害和损失，保障化工生产的顺利进行
2	《铁路交通事故应急救援规则》（2007）	规范和加强铁路交通事故的应急救援工作，最大限度地减少人员伤亡和财产损失，尽快恢复铁路运输秩序
3	《民用运输机场突发事件应急救援管理规则》（2016）	规范民用运输机场应急救援工作，有效应对民用运输机场突发事件，避免或者减少人员伤亡和财产损失，尽快恢复机场正常运行秩序
4	《生产安全事故应急预案管理办法（2019 修正）》（2019）	规范生产安全事故应急预案管理工作，迅速有效处置生产安全事故

（五）部门规范性文件

部门规范性文件

序号	名称（实施时间）	立法目的
1	《国家安全生产监督管理总局关于印发〈国家安全生产应急救援指挥中心内设机构主要职责处室设置和人员编制规定〉的通知》（2006）	确定国家安全生产应急救援指挥中心内设机构的主要职责、处室设置和人员编制
2	《国务院安全生产委员会办公室关于贯彻落实国务院〈通知〉精神进一步加强安全生产应急救援体系建设的实施意见》（2010）	切实落实企业安全生产主体责任，加快建设更加高效的安全生产应急救援体系
3	《国家安全生产应急救援指挥中心关于转发〈北京市生产经营单位生产安全事故应急预案演练管理办法（试行）〉的通知》（2010）	加强本市生产经营单位生产安全事故应急预案演练工作，提高生产安全事故预防和应对能力

续表

部门规范性文件		
序号	名称（实施时间）	立法目的
4	《国家安全生产应急救援指挥中心关于印发〈国家安全生产应急专家组管理办法〉的通知》（2012）	规范国家安全生产应急专家组的建设和管理工作，充分发挥专家组在安全生产应急管理和事故救援中的作用，保证专家组有效开展工作
5	《国家安全生产应急救援指挥中心关于借鉴重庆市事故灾难综合应急演练成果进一步强化应急演练提升应急救援能力的通知》（2012）	探索新形势下生产安全事故应急处置和协调联动机制，进一步提高防范和处置生产安全事故能力
6	《国家安全生产应急救援指挥中心关于借鉴新疆危险化学品道路运输事故综合应急演练经验进一步提高安全生产应急预案演练效果的通知》（2013）	丰富全国安全生产应急预案演练周活动，推动安全生产应急预案演练深入开展
7	《国家安全生产应急救援指挥中心关于进一步做好生产安全事故应急处置与救援工作的紧急通知》（2016）	进一步贯彻落实党中央、国务院领导同志关于加强安全生产和事故应急处置与救援工作的重要指示批示精神
8	《国家发展改革委、国家安全监管总局关于印发〈安全生产监管监察能力和矿山应急救援队建设中央预算内投资专项管理暂行办法〉的通知》（2016）	规范和加强中央预算内投资管理，进一步提高中央预算内投资使用效率
9	《住房城乡建设部办公厅关于印发〈国家供水应急救援能力配套设施建设要求〉的通知》（2017）	加快建设进度，按时保质完成国家供水应急救援能力配套设施建设
10	《国家安全生产应急救援指挥中心关于印发〈2018年安全生产应急管理工作要点〉的通知》（2018）	有效提升安全生产应急救援能力，积极推进法规标准体系建设、加快应急救援管理体制改革、健全应急响应工作机制、增强专业应急救援队伍救援能力、强化应急管理工作基础、加强干部队伍能力建设，提高应急管理工作水平
11	《2019年安全生产应急救援工作要点》（2019）	推进安全生产应急救援体制改革，加强安全生产应急救援队伍和基地建设，推进法规标准体系建设，强化应急准备，提升应急救援能力

二、广东省应急救援立法

（一）地方性法规

地方性法规		
序号	名称（实施时间）	立法内容
1	《广东省突发公共卫生事件应急办法》（2003）	突发事件应急工作
2	《广东省突发事件应对条例》（2010）	预防与应急准备；应急处置与救援
3	《广东省安全生产条例》（2017）	应急救援
4	《广东省防震减灾条例》（2017）	地震应急与救援
5	《广东省防汛防旱防风条例》（2019）	应急处置
6	《广东省气象灾害防御条例》（2020）	应急处置
7	《广东省森林防火条例》（2021）	森林火灾预防；森林火灾扑救；灾后处置
8	《广东省动物防疫条例》（2021）	动物疫病预防与控制

（二）地方规章

部门规章		
序号	名称（实施时间）	立法目的
1	《广东省自然灾害救助办法》（2017）	规范自然灾害救助工作，保障受灾人员基本生活

（三）地方规范性文件

部门规范性文件		
序号	名称（实施时间）	立法目的
1	《广东省安全生产监督管理局关于矿山救护队建设与管理的实施办法》（2011）	规范矿山救护队管理，完善矿山救援工作机制，提高矿山应急救援能力，保障矿山企业从业人员生命和财产安全

续表

部门规范性文件		
序号	名称（实施时间）	立法目的
2	《广东省安全生产委员会印发〈关于加强化工园区安全生产工作的指导意见〉的通知》（2012）	防范火灾、爆炸、中毒、泄漏及人身伤亡等各类事故发生
3	《广东省安全生产监督管理局关于进一步加强矿山救援服务工作的指导意见》（2012）	提升广东省矿山救援服务水平
4	《广东省安全生产监督管理局关于〈金属与非金属矿产资源地质勘探安全生产监督管理暂行规定〉的实施意见》（2013）	进一步做好广东省金属与非金属矿产资源地质勘探安全生产监督管理工作
5	《广东省安全生产监督管理局关于〈生产安全事故应急预案管理办法〉的实施细则》（2014）	规范生产安全事故应急预案管理工作，迅速有效处置生产安全事故
6	《广东省突发事件现场指挥官制度实施办法（试行）》（2014）	提高突发事件现场应急处置水平，确保现场指挥统一、有序、高效
7	《广东省突发事件现场指挥官工作规范（试行）》（2016）	规范广东省突发事件现场指挥官工作
8	《广东省安全生产委员会办公室关于进一步加强生产安全事故应急处置评估工作的通知》（2016）	进一步加强生产安全事故应急处置评估工作
9	《广东省人民政府关于印发广东省食品安全事故应急预案的通知》（2017）	建立健全食品安全事故应对机制，有效预防和科学处置食品安全事故，最大限度减少食品安全事故危害
10	《广东省消防救援队伍职业保障办法（试行）》（2020）	提升消防救援队伍职业保障工作水平，增强消防救援人员职业荣誉感，激励消防救援人员许党报国、献身使命
11	《广东省突发公共事件总体应急预案》（2021）	防范化解重大风险，科学应对突发事件，统筹发展和安全，保障人民群众生命财产安全，维护国家安全和社会稳定，推进应急管理体系和能力现代化
12	《广东省人民政府关于印发〈广东省突发环境事件应急预案〉的通知》（2022）	建立健全突发环境事件应对工作机制，科学有序高效应对突发环境事件

三、深圳市应急救援立法

<table>
<tr><td colspan="3" align="center">部门规范性文件</td></tr>
<tr><td>序号</td><td>名称（实施时间）</td><td>立法目的</td></tr>
<tr><td>1</td><td>《深圳市应急办关于进一步加强32个市专项应急指挥部建设工作的通知》（2015）</td><td>提高突发事件应急处置工作能力和效率，进一步加强和改进市专项应急指挥部建设</td></tr>
<tr><td>2</td><td>《深圳市应急办关于进一步加强专项应急指挥部建设工作的通知》（2016）</td><td>加强和改进专项应急指挥部建设</td></tr>
<tr><td>3</td><td>《深圳市重特大突发事件现场总指挥部开设办法》（2017）</td><td>为统筹协调、组织指挥全市重特大突发事件现场抢险救援处理工作、规范现场急指挥部的开设、提升应对处置的效率</td></tr>
<tr><td>4</td><td>《深圳市人民政府应急管理办公室关于加强应急管理宣教培训工作的意见》（2017）</td><td>全面提升应急管理宣教培工作水平，增强全社会预防和应对各类突发事件的能力</td></tr>
<tr><td>5</td><td>《深圳市人民政府应急管理办公室关于进一步加强全市应急能力建设的意见》（2018）</td><td>构建统一领导、权责一致、权威高效的城市应急能力体系，提升防灾减灾救灾能力，打造安全城市，保障人民群众生命财产安全</td></tr>
<tr><td>6</td><td>《深圳市安全监管局关于印发〈生产安全事故应急预案评审和备案工作指南〉的通知》（2019）</td><td>规范危险化学品及工矿商贸企业生产安全事故应急预案评审（论证）行为，统一各区应急预案备案工作标准</td></tr>
<tr><td>7</td><td>《深圳市森林防灭火指挥部关于印发〈深圳市森林火灾应急预案（2020年版）〉的通知》（2020）</td><td>健全森林火灾应对工作机制，建立完善统一领导、权责一致、权威高效的应急管理体系，坚持"预防为主、防灭结合、高效扑救、安全第一"方针，按照"打早、打小、打了"原则，及时、科学、有效处置森林火灾，切实提高保障生态安全和人民生命财产安全的能力，最大限度减少灾害损失</td></tr>
</table>

附录三　德国联邦技术救援署法案（摘译）

修订于 2009 年 7 月 29 日

逯晨雨　译

第一节　组织、任务和权力

（1）德国联邦技术救援署（THW）是一个没有法律行为能力的联邦机构，在联邦内政部的职责范围内有自己的行政机构。其由以荣誉身份服务的志愿者和全职工作人员组成。

（2）德国联邦技术救援署（THW）提供技术支持的情形：

①根据《民防和救灾法》的规定

②代表联邦政府向国外

③应负责灾害控制当局的要求，在灾害控制、突发公共事件和大规模事故的框架内，以及

④第①至第③项公共任务的履行应当通过协议方式承担。

（3）为了能够执行第 2 条所列的任务，德国联邦技术救援署（THW）设立了志愿者单位和机构。由地方协会组织的志愿者具有特殊的公务员身份，这一点由下述规定来明确。

（4）在处理灾害控制、公共紧急情况和大规模事故时，德国联邦技术救援署各单位须服从请求当局的技术指令。在这些情况下，志愿者们的权力由指令及行动控制的法律责任决定。

第二节　志愿者

（1）本法所称志愿者是指自愿承诺以荣誉身份在德国联邦技术救援署（THW）服务的个人。

（2）志愿者们必须执行分配给他们的任务并服从官方命令。他们应根据其职责要求接受培训和后续培训。一般来说，培训活动应该在通常的工作时间之外进行。

（3）允许根据任务、培训和支持的需要收集和处理志愿者的个人数据。

（4）志愿者如果有违反公务的行为或者不再适合执行任务，可以解除其职务。兹授权联邦内政部以法律条例的形式，就志愿者服务合同的订立、内容和终止制定详细规则，而无须征得联邦参议院的同意。

第三节　社会保障

（1）为德国联邦技术救援署（THW）服务的承诺和这种职责的履行不得损害雇员的雇佣关系、社会和失业保险以及职业养老金计划。在其正常工作时间参加任务或培训活动的员工，在参加上述任务／培训活动期间应当脱离工作岗位，同时继续领取如果他们没有参与这些任务／培训活动时应得的报酬。德国联邦技术救援署提供的服务不应影响社会保险、失业保险和职业退休金计划中的保险合同。第1句和第2句应相应适用于公务员和法官。

（2）如果损失的时间段每天超过两个小时或两周内超过7小时，提交相关申请的私营部门雇主必须得到整个持续支付报酬期间的补偿，包括他们对社会保障体系、联邦就业局和职业养老金计划的缴款。经申请，还必须补偿雇主在雇员因病而丧失工作能力期间根据法律规定继续向其支付的任何报酬,但前提是上述丧失工作能力是由于在德国联邦技术救援署(THW)工作所致。第1句和第2句应相应适用于德国邮政股份有限公司、德国邮政银行股份有限公司和德国电信股份有限公司的公务员。

(3)经志愿者申请,其因在德国联邦技术救援署(THW)工作而产生的任何必要的现金支出,应当得到补偿。对于自营职业的志愿者,对于其可以提供初步证据证明的任何收入损失应依申请予以补偿。联邦内政部可根据第1句和第2句的规定制定补偿的最高限额和一次性支付要求。

(4)领取联邦就业局的福利、国家福利援助和其他公共基金的福利或薪酬的志愿者必须继续领取如果不在德国联邦技术救援署(THW)服务就可以享受的任何福利。

(5)经志愿者请求,其因在德国联邦技术救援署(THW)服务而造成的财产损失必须得到充分的补偿。如果受伤害的人故意或因严重过失造成损害,则应排除这种补偿要求。受伤害的人对第三方提出的赔偿要求应在联邦政府支付的赔偿金额范围内转给联邦政府承担。

(6)在部署到国外的情况下(第1节第2条第2款),如果志愿者遭受的意外事故或疾病可归因于部署国家的特有情况,且该情况对志愿者构成特殊危险,即使是在志愿者的工作范围之外,《发展援助志愿者法案》第10条、第16条也相应适用。

(7)在根据本法第1节第2条第2款的条款进行雇佣的情况下,适用《联邦薪酬法》第56节,第43节第1、2、5至7条的规定;《公务员福利法》第43a节第1至第4、第6条以及第46节第4条也相应适用。

(8)联邦政府应被授权通过法律条例的方式,为德国联邦技术救援署(THW)的成员和志愿者提供本法第1节第2条第2款规定的技术援助,通过比照适用《公务员福利法》第31a节和第46节第4条,并考虑到法定事故保险福利，对政府官员的事故赔偿进行安排。该法律条例不需要联邦参议院的批准。

（9）本法所称"雇员"一词，是指白领、蓝领工人以及为其职业培训而雇用的工作人员。

第四节　参与

志愿者们参加德国联邦技术救援署的各级活动。相较于联邦机构主管部门，他们的利益应得到当选发言人的保障。德国联邦技术救援署的各组织由地方和州委员会以及联邦委员会提供咨询。进一步的细节在联邦内政部发布的法律条例中规定，该法律条例不需要联邦参议院的批准。

第五节　咨询委员会

应在联邦内政部设立一个由联邦政府、州政府、地方当局、贸易和工业中央协会的代表以及德国联邦技术救援署联邦协会组成的咨询委员会，就有关德国联邦技术救援署的政策事项向该部提出建议。进一步的细节将在联邦内政部发布的程序规则中规定。

第六节　成本

（1）德国联邦技术救援署根据第1节第2条第3款提供行政援助时，可向申请机构收取行政费用。如果申请机构无权从受益人处获得费用补偿，德国联邦技术救援署可放弃其主张。

（2）如果在本法第1节第2条第3款所列的任何情形下提供技术援助，并且不符合行政援助的条件，德国联邦技术救援署可以向造成危害或损害的任何人要求赔偿其费用，如果危险是由物品造成的，则可向该物品的实际控制人、合法所有人或有权处分该物品的人索赔。

（3）特此授权联邦内政部以法律条例的形式，在未经联邦参议院同意的情况下，明确规定德国联邦技术救援署评估、核算和开展救济行动的程序，并规定这方面的固定费率。出于公平或公共利益的考虑，上述法律条例可以允许全部或部分放弃偿还的权利。

附录四　志愿人员和组织的责任与豁免

逯晨雨　译

本章讨论了志愿人员和组织对第三方的责任，组织对志愿人员的责任，以及法律赋予志愿人员的义务和行为准则。此外，本章涉及豁免权，特别是豁免是否适用于志愿人员和（或）组织。由于例子丰富，考虑到各国通过的关于志愿服务的立法以及特别关注的内容，它们被分成若干小组和次小组。还应注意的是，在不同司法管辖区，责任产生的方式可能有所不同。在采用大陆法系的国家，责任可能来自立法，而在其他国家，责任可能来自法规和／或普通法中的侵权概念。

1　有应急志愿服务立法的国家

1.1　志愿人员和组织在应急方面的刑事责任

禁止行为清单——菲律宾

在菲律宾，《2010 年减少灾害风险和管理法》列出了一系列与灾害和紧急情况有关的禁止行为。它规定，任何实施被禁止行为的个人、团体或公司都将被追究责任并受到惩处。在这些应受惩罚的行为中，有一些涉及滥用救济物品（包括买卖用于人道主义援助的救济物品）；一些涉及导致财产损失、生命丧失、设施严重损坏和资金滥用的玩忽职守行为；一些涉及代表其他人道主义实体的个人或组织非法招揽行为；以及故意使用虚假数据来支持紧急援助或生计项目的资金、救济物资、设备或其他援助商品请求的行为。

　　惩罚条款的适用似乎不以任何特定时间为条件（例如宣布紧急状态之

后），而是以该法禁止的某些行为为条件。不过，发生这种行为的可能性通常与人道主义危机有关。志愿人员和组织都可能被追究责任。处罚范围包括罚款和／或 6 ～ 12 年的监禁。如违法者是公司、合伙企业或协会或其他法律实体，则在不影响政府取消或撤销该实体的许可证或认证的情况下，对其各自的主管人员进行处罚。

该法案包含并可能涉及国际志愿人员的另一个重要特点是：如果罪犯是外国人，除了该法案规定的处罚外，他／她在服刑后应被驱逐出境，而不再进行进一步审理。

除了禁止这种行为外，通过与灾害／紧急情况有关的惩罚条款立法的结果是提高组织、个人和其他人对其义务的认识。

1.2 紧急情况应对中的豁免权

志愿人员因善意的行为而获得豁免权——巴基斯坦和南非

在巴基斯坦，《2006 年旁遮普省紧急服务法案》规定，志愿人员为行使与紧急情况有关的职能而善意犯下的行为或不作为，不应导致该志愿人员个人遭受"任何法律诉讼、责任、索赔或要求"，而且任何此类诉讼或索赔"应得到旁遮普省应急服务的辩护和赔偿"。

在南非，《2002 年灾害管理法》规定：

"部长、国家中心、省或市灾害管理中心、为国家中心或省市灾害管理中心借调或指定的雇员、国家中心或省市级灾害管理中心的代表，或任何其他根据本法案而行使权力或履行职责的人，不对根据本法规定或为促进本法的目标而善意作出的任何事情负责。"

虽然这里使用的文字并没有明确提到志愿人员，但该法在其他地方确实涉及志愿人员，因此这一条款也可解释为涵盖在紧急情况下行动的志愿人员。

豁免条款不包括志愿人员——赞比亚

在某些国家，尽管通过了有关灾难中志愿服务的立法，但豁免条款并不包括志愿人员。赞比亚的情况就是如此。该国《2010 年灾害管理法》提到了适用于不同委员会和小组委员会（技术委员会、省委员会、地区委员会和卫星委员会）成员的豁免，但这无法使志愿人员得到保护，因为他们不是这些机构的成员。因此：

"不得就出于善意或为履行、行使本法所赋予的任何权力、职能或职责而作出或未作的任何行为或事，对委员会或小组委员会的成员提起诉讼或其他程序。"

关于给予志愿人员豁免权的好处的辩论

特别是在诉讼频繁的国家，对志愿人员的法律保护可以鼓励个人的参与并创造一个有利的环境。

然而，给予在紧急情况下行动的志愿人员豁免权并不是一项受到一致欢迎的措施。罗斯坦（2010）在文献中，特别针对在该国紧急情况下行动的美国卫生从业者，强烈反对这个举措。他认为"在突发公共卫生事件中给予志愿医生豁免权的法律有歧视穷人的效果，有可能会破坏社会稳定，并可能破坏紧急情况下的公共卫生干预措施"。

在罗斯坦看来，这种豁免权是对正规医生和志愿医生的区别对待。正规医生在现有的医疗系统框架内有偿工作，可能治疗"顾客"（有保险或有物质手段支付服务的病人）；而志愿医生可能会被分配去治疗医疗系统之外的、没有能力支付医疗费用的人。他认为，虽然第一组患者可以就医疗事故提出索赔，但如果适用这种豁免，第二组患者如果也是医疗事故的受害者，就无权提出同样的索赔。因此，豁免权提供了这样一个信息，即因不合格医疗服务而受到伤害的非付费患者没有法律追索权。相反，罗斯坦建议政府应负担志愿医生的渎职保险或补偿医生因其服务而引起的任何索赔。无论如何，他认为，即使关于紧急情况的索赔可能很少，特别是由贫穷的病人提出的索赔，但对所有病人保持相同的法律保护标准是很重要的。罗斯坦强调，应该在鼓励卫生从业者的志愿服务和确保病人在紧急情况下得到充分的治疗之间寻求平衡。尽管他提出了值得讨论的重要观点，但人们必须考虑他的论点是否也适用于拥有不同于美国的医疗体系的国家，例如，拥有覆盖所有个人的全民医疗体系的国家。

1.3　志愿人员在应急响应中受伤／死亡时的补偿问题

虽然不同司法管辖区的灾害立法都提到了志愿人员的作用，但在许多情况下，如果志愿人员受伤或死亡，是否向其提供补偿并不明确。

菲律宾

在菲律宾，《2010年减少灾害风险和管理法》规定，任何志愿人员在从事与灾害和紧急情况有关的活动时发生伤亡，应有权获得补偿性福利和个人意外保险。

该法律的实施细则和条例表明，调用ACDV的政府机构、民间社会组织、私营部门或地方政府单位应负责向ACDV提供保险和必要的福利。

这项规定特别加强了对志愿人员在紧急情况下的法律保护。然而它只适用于ACDV，即由政府当局认可的志愿人员类别。因此，以前没有获得这种身份的志愿人员似乎并不包括在内。成为ACDV的条件在负责处理灾害和紧急情况的机构发布的准则中有规定（见《第10121号共和国法案的实施细则和条例》第6节第9条）。

赞比亚

赞比亚在其《2010年灾害管理法》中也有类似的规定，其中有涉及灾害中志愿人员的语言，即："(2)总统可通过法定文书制定条例：……(b)对志愿人员在根据本法提供志愿服务期间的任何残疾或受伤的补偿程序、标准、类型和补偿的确定作出规定……"

南非

南非也有类似的规定，尽管措辞不那么明确。《2002年灾害管理法》规定："部长可制定与本法案不相抵触的规定，规定从议会为此目的拨出的资金中，向任何依本法之规定受委托执行职务而造成死亡、身体伤害或伤残的人或其扶养者提供补偿。"

该规定所使用的语言允许在制定法规方面有一定程度的自由裁量权，

而且该条款中没有明确提及志愿人员。但可将其解释为包括在紧急情况下行动的志愿人员。

2 仅有一般志愿服务立法的国家

2.1 志愿人员对第三人的责任

尼加拉瓜

尼加拉瓜的《志愿服务法》载有一项一般性规定，该规定可能导致志愿人员对第三人承担责任，在紧急情况下也可能如此。它将志愿活动中对受益人权利的尊重列为志愿人员的义务之一。根据这一规定，志愿人员必须尊重并遵守他们所参与的组织发出的指示，以便适当开展规定的活动。

马其顿

在马其顿，2007 年《志愿服务法》指出，根据《义务关系法》的规定，志愿人员在志愿服务期间或与志愿服务有关的过程中对第三方造成损害的，有义务对该方进行赔偿。此外，对于不赔偿第三方损害的志愿人员，应处以 50 至 200 欧元的罚款。这里值得注意的是，志愿人员负有明确的赔偿义务。

2.2 组织对第三人的责任

布基纳法索

在布基纳法索，如果志愿人员在履行职责过程中或与履行职责有关的过程中对第三方造成损害，国家志愿服务法规定，志愿组织应承担责任。虽然法律对这一具体问题未作规定，但该条款可能适用于紧急情况。

志愿组织随后可向故意或因重大过失而伤害第三方的志愿人员寻求赔偿。因此，该突出强调的条款在保护志愿人员、志愿组织和第三方方面取得了平衡。

2.3 组织对志愿人员的责任

2.3.1 保险和赔偿义务

马其顿

在马其顿，2007 年《志愿服务法》参照《义务关系法》的规定，指出各组织有义务对志愿人员在志愿服务期间的或与志愿服务有关的损失进行赔偿。此外，对不赔偿志愿人员损失的组织应处以 500 至 1000 欧元的罚款。

虽然这一规定将通过另一部法律得到充分具体化，但它已经明确规定了各组织必须在志愿人员受到损害时对其进行赔偿的原则。

尼加拉瓜

在尼加拉瓜，《社会志愿服务法》虽然不是专门针对紧急情况的志愿服务，但包含了一些在这方面可能相当有意义的条款。其中一个例子是，志愿组织有义务确保其志愿人员在发生事故、残疾或死亡的情况下获得医疗服务，并承担丧葬费用和因从事志愿活动而直接导致的疾病医疗支出。志愿人员也有权在因从事志愿活动而发生事故或疾病时，从其组织处获得免费的全面医疗服务。

莫桑比克

在莫桑比克，《志愿服务法》规定，如果志愿人员在从事志愿服务过程中发生事故或患病，有权获得赔偿、津贴、养老金和其他法律规定的福利。另一项相关规定指出，凡是在自愿基础上采取的行动可能危及志愿人员的生命、人身安全或在某种程度上使其处于危险之中，该组织必须提供一份涵盖志愿人员所面临的所有风险的保险单。

这些规定似乎与在紧急情况下从事志愿工作的人有关。

2.3.2 应对增加的健康及安全风险的义务

尼加拉瓜的《志愿服务法》载有与健康和安全问题有关的一般性规定，但没有具体提及紧急情况。该法规定，志愿人员的权利包括能够根据这些任务的性质和特点,在采取一切适当的健康和安全措施情况下执行任务。同样,各组织必须确保志愿人员在健康和安全的条件下开展活动,并为他们提供开展活动的必要资源。

然而,研究指出,各国(其中包括尼加拉瓜)在执行关于志愿人员的现行立法方面都存在困难。人们必须明白,关于这个问题的立法的通过并不一定等于实际情况的真正改善。

2.3.3 制定应急计划的义务

在玻利维亚,《志愿服务法》规定,在紧急情况下开展工作的组织有义务制定应急计划,并告知志愿人员在灾害的不同阶段应采取的程序。

这项规定确保志愿人员做好准备以应对此种情况。

2.4 志愿人员对组织的责任

2.4.1 志愿人员的一般责任

在马其顿,2007 年《志愿服务法》规定,志愿人员在进行志愿服务时,如果故意或因过失给组织造成损害,必须提供赔偿。此外,对不赔偿这种损害的志愿人员,将处以 50 至 200 欧元的罚款。

该条款只关注涉及故意或过失的行为,从而保护了因其他原因造成损害的志愿人员。在紧急情况下,无意中给组织造成损害(因路况不佳导致的汽车故障等)的志愿人员有可能得到保护。

2.4.2 告知组织损害事实的义务和相应的豁免权

马其顿

马其顿 2007 年《志愿服务法》在志愿人员的义务中列出了一项要求,即向组织告知他们所熟知的,可能对组织、志愿人员个人或第三方造成损害的有害后果。该法进一步指出,如果志愿人员事先已将这种损害性后果告知该组织,他们将不对所造成的损害负责。

在紧急情况下,这项规定似乎也很有意义,因为在这种情况下,当地志愿人员可能更熟悉该国的特殊情况(例如禁区或不利于紧急救援的地区)。他们可能会接触到需要提请组织注意的内部信息,以便组织相应地调整援助救济行动。

3 制定了一般立法的国家

3.1 志愿人员对第三方的责任

在处理志愿人员对第三方的责任问题时,许多国家没有志愿服务相关立法。上述责任通常来自于《民法》和/或《刑法》中的一般个人责任条款。

印尼

印度尼西亚就是其中一个例子,《印度尼西亚刑法》第531条规定:"凡目睹他人面临紧急危险,而没有提供力所能及的帮助、没能合理判断自己及他人所面临危险程度的人,如果造成需要帮助的人死亡,则应受到至多三个月的监禁或300盾的罚款。"

如果志愿人员的行为导致第三方死亡或受伤,也会引起刑事责任。

此外,对于第三方因志愿人员的行为而遭受的损失和损害,也可能引发民事责任。这是一种基于侵权行为的责任,需要证明过错。《印度尼西亚民法典》第1365条对侵权行为进行了规定,该条规定如下:"一方当事人实施侵权行为,给另一方当事人造成损害的,应当赔偿所造成的损失。"

巴西

在巴西,志愿人员对第三方的责任也来自于一般立法,特别是《巴西民法典》规定:"一个人由于作为或不作为、疏忽或轻率,侵犯了他人的权利并对他人造成伤害,即使只是精神上的伤害,也是一种非法行为。"

因此,必须考虑到不同的因素,即:

可归咎于志愿人员的作为或不作为;

志愿人员的过错或特定意图;

行为与造成的损害之间的关系;

以及对是否实际造成第三方损害事实的评估。

关于刑事责任，《巴西刑法典》的适用范围如下："在可能不冒个人风险的情况下，未能向被遗弃或走失的儿童、残疾或受伤的人，或处于严重和紧迫危险中的无助者提供援助，或在这种情况下没有请求公共当局提供援助：

处罚——拘留1至6个月或罚款。

如果不作为造成严重的身体伤害，则刑罚增加一半；如果造成死亡，则刑罚增加至三倍。"

因此，只要有可能在没有个人风险的情况下帮助处于危险中的人，志愿人员就应该这样做，否则将面临惩罚。

此外，专门的志愿人员（例如医生）必须遵守适用于其领域的特定规则，例如《医疗职业道德守则》。

卡塔尔

在卡塔尔，一般责任规则也包括志愿人员对第三方的责任。根据一般民事责任的规定："每一个给他人造成损害的过错，行为人都有义务进行赔偿。"

因此，如果满足以下条件，就可以追究志愿人员对第三方的民事责任，即：

存在过错；

造成损害；

损害与过错之间存在因果关系。

卡塔尔《民法》还规定了个人对其任何非法行为的责任。

虽然没有明确规定志愿人员对第三方的注意标准，但某些法律，包括《CDD法》，规定了"救援义务"："任何人，即使他/她不是志愿人员，也被认为有责任提供他/她所能提供的援助，而且是在有必要的领域提供民防所需的援助。"

还可能产生刑事责任："任何故意不向因公共安全事故而人身或财产面临重大危险的人提供帮助的人，且不提供援助的人有能力提供这种帮助并无须担心提供这种帮助会有任何个人危险，应处以不超过3年的监禁和不超过10000卡塔尔里亚尔约合2700美元的罚款，或其中任一刑罚。"

卡塔尔刑事法院指出，要引起刑事责任，必须同时具备三个犯罪要素，即：

犯罪的实质要素（表现为积极地作为或不作为）；

法律要素（表现为行为的应受法律惩罚性）；

主观要素（表现为故意或过失），实施此种行为的人将承担刑事责任。

法国

在法国，民事责任法的一般规定同样适用于志愿人员与第三方之间的关系，特别是以下内容："有过错者就其对他人造成损害的任何行为，应当予以赔偿。"

民事责任是由受害者必须确定的三个要素引发的：

损害；

过错（损害行为）；

损害与过错之间存在因果关系。

根据《民法》第1382条，人们必须为其因过错而对他人造成伤害的行为支付赔偿。损害行为可以是对他人造成侵权的积极的作为（实际的行动或行为）、不作为或轻率的行为。行为的不法性由法官根据导致损害的具体情况来评价。

消防员的责任由法国一般性法律规定，而他们的行为则根据适用于其职业的规定进行评估。他们有特定的尽职义务。

医务人员和医生受规定有尽职义务的特定法律约束。这意味着医生必须使用一切必要和合理的手段来抢救或治愈病人。只有在医生有过错的情况下才可以要求医生承担责任。为确定医务人员是否存在过失，法官会考虑医生操作的物质条件和环境，进而评估导致损害的具体情况。

在法国，对志愿人员没有特定的或强化的注意义务，即使在紧急情况下也是如此。此外，即使是在ORSEC的行动框架下，志愿人员也没有特别的救援责任。

然而，他们仍然需要承担帮助遇险者的一般责任，即："在不危及自身或第三方的情况下，任何人如果能够立即采取行动防止针对他人的重罪或轻罪却故意不这样做，将被处以5年监禁和75000欧元的罚款。在不危及自身或第三方的情况下，任何有能力却故意不向处于危险中的人提供援助或发起救援行动的人，也将受到同样的处罚。"

志愿人员的刑事责任也可能来自以下一般规定："凡自愿不采取或不主动采取对自己或第三方没有风险的措施以抗击可能危及他人安全的自然灾害者，将被处以两年监禁和30000欧元的罚款。"

这些规定尤其与在紧急情况下执行民事安全任务的志愿人员有关，因为他们有可能接触到处于危险中的人。然而，我们必须考虑到法官对这一问题的考虑，以及下文解释的其他刑法规定。

向处于危险中的人提供帮助的责任被称为"尽职义务"。它适用于受到某些实际威胁和面临真正危险情况的个人。救援的尝试必须是必要和立即的。然而，只要在特定情况下采取了一切可能的措施，就没有承担救人结果的义务。如果潜在的救援者因可能会带来过大的风险而没有采取行动/进行干预，则可以获得谅解。此外，如果在当时的情况下已尽最大努力救援，那么救援失败也不会受到惩罚。

由法官决定介入并造成损害的救援者的行为是否与威胁的严重性相称。一般认为，按照训练行事的志愿人员的行为与威胁的严重性是相称的。根据刑法典中的免责条款："在面对对其本人、他人或财产的当前或迫在眉睫的危险时，如果他/她采取了确保其人身或财产安全的必要行为，则此人无须承担刑事责任。其所使用的手段与威胁的严重性不相称的情况除外。"

如果此人客观上知道情况很危险却没有试图阻止，则任何不作为都将受到惩罚。对危险的现实性判断错误，不会导致定罪。

澳大利亚

在论述志愿人员对第三人的民事责任的主要来源之前，澳大利亚法律对救助义务的规定值得人们注意。一般来说，人们没有义务帮助陌生人。在 Hargrave 诉 Goldman 一案中，Windeyer 法官认为："……法律没有规定一个人有义务去帮助另一个处于非他引起的危险或困境中的人。救援可能是基于人道主义呼吁而产生。法律认可一点，因为当救援者响应这一呼吁时，法律给予他保护。但法律并不要求他这样做。当邻居的房子失火时，我们没有义务去帮助他。"

尽管没有一般的救助义务，但在一些例外情况下，处于"特殊关系"中的人可能有义务帮助他人。学校教师、医生和监狱官员被认为处于这种"特殊关系"中，他们分别有责任照顾他们的学生、病人和囚犯。不提供急救或不安排提供急救，可能构成过失。

如果一个人的职责包括在工作中提供急救，此人可能有义务协助同事，也可能还有工作场所的访客。医生由于其专业地位和培训，也可望在紧急情况下提供协助。1992年《医疗实践法》（新南威尔士州）第36条规定，医生在本可以提供帮助的情况下没有提供帮助，即为"不合格的职业行为"。

如果一个人决定协助另一个人，即使法律上没有如此要求，他也应采取与此人的培训相应的护理标准。然而，澳大利亚法院似乎赞同这样一种观点，即紧急情况往往需要救援者在超出正常经验的情况下立即采取行动，而救援者的行动和不行动之间的差别可能是生死攸关的问题。因此，即使事后看来另一种行动可能更合适，他们也不愿意认定动机良好的救援行动是过失的。

法院一贯认为，如果所遭受的损害是满足救援需要的"自然而可能的后果"，则救援者的行动，即使是过失，也不足以打破因果链：Haynes诉Harwood案。

在澳大利亚，侵权行为法是志愿人员对第三方承担民事责任的主要来源，最有可能涉及过失或非法侵入指控。侵权行为是一种需要向原告支付赔偿的民事不法行为。与紧急状态法有关的侵权行为包括攻击、非法侵入和过失。"攻击"被定义为"任何对他人的触碰，无论多么轻微"。考虑到救援或急救涉及对他人的触碰，那理论上就有可能引发攻击的法律责任。然而，这在实践中似乎不太可能，因为如果被救者同意，就不存在攻击行为。因此，只要志愿人员的行为适当，没有过度使用武力，就不存在攻击责任。

非法侵入货物涉及直接和故意干涉他人的财产，而非法侵入土地则是"未经占有者同意或其他合法理由，直接和故意进入或停留在他人占有的土地上，或使某些物体接触到该土地"的行为。应急志愿人员经常为了实施救援而干扰伤者的财产和/或土地。除非能够为他们的行为找到其他合法的理由（如有效行使法定权力），或者他们属于在紧急情况下授予志愿人员的法定保护范围（见下文），否则他们就有可能承担非法侵入的责任。

最后，在紧急情况下，过失是最有可能对志愿人员提起诉讼的原因。原告以过失为由要求赔偿的，必须证明服务机构和/或个人（应急志愿人员）对他/她负有注意义务，救援人员在当时的情况下没有采取合理的行动，因此，他/她受到了伤害。确定是否存在引起过失责任的注意义务是一个复杂的问题。澳大利亚法院认为，原告与被告之间必须存在"接近"关系，而且必须合理地预见被告的作为或不作为会使原告受到伤害。一般来说，澳大利亚法院可能会认为，救援人员（包括紧急情况下的志愿人员）对其在紧急情况下帮助的人负有注意义务。

在考虑是否违反注意义务时，法院会考虑以下因素。

a. 损害风险的程度；

b. 损害发生的可能性；

c. 避免损害的费用、困难和不便；

d. 被告可能承担的其他相互冲突的责任；

e. 特定行为的社会效用或价值。

值得注意的是，在澳大利亚的一些司法管辖区，已经通过立法来限制在什么情况下可以认定一个人因过失而违反了注意义务。例如，在新南威尔士州，一个人如果没有采取措施保护另一个人免受伤害，就不属于过失，除非就受伤的风险而言：

a. 是可以预见的；

b. 并非无关紧要的；

c. 一个理性人在同样的情况下会而且能够采取一些行动来减少或避免这种风险。

在判断一个人是否在应急反应中存在过失时，澳大利亚法院承认，在紧急情况下人们往往会面临可能超出其经验的情况，并处于危险、紧急和 / 或个人风险的环境中。在 Leishman 诉 Thomas 一案中，法院认为："如果一个人不是危机或紧急情况的始作俑者，却发现自己面临需要立即采取某种行动的情况而在所谓的'当下的痛苦'中判断失误，则不应被指控为过失。"

在 Wallis 诉 Albany 一案中，法院认为救援人员"在紧急压力下行事，对其行为的合理性应从宽判断"。然而，如果在所有情况下，救援者的行为都低于一个合理的救援者所能被合理预期的标准，他 / 她仍然可以被认定为过失。

在另一个相关案件中，Wests 夫妇起诉新南威尔士州，指控农村消防局在应对火灾方面存在过失。Penfold J 说："例如，可以这么说，任何社区成员都没有普通法上的义务，以特定的方式管理农村消防服务，以特定的方式分配资源，比如为消防设备拨款，或就特定的火灾发布或不发布特定的授权；但在某些情况下……农村消防部门可能对某一特定的土地所有者负有普通法上的义务，因为农村消防队人员在进行消防活动时进入了该土地。"

他的结论是，原告或许可以就农村消防部门的过失提出异议。

澳大利亚对志愿人员的法定保护不适用于其相关行为或不作为构成刑事犯罪的情况。应急工作人员（包括志愿人员）可能会根据其所在州的刑法被起诉。这些罪行主要包括杀人、重伤、攻击和盗窃。同时，对罪名的指控必须证明救援人员有犯罪的意图，或就某些罪行而言，存在鲁莽行为。

然而，普通法中的危急情况抗辩可能与之相关。它适用于一个人必须在遵守法律和看到造成伤害之间作出选择，或通过违法将伤害降到最低。要适用这一辩护理由，必须证明被告的行为没有超过当时情况下的合理需要，而且造成的伤害与要避免的伤害并不相称。

3.2　组织对第三方的责任

本节强调了各组织对第三方的责任，以及在某些情况下，可能对实施了导致这种责任行为的志愿人员进行追索诉讼。

法国

尽管志愿人员与协会之间不存在从属关系，但法国判例法已经确定了"前置关系"的存在，允许第三方根据以下法律规定起诉协会要求其承担替代责任："一个人不仅要对他自己的行为所造成的损害负责，而且要对他所负责的人的行为或由他保管的物品所造成的损害负责。"

协会对志愿人员以其名义实施的行为负有替代责任。第三方足以确定志愿人员的过错。但是，如果志愿人员的过错是由于不能归咎于协会的不当行为造成的，则协会不承担责任。在这种情况下，志愿人员必须对第三方进行赔偿。另一方面，在法国，刑事责任是个人责任，因此，任何人都不能为他人的行为而承担刑事责任。如果第三方在刑事法院起诉志愿人员，志愿人员不能援引替代责任。因此，只有在协会参与造成损害的情况下（如下达实施犯罪的命令），协会才会承担刑事责任。在这种情况下，志愿人员和协会都要承担责任。但在实践中，这种情况不太可能发生。

印尼

在印度尼西亚，没有关于组织对第三方责任的明确规定。在大多数情况下，责任遵循《民法》和《刑法》的一般责任规则。

此外，只有在发生冲突时，组织才可以对志愿人员采取行动，因为在冲突中，志愿人员被认为侵犯了现行法律法规中所规定的组织的权利。最后，志愿人员可能会赔偿组织因其行为而遭受的损失和损害。

卡塔尔

在卡塔尔，与紧急情况有关的规则并不涉及组织对第三方的责任问题。因此，应适用责任的一般规则。

根据民事责任的规定，委托人对其代理人在履行任务过程中造成的损害承担责任。如果委托人对其代理人的任务进行控制和监督，无论代理人如何选择，其对于委托人都是一种从属关系。到目前为止，还没有任何资料表明志愿人员承担过民事责任。

关于刑事责任，《刑法典》第37条规定，除部委、其他政府机构、公共组织和机构外，法人对其代表、经理和代理人为其工作或以其名义所犯的罪行负有刑事责任。他们可能会被处以罚款和任何其他被认为适当的次级处罚。如果法律规定的主要处罚是罚款以外的其他处罚，那么最高罚款为500000卡塔尔里亚尔（约137300美元）。

但是，这并不妨碍犯罪者个人受到法律规定的惩罚。在这种情况下，如果该组织已获得法人资格（如上所述），它可能要对其代表、经理和代理人为其工作或以其名义工作的行为负责。然而，没有明确规定志愿人员被视为其所在组织的代表、经理或代理人。此外，必须注意到，没有任何资料表明，曾有任何司法案件有关于志愿活动中协会的刑事责任。

卡塔尔法律也没有明确规定组织对志愿人员采取行动的可能性，但是，组织在取得法人资格后，它有权起诉，也可以被起诉。

此外，《民法》第210条载明，对他人行为负有责任的人有权起诉该他人，要求其支付全部金额，作为对其所犯非法行为的赔偿。

因此，在组织不得不为其志愿人员的非法行为支付赔偿金后，原则上没有任何办法可以阻止已取得法人资格的组织起诉其志愿人员。根据志愿人员的行为，该组织可以根据《民法》第199条的规定追究志愿人员的民事责任，符合上述条件的，可以依法追究志愿人员的刑事责任。

巴西

在巴西，如果志愿人员违反了志愿人员与组织之间的协议条款，或者由于责任一般原则的适用，组织可以得到志愿人员的赔偿。事实上，《志愿服务法》第 2 条表明，志愿人员与组织之间需要签订正式协议，其中包括志愿人员应遵守的所有规则以及分配给他们的任务。

因此，如果各组织能够证明志愿人员的行为违反了协议，并且这种行为给组织造成了经济损失，就可以起诉志愿人员个人。

责任的一般规定也适用。根据这些规定，如果一个人不当地损害了他人的权利或给他人造成损害，他／她有义务进行修复。由于志愿人员可被视为其组织的代理人，任何对他人造成伤害的行为都可能导致该组织承担责任。这种责任源于 2002 年《巴西民法典》第 932 条第 3 款：

"第 932 条　民事损害赔偿责任包括：……三、雇主或委托人，对其雇员、受雇人和代理人在执行分配给他们的工作时或因其工作而造成的损害承担责任。

尽管如此，因其志愿人员行为不当而被第三方起诉的组织，可随后起诉其志愿人员。"

最后，如果志愿人员的可责备行为与分配给他们的任务无关，各组织可免除第三方责任。在此，志愿人员可能对第三方承担个人责任。

澳大利亚

在澳大利亚，各组织可以根据普通法中的替代责任原则或根据特定的法律规定对其志愿人员的过失承担责任。

替代责任原则适用于代理法，只要代理人当时是在其授权范围内行事，"委托人"就应对代理人的过失承担替代责任。

虽然这一原则通常适用于雇主与雇员的关系，但志愿人员很可能被视为其组织的代理人。他们通常在组织的监督和指导下行事，并以代表组织的形象出现，往往穿着该组织的制服，操作该组织的设备等。假设在此基础上可以确定代理权，那么只要他们是在授权范围内行事，组织就应对他们的过失承担替代责任。这一点在 Duncan v Trustees of the Roman Catholic Church of the Archdiocese of Canberra and Goulburn 一案的裁决中得到了确认，Higgins 法官指出，"替代责任并不只是与受薪雇员和代理人的行为有关，它也适用于志愿人员"。

在一些州，如维多利亚州和南澳大利亚州，志愿人员享有法定豁免权。

因此，正常情况下应由志愿人员承担的任何责任都由其组织承担。这就是所谓的"雇主责任"原则。这表明，法定豁免权只适用于志愿人员个人，且赋予受害方因志愿人员的过失而向社区组织索赔的权利以法定效力。

在新南威尔士州，情况有些不同，因为 2002 年《民事责任法》第 3C 条规定："本法的任何规定，凡是排除或限制一个人对某一侵权行为的民事责任的，同时也排除或限制另一个人对该侵权行为的替代责任。"因此，社区组织可以像志愿人员个人一样，从给予志愿人员的法定保护中受益。除非社区组织被认定为违反了自己的注意义务，否则志愿人员个人和组织均不承担向受伤人员支付损害赔偿的责任。

在维多利亚州，根据 1958 年《不法行为法》第 39（3）条，社区组织因其志愿人员"代表州行事"时的过失而产生的任何责任都被视为州政府本身的责任。这可能涉及政府将某方面的应对工作委托给非政府组织的紧急情况。2002 年《ACT 民法》第 10（2）条中的一项类似规定，使澳大利亚首都地区（ACT）政府有权承担履行被认为是"政府责任"职能的社区组织的责任。

根据联邦立法，志愿人员所承担的任何责任，除法定保护外，均规定为联邦的责任。有关的志愿人员必须协助联邦回应根据本条款对其提出的任何索赔。

3.3　组织对志愿人员的责任

印尼

在印度尼西亚，没有具体规定组织对志愿人员的责任。但是，根据《劳动法》的规定，它一般遵循雇主对其雇员的责任。根据 2003 年关于人力问题的第 13 号法律（第 13/2003 号法律），只要志愿人员正式与组织签订协议，履行特定职责，那么各组织就充当雇主。

工作场所立法，如 1970 年关于职业安全的第 1 号法律的规定，一般适用于志愿人员。各组织通常对志愿人员负有注意义务，该注意义务要根据具体情况来确定。

在志愿人员受伤／死亡的情况下，组织没有对志愿人员及其家属进行赔偿的一般性义务。这是因为志愿人员是自愿在紧急情况／灾难中提供协助的。不过,各组织可能会采取一些政策以提供补偿。

卡塔尔

在卡塔尔,关于组织和协会的法律没有具体提及组织对志愿人员的责任。同样,也没有适用于组织对其志愿人员所负的注意义务的确切法律标准。作为一般性原则,第 2/2005 号决定所附的组织章程范本第 63 条规定,对于组织雇员内部规章未作规定的事项,应适用劳动法。然而,由于志愿人员没有报酬,他们不符合《劳动法》规定的雇员资格,因此,《劳动法》的规定原则上不应适用于他们。判例法对这一特殊问题没有规定。至于工作场所立法,特别是卫生及安全立法是否适用于志愿人员,似乎存在类似的处理办法,即《劳动法》的规定原则上不适用于志愿人员。尽管如此,各组织将在安全和有利的工作环境中工作的权利列为志愿人员的权利之一。

如果志愿人员在从事民防活动中受伤 / 死亡,《民防法》第 10 条规定,应按照适用于民防工作人员的规定或按照适用于其最初职业的规定获得赔偿。二者中应选择更有利于志愿人员的规定。

就其他志愿活动而言,对于志愿人员受伤 / 死亡的赔偿,以及志愿人员死亡对其家属的赔偿,未有明确规定。可以说,赔偿将以民事和 / 或刑事责任的一般规则为基础。

巴西

在巴西,各组织对志愿人员的责任遵循《民法》中的一般责任规定(特别是已经强调过的第 186 条),如果活动对志愿人员造成损害,例如由于志愿服务在危险地区进行,或者组织没有为志愿人员提供足够的装备来保护自己(防弹衣、头盔、手电筒等),无论有无过错,组织都应根据《民法》第 927 条的规定承担责任,并负有赔偿义务。

"第 927 条 因实施侵权行为(第 186、187 条规定)给他人造成损害的,有义务予以补救。在法律规定的情况下,或在行为人通常进行的活动就其性质而言意味着企图侵犯他人权利时,无论有无过错,都有义务修复损害。"

此外,在志愿人员受伤或死亡的情况下,一旦确定了志愿组织的行为或活动与造成志愿人员的损害事实之间存在因果关系,根据《巴西宪法》第 5(V)条,组织就有义务对志愿人员进行赔偿,如果志愿人员死亡,还可能对其亲属进行赔偿。一个这样的例子是,如果志愿组织在志愿活动进行期间没有努力尽量减少可能对志愿人员造成影响的健康和安全风险。

适用于赔偿责任的法定时效遵循《民法》第 206 条第 3 款第 5 项规定的适用于民事赔偿责任的一般时限，该时限限制了提出民事赔偿请求的期限为三年。在以下三种情况下可以排除责任：

a. 他人排他性过错；

b. 不可抗力；

c. 偶然事件。

在发生的损害与个人行为无关的情况下，当事人提出损害索赔时，就会发生他人的排他性过错。当其行为与有害结果之间没有关系时，就不存在责任认定。"不可抗力"免责事由是指通常由特殊的自然现象（飓风、风暴等）引起的不可预测事件，这些事件不以人的意志为转移，且影响无法阻止。最后，"偶然事件"的免责事由是指与人类意志有关的可预测却无法避免的事件。大罢工就是这样一个例子。

法国

在法国，由于协会与其志愿人员（通过默许协议）或志愿人员（通过书面合同）之间存在合同关系，志愿人员在执行任务时受到的任何物质、肉体或精神伤害，均可由协会承担责任。

Benevoles（无报酬纯慈善志愿人员）

慈善志愿人员可通过证明存在默示同意协议（convention d'accord tacite）来承担协会的责任。这种协议对执行任务的协会有约束力。根据判例法，如果慈善志愿人员在执行任务过程中受到任何物质、身体或精神伤害，可以对其进行赔偿。慈善志愿人员不需要证明协会有过错，只需证明任务与所受损害之间存在因果关系即可。 事实上，协会对其志愿人员负有安全责任，该责任要求协会采取一切合理的手段保护其志愿人员。

慈善志愿人员还可以根据《法国民法典》第 1382 条和第 1384 条的规定，要求协会承担责任。根据这些条款，受害人必须证明该协会有过失，而且该过失与所受损害之间存在因果关系。

Volontaires（志愿人员）

关于志愿人员，由于书面合同已经确立，只要证明损害发生在其代表协会进行的活动期间即可。因此，志愿人员没有必要证明协会存在过错。同样的解决办法也适用于慈善志愿人员。若受害人因自身过失或不可抗力而造成损害，协会也应负责赔偿。安全责任也适用于过失的情况。如果协会没有使用一切可用的手段来确保其志愿人员的安全，则可能会被追究责任。

协会对其慈善志愿人员和志愿人员负有安全责任。如上所述，协会对其成员造成的任何伤害或死亡负有责任。

一般来说，协会的管理人员如果代表社团并在其职责范围内行事，则不承担责任。只有在他们超越其权力、超越其目的或其行为与协会的正常运作无关的情况下，才可追究协会的责任。

官员必须密切监督协会的运作，并对其行政管理进行适当控制。因此，管理人员旷工或对协会和（或）其成员的活动缺乏兴趣，可能构成过失，从而有可能使管理人员承担责任。在死亡或受伤的情况下，协会的责任可能会扩大到家属，因为他们遭受了物质和／或精神损害。除上述情况外，不要求对慈善志愿人员或志愿人员的伤亡进行赔偿。

在法定时限和免责条款方面，没有关于志愿人员责任的规定。

澳大利亚

根据普通法，雇主有责任采取合理的预防措施，以防止其雇员受伤。这种注意义务的标准很高，因为在这种关系中，雇主从其雇员提供的服务中获得经济利益。虽然志愿人员和组织所从事的工作未必如此，但各组织仍然对其志愿人员负有注意义务，必须对他们的安全和福利给予合理的照顾。如果不这样做而导致志愿人员受伤，各组织有责任赔偿损失。

除了各组织对志愿人员负有的这一普通法上的注意义务外，还适用工人补偿和职业健康与安全法的具体要求。

例如，澳大利亚各州和地区的工人赔偿立法规定，雇主有义务向因工受伤或患病的雇员支付福利。雇主还必须为雇员购买工伤赔偿保险以承担这一责任。

但是，澳大利亚志愿人员通常无权领取工人在志愿活动过程中受伤或患病的补偿福利。志愿人员在紧急情况下所从事的许多工作都存在着风险，这是一个重大的问题，也说明很有必要为受伤的志愿人员提供其他保险。不过，志愿人员不在工伤赔偿范围内的一般原则也有一些例外。在一些司法管辖区，某些类别的志愿人员被视为雇员，并可获得员工补偿。在新南威尔士州,《1998年工伤管理和工人补偿法案》规定,志愿丛林消防员和救护人员被视为雇员。在维多利亚州,从事紧急活动时受伤的紧急志愿人员有权获得赔偿。协助维多利亚州政府机构的其他类别的志愿人员,例如志愿学校/学生工作者和协助警察的志愿人员,被认为是为官方进行活动的工作者。

此外,一些司法管辖区为某些类别的志愿人员规定了特定的工人补偿福利。例如,新南威尔士州为志愿丛林消防员、应急服务人员、救援协会工作人员和冲浪救生员制定了特别补偿计划。该计划还包括对消防员和紧急救援人员的车辆、设备、衣服等的损坏赔偿。

在健康和安全方面,我们必须注意到,直到最近,澳大利亚大多数职业健康和安全立法的重点是雇主为其雇员提供安全工作场所的义务。例如,在新南威尔士州,《2000年职业健康与安全法》(新南威尔士州职业健康与安全法)的既定目标是:

a.保障和促进工作人员的健康、安全和福利;

b.为工作人员促成一个安全和健康的工作环境,保护他们免受伤害和疾病,并适应他们的心理和生理需要;

c.确保确定、评估、消除或控制工作场所的健康和安全风险。

《职业健康与安全法》第8节规定,雇主必须确保所有在职雇员的健康、安全和福利。这种义务包括:

a.确保员工的工作系统和工作环境安全,没有健康风险;

b.提供为确保雇员的健康和工作安全所必需的信息、指导、培训和监督;

c.为在职雇员提供适当的福利设施。

《职业健康和安全法》允许对未能提供安全工作场所的雇主进行刑事处罚。在极端的情况下,所施加的刑事处罚可能非常重,可能包括对严重违反安全规定负有责任的高级管理人员的监禁。受伤的雇员可以就违反这一法定义务的行为要求赔偿损失。

虽然到目前为止,《职业健康和安全法》对有别于雇员的志愿人员的适用性还尚不明确,但2012年1月1日,当统一的《工作健康和安全法》在澳大利亚所有州和地区生效时,这种情况将有所改变。根据新的立法,澳大利亚所有司法管辖区的志愿人员将享有与雇员相同的职业健康和安全保护。

所有从事"企业或事业"的组织都有责任确保工人(包括志愿人员)的健康和安全,并为他们提供必要的信息、培训和监督。

新南威尔士州的工作保障局和其他州的相应机构在起诉雇主时可以相当积极。根据《职业健康和安全法》提出的成功起诉,会使得雇主无法保证不受处罚。虽然有些保险单可能包括为这些起诉进行辩护的法律费用,但不包括所施加的惩罚。预计新规定将大力加强对志愿人员的保护。

4　志愿人员的行为豁免权

志愿人员可以获得与他们从事的活动有关的特定豁免权。这种保护在不同的司法管辖区存在差异。

印度尼西亚和卡塔尔

在印度尼西亚和卡塔尔,没有适用于志愿人员的豁免条款。

巴西

在巴西,关于志愿服务的法律没有规定任何豁免权。不过,某些一般性法律规定虽然严格来说不属于豁免,但也可以作为违法理由或免责事由适用于志愿人员。《民法》第188条规定:"不构成非法行为:I-(那些)为自卫或合法行使公认的权利而实施的行为;II- 为消除危险而使无关的东西恶化或破坏,或对人造成伤害。就第2款而言,该行为只有在情况绝对必要时才合法,而且该行为不得超过消除危险所需的限度。"

另一方面,根据《刑法》第23条:"23- 行为人实施以下行为,不构成犯罪:I-在必要的情况下;II- 自卫;III- 严格履行法定义务或行使普通权利。过当行为应予处罚。在本条的任一前提中,行为主体都对恶意或过失实施的超过必要限度的行为承担责任。"

法国

根据法国法律,慈善志愿人员、志愿人员、消防员、其他医务人员均不享有任何特殊免除或豁免权。判例法对独自行动或国家要求其帮助完成可能会对自己或第三方造成损害的公共服务任务的人员给予特别保护。这种保护形式基于"临时公共服务伙伴"(collaborateur occasionnel de service public）的概念，根据这一概念，有效参与公共服务活动的人可被视为公务员的公共代理人。在当局要求经批准的协会根据ORSEC计划行事时，这一点尤其重要。即使在没有命令或国家与志愿人员之间没有任何实际联系的情况下，它也适用于民事责任，例如，如果有人试图阻止小偷而对他人造成损害，或者医生从气体中毒中救出某人时受伤。国家必须赔偿临时服务伙伴在行为期间对第三方或本人造成的任何损害。然而，为了使"临时公共服务伙伴理论"适用，必须满足某些情况，即有关"伙伴"的参与必须是适当、有效和必要的。虽然干预必须是短期和/或偶然的，但只要是有用的，就可以适用该理论。因此，只要当事人能够证明他/她是一名临时服务伙伴，无论是否有过错，都适用国家责任，因为它属于"无过错"责任制度。

然而，遭受临时伙伴造成的损害的第三方必须证明临时伙伴的过错才能适用国家责任。换言之，临时伙伴的过错引起国家责任的产生。第三方可以不要求消防员承担赔偿责任，而是要求国家承担赔偿责任，因为消防员是代表国家完成公共服务任务的。实践中，尽管没有强制投保，但上述机构还是为此类事故投保了适当的保险。

澳大利亚

在澳大利亚，自2001年以来，联邦和所有州及地区都通过了保护志愿人员在某些情况下免于承担责任的立法。大致相似的是，这些法律保护自愿参加"社区组织"开展的活动的志愿人员免于承担个人责任，但有一些明确的例外。

例如，南澳大利亚州《2001年志愿人员保护法》第4条规定："［⋯⋯］志愿人员对于其为社区组织开展社区工作时善意而非轻率的作为或不作为，不承担个人民事责任。"

"社区组织"的定义因州和地区而异，但一般包括政府机构和非政府组织。同样，所有关于"社区工作"的定义都提到了"仁爱"或"慈善"工作或"为促进社区的共同利益而工作"。因此，参加应急响应的志愿人员将受到保护，而免于承担个人责任。

联邦志愿人员保护法的保护对象仅限于为联邦政府或其下属机构工作的志愿人员。根据《2003年联邦志愿人员保护法》，如果是由联邦或机构组织的善意、自愿的工作引起的，则不产生个人责任。

志愿人员法定豁免的例外情况在各管辖区大致相同。在大多数地方，志愿人员在下列情况下无权获得保护：

a.酒精或娱乐性药物严重损害了志愿人员的合理谨慎和使用技能的能力；

b.该志愿人员的行为超出了有关社区组织授权的活动范围，或违反了社区组织的指示；

c.志愿人员当时的行为构成刑事犯罪；

新南威尔士州和昆士兰州的立法为社区组织的志愿服务人员提供了具体的保护。然而，只要他们所做的工作没有报酬，其他州和地区为普通志愿人员提供的保护似乎也会涵盖这些人员。

一般来说，志愿人员只有在能够证明他们是"善意"行事的情况下才会受到保护。澳大利亚各地的志愿人员保护立法都使用了这一表述（除了澳大利亚首都地区的立法使用"诚实"一词外）。根据《麦考瑞词典》，"善意"的意思是"目的诚实或声明真诚：依善意行事"。在消防专员委员会诉 Ardouim 一案中，高等法院认为，"善意"指的是"没有任何间接或不正当动机"的行为。因此，当提供紧急援助的人的真实意图是帮助伤者时，他/她的行为是善意的。即使志愿人员的行动不合理，他/她也有可能是本着善意行事。

在南澳大利亚和北部地区，志愿人员还必须"小心谨慎"地行事。这是一个比较严格的检验标准，因为如果志愿人员愚蠢行事，即使他们当时是善意的，也会失去法律保护。

除了给予志愿人员法定保护外，所有州和地区都对"好撒玛利亚人"实行法定保护，尽管在澳大利亚对他们采取法律行动几乎是闻所未闻的。2002 年，澳大利亚对过失法律进行了一次重大审查，建议不引入《好撒玛利亚人法》："由于目前在确定过失问题时考虑到了紧急情况的需要和'好心人'的技能，因此，完全免除好心人因过失而被诉的可能性是不必要的，实际上也是不可取的。如果完全豁免在紧急情况下提供帮助的责任，会使个人责任的天平过于偏向干预者，而不利于需要帮助者的利益。我们认为，没有令人信服的理由支持这种豁免。"

不过，澳大利亚各地现在都有《好撒玛利亚人法》，这主要是过去十年法律改革的结果。除昆士兰外，澳大利亚所有司法管辖区的立法大致一致。

"好撒玛利亚人"一般被定义为本着善意,在不期望得到报酬的情况下,对受伤者进行救助的人。他／她可能具有或不具有医疗资格,但他／她提供的援助不是其正常工作或专业职责的一部分。"好撒玛利亚人"在为伤者提供帮助时,任何善意的作为或不作为,都可免于承担个人责任。在一些司法管辖区,例如南澳大利亚、西澳大利亚和塔斯马尼亚,有关保护特别延伸至对伤者提供的建议,可能包括电话建议。至于志愿人员保护,在一些司法管辖区,还有一项额外的要求,即"好撒玛利亚人"必须能够证明他／她的行为"小心谨慎"。

这种保护有各种例外,例如,"好撒玛利亚人"由于受到酒精或药物的影响而没有行使合理的照顾,或者其是导致该人受伤的当事人。

在昆士兰州,免责保护比较有限,因为它只适用于在事故现场或附近,或在伤者被运离事故现场时,由医务人员在紧急情况下提供的医疗护理或援助。这种援助必须是在不期望收取费用或其他报酬的情况下提供的,而且医务人员必须本着诚意行事,不得有重大过失。

一些立法中规定了消防部门的具体保护措施。例如,在新南威尔士州,1989年《消防队法》第78条规定:"……消防队任何成员……所做的事项或事情,如果是出于善意为了执行本法或任何其他法律的规定,则不会使该个人或机构受到任何诉讼、责任、索赔或要求。"

这项立法与新南威尔士州《紧急救护服务法》不同,因为它免除了消防队本身的责任。

关于新南威尔士州农村消防局(主要由志愿消防员组成),新南威尔士州《农村火灾法》(1997年)第128条规定:"受保护的个人或机构(农村消防队的任何成员)所做或没有做的事情,如果是依善意为了执行本法或任何其他法律的规定,则不会使该个人或机构受到任何诉讼、责任、索赔或要求。"

附录五 ×× 应急救援条例（草案）

第一章 总 则

第1条【立法目的】 为了控制、减轻和消除自然灾害和事故灾难（以下简称突发事件）引起的危害，规范应急救援行动，提升应急救援能力，保护人民生命财产安全，根据有关法律、行政法规的基本原则，结合 ×× 实际，制定本条例。

第2条【适用范围】 ×× 范围内的自然灾害和事故灾难的应急救援活动，适用本条例。

×× 范围内公共卫生事件和社会安全事件应对中涉及应急救援的，可以参照本条例的有关规定执行。

第3条【应急救援工作机制】 应急救援应当坚持人民至上、生命至上；坚持党委领导、政府负责、社会协同、公众参与，遵循分级处置、属地管理、部门联动、快速反应、科学救援的原则，及时控制、减轻和消除突发事件引起的危害。

第4条【政府职责】 市、区人民政府应当加强应急能力建设,做好各项应急准备工作,提高突发事件的预防和应对管理能力。

市、区人民政府应当完善应急救援的体制机制,强化日常应急准备,提高应急处置水平。

市、区人民政府应当建立和完善突发事件应对的联动机制,加强应急救援的部门联动、区域联动和军地联动。

第5条【部门职责】 市、区人民政府设立突发事件应急领导机构,统一领导突发事件应急救援工作。应急管理部门负责统筹自然灾害和事故灾难的应急救援工作。

市、区人民政府根据突发事件责别设立专项应急指挥机构,组织、指挥、协调相应突发事件的应急处置工作。涉及多种突发事件的应急处置工作,由突发事件应急领导机构指定专项应急指挥机构牵头负责。

其他有关部门在各自法定职责范围内或者应急预案规定的职责范围内参与应急救援工作。

第6条【分级应对】 市人民政府统筹做好较大及以上突发事件的应急处置工作。

区人民政府应当加强基层应急救援能力建设,妥善处置一般突发事件,做好较大及以上突发事件的先期处置、综合保障和善后处置等工作。

第7条【社会动员和公众参与】 市、区人民政府应当建立突发事件应急处置的社会动员机制,增强全社会风险防范意识,提升全社会的避险能力和公众自救互救能力。

行业主管部门应当加强应急知识宣讲和技能培训,提升公众的应急意识和自救互救能力。

突发事件发生后,企事业单位、群团组织、社会组织和个人应当采取避险、自救互救等必要措施,服从政府统一指挥和调度,配合应急救援工作。

社区基层组织、股份合作公司、物业服务企业、驻社区单位等应当为应急救援工作提供必要的协助。

第二章　应急准备

第8条【应急预案】 应急管理部门应当统筹推动建立和完善应急预案体系。市、区应急管理部门负责编制市、区总体应急预案。有关部门、企事业单位和社会组织应当根据风险评估情况,科学编制专项应急预案和本单位应急预案。

第9条【应急演练】 应急预案编制单位应当定期组织综合演练、专项演练等各类应急演练。

应急预案编制单位应当对应急演练进行评估,并根据演练情况和评估结果修订和完善应急预案。

第10条【应急救援队伍的建设和扶持】 市、区人民政府应当建立和完善由国家综合性消防救援队伍、专职消防队、专业应急救援队伍和社会应急力量等组成的应急救援力量体系。

市、区人民政府应当建立保障机制,督促有关政府部门和单位落实应急救援人员的工资、福利、补助、保险等相关待遇。

市、区人民政府在经费、场地、装备等方面采取措施,扶持和促进各类应急救援力量发展。

第11条【经费保障】 市、区人民政府应当为应急救援工作提供充足的经费保障,根据应急救援工作需要,及时划拨、分配和使用应急保障资金。

第12条【应急物资和应急装备】 市、区人民政府应当根据本区域可能发生的灾害、事故的特点和危害,储备必要的应急物资,配备必要的应急装备。市、区人民政府应当建立统一的信息平台,提升应急物资和应急救援装备的信息化管理水平。

企业、事业单位应当储备与本单位风险相适应的应急物资,配备必要的应急装备。

鼓励家庭和个人储备一定品种和数量的应急物资。

第13条【科技化支撑】 市、区人民政府应当推动先进技术和研发成果的转化应用,促进应急产业发展,提高应急救援的科技化水平。

第14条【监测预警】 市人民政府应当建立和完善统一的监测预警平

台,提升监测预警能力,加强对城市各类风险隐患的监测,及时发布预警信息,并采取相应的应对措施。

负有自然灾害防治职责的部门应当加强对自然灾害信息的收集、分析和研判,提高自然灾害风险监测的及时性和准确性。负有安全生产监督管理职责的部门应当加强对生产经营单位的监督管理,强化日常监管,提高实时监测能力,预防安全事故的发生。

第 15 条【应急指挥平台】 市人民政府应当建立应急指挥平台,提高应急处置和应急救援的辅助指挥决策能力和救援实战能力。

第 16 条【基础设施建设】 市人民政府编制国土空间规划时,应当统筹考虑突发事件应对工作需要,规划和建设应与急救援相关的基础设施,合理确定应急避难、紧急医疗救治、中转安置等场所。

第 17 条【标准建设】 市人民政府应当推动应急能力标准化建设,建立和完善与应急救援相关的标准体系。

第 18 条【区域合作】 市、区人民政府应当加强应急救援的区域合作,建立信息通报、资源共享、队伍支援等合作机制,提升跨区域突发事件的应急救援协作能力。

第三章 先期处置

第 19 条【第一响应人】 ×× 建立应急第一响应人制度,在重点行业领域和人员密集场所设立应急第一响应人。应急第一响应人是应急救援力量体系的辅助力量,自愿自发参与突发事件现场疏导、自救互救、信息收集和报告等先期处置工作。

应急第一响应人培训、考核、管理等相关制度,由市应急管理部门另行制定。

第 20 条【单位自救】 突发事件发生后,有关单位应当立即疏散、撤离、安置遇险人员,组织开展自救和互救工作,采取防止危害扩大的必要措施,同时向区人民政府和有关部门报告。

发生突发事件的单位应当及时向周边单位和人员通报突发事件信息。

第 21 条【互救】 事件发生地的有关单位和人员应当为应急救援工作

提供必要的便利,并在各自能力范围内积极参与突发事件的互救工作。

鼓励具备资质或者能力的个人在确保自身安全的情况下,积极参与突发事件的互救工作。

第 22 条【属地责任】 突发事件发生后,事件发生地的街道办事处应当立即组织开展应急处置,并向区人民政府和有关部门报告。

街道办事处应当迅速采取措施控制事态发展,做好人员疏散、秩序维护、物资保障等工作,组织群众开展自救和互救工作。

第 23 条【先期处置控制事态发展】 先期处置可以控制事态发展、消除现场隐患的,街道办事处应当向区人民政府和有关部门报告先期处置情况,组织做好善后工作。

第 24 条【事态严重情形】 先期处置不能有效控制事态发展、消除现场隐患的,街道办事处应当及时向区人民政府和有关部门报告。

第四章　现场指挥和救援

第 25 条【事件研判和启动响应】 接到街道办事处有关突发事件的报告后,区人民政府和有关部门应当第一时间赶赴现场。

发生较大及以上、影响较大或者社会关注度较高的突发事件时,市应急管理部门和其他有关部门应当第一时间赶赴现场,全面研判突发事件的性质、风险、发展态势等,按照应急预案启动相应级别的应急响应,提出应急救援方案。

第 26 条【现场处置工作内容】 市、区人民政府和有关部门应当根据突发事件的性质、特点、危害程度和影响范围等因素,采取下列一项或者多项应急救援措施:

(一)组织抢救遇险人员,救治受伤人员,转移、疏散和安置受威胁人员;

(二)对事态发展和风险进行初步评估,迅速消除现场隐患,及时采取措施防止事态扩大和发生次生、衍生事件;

(三)加强交通管制和治安管理,合理设置警戒区和应急通道,维护现场秩序;

(四)采取各类必要的工程措施;

（五）采取其他控制事态发展、减少生命财产损失的必要措施。

第 27 条【开设现场指挥部的情形】 有下列情形之一的，应当开设现场指挥部：

（一）应急救援持续时间较长的；

（二）应急救援工作涉及多个部门，需要部门联动和协调的；

（三）应急救援难度较大或者事态可能恶化的；

（四）现场环境复杂或者受影响范围较大的；

（五）需要开设现场指挥部的其他情形。

市级现场指挥部成立后，下级现场指挥部并入市级现场指挥部。

第 28 条【现场指挥部的选址】 在确保安全的前提下，现场指挥部按照靠前指挥、交通便利、尽量减少对群众生产生活的影响等原则进行选址。

发生严重自然灾害不适合开设现场指挥部的，可以由专项应急指挥机构在办公场所组建指挥中心，承担现场指挥部职责，指挥协调开展应急救援工作。

自然灾害导致出现多个灾害现场的，可以由专项应急指挥机构组建统一的指挥中心，指挥协调开展应急救援。

第 29 条【现场指挥部组成】 现场指挥部由总指挥、副总指挥和各工作组组长组成。总指挥、副总指挥和各工作组组长的岗位设置和职责权限原则上根据专项应急预案确定，并可以根据突发事件应急救援工作实际需要进行调整。

现场指挥部实行总指挥负责制。

第 30 条【现场指挥部职责】 现场指挥部统筹安排各类应急资源，研究确定应急救援方案，决定和批准应急救援中的其他重大事项。

第 31 条【划定区域】 现场指挥部可以根据现场情况识别危险源，划定危险区、警戒区等相关管控区域，采取物理隔离等必要措施，禁止无关人员进入管控区域。

第 32 条【不得妨害救援】 任何单位和个人应当服从现场指挥部的统一指挥，不得以任何方式妨害应急救援工作。

现场指挥部下达转移、疏散命令的，有关单位和个人应当按照命令立即转移、疏散。

第33条【参与应急救援的队伍】 现场指挥部应当根据突发事件的类别、等级、危险程度、潜在影响、发展态势等,决定参加应急救援的队伍范围,并发布参加应急救援的命令。

应急救援队伍抵达现场后,应当立即向现场指挥部报告,服从现场指挥部的统一调度和指挥,开展应急救援工作,并及时向现场指挥部报告应急救援情况。

第34条【应急救援的科学性】 现场指挥部应当对现场进行动态评估,并根据评估情况和事态发展,调整和完善应急救援方案。

现场指挥部充分利用高科技装备和手段,提升应急救援的效能。

第35条【减少救援中伤亡的措施】 应急救援过程中,现场指挥部根据有关情况采取必要措施,降低对救援人员和有关人员的人身伤害,减少财产损失。

第36条【次生、衍生事件的防范】 应急救援人员应当密切关注现场救援情况和事态发展,采取必要的风险防范措施,防止发生次生、衍生事件。

第37条【临机处置措施】 突发事件现场出现未知或者新发情形的,救援人员可以采取必要的临机处置措施,并及时向现场指挥部报告。

第38条【应急救援中止和恢复】 事态变化可能影响救援人员人身安全或者可能造成其他严重后果的,现场指挥部可以决定中止救援,并组织救援人员撤离现场或者就近避险。

现场指挥部可以根据现场情况扩大管控范围,严格限定进入管控范围的人员数量,管控有关人员的行为,采取防止风险扩大的必要措施。

妨害救援的情形已经消除或者得到控制的,应当全部或者部分恢复救援行动。

第39条【请求支援】 有下列情形之一的,现场指挥部可以请求支援:

(一)现有应急救援措施不能消除突发事件严重后果或者不能控制突发事件发展的;

(二)救援人员数量不足的;

(三)应急救援物资短缺、救援装备缺乏或者救援设施不足并难以自行解决的;

（四）其他需要支援的情形。

第 40 条【救援升级】 应急救援难以有效控制事态发展的，现场指挥部应当提请市、区人民政府采取响应升级的措施。

突发事件造成的危害程度超出深圳应急处置能力的，可以由市人民政府报请上级人民政府请求支援。

第 41 条【信息发布】 现场指挥部应当及时向社会发布救援现场状况、救援进展情况等信息，并做好公众沟通工作。

任何单位和个人不得伪造、编造、传播与突发事件和应急救援相关的、未经证实的虚假或者误导性信息。

市、区人民政府和有关部门发现影响或者可能影响社会稳定、扰乱社会管理秩序的虚假或者误导性信息的，应当在其职责范围内发布准确信息，澄清事实。

第 42 条【社会动员】 现场指挥部可以根据事态发展，采取下列社会动员措施：

（一）要求有关生产经营单位组织生产、供应应急物资和装备，并按照市场价格采购；

（二）鼓励和引导单位和个人为应对突发事件捐赠物资和提供其他支持；

（三）其他必要的社会动员措施。

第 43 条【征收征用】 经有关人民政府批准，可以征收、征用单位和个人的财产用于应急救援。

第 44 条【岗位要求】 应急救援期间，人民政府和有关部门负责人、工作人员等应当按照法律规定和应急预案的要求，坚守工作岗位，履行法定职责，不得逃岗、脱岗。

第五章　应急救援结束

第 45 条【救援结束的情形】 有下列情形之一的，现场指挥部可以提出结束应急救援的建议：

（一）完成应急救援任务的；

（二）突发事件和次生、衍生事件造成的威胁和危害得到控制或者消除的；

（三）经专家研判可以结束应急救援的其他情形。

履行统一领导职权的市、区人民政府或者专项应急指挥机构认为可以结束应急救援的，应当发布结束命令，并撤销现场指挥部。

第46条【后续必要措施】 决定结束应急救援的，现场指挥部可以指定留守人员，采取必要措施，防止事件反复或者发生次生、衍生事件。

第47条【救援队伍撤离】 结束救援行动的，救援队伍应当及时清点人员和装备，经现场指挥部同意后有序撤离。

第48条【资料存档和利用】 现场指挥部应当准确、完整记录救援现场的相关情况并形成文档资料。应急救援结束后，现场指挥部应当将文档资料移交给专项应急指挥机构。

专项应急指挥机构应当保存文档资料，并对文档资料进行汇总和分析，用于调查评估、恢复重建等工作。

第49条【救援行动的复盘和评估】 应急救援结束后，专项应急指挥机构应当对应急救援行动进行复盘，评估应急救援效果，并将其纳入突发事件调查报告。

第50条【征收征用财产的返还及补偿】 被征收、征用的财产在使用完毕后，应当及时返还单位和个人。

财产被征收、征用或者征收、征用后毁损、灭失的，批准征收、征用的有关人民政府应当给予公平、合理的补偿。

第51条【对第三人财产的补偿】 为开展应急救援导致第三人财产毁损、灭失的，有关人民政府应当给予公平、合理的补偿。

责任主体的违法行为导致突发事件发生的，责任主体应当对第三人财产的毁损和灭失承担赔偿责任。

第52条【救援后健康检查】 参加风险性或者危害性较大的现场应急救援的，应急救援结束后，有关部门应当对救援人员进行身体健康检查，并提供心理健康服务。

有关部门应当对事故现场可能造成人身伤害的物质进行检测，评估其对救援人员的影响，并及时将评估结果告知救援人员。救援人员受到人身伤害的，有关部门应当及时予以救治。

第53条【自行承担救援费用】 有下列情形之一的，有关主体自行承担救援费用：

（一）有关主体的违法行为导致事件发生的；

（二）有关主体的违法行为导致事态严重或者损失扩大的；

（三）有关主体拒不执行疏散、撤离命令或者疏散、撤离后返回灾害、事故现场的；

（四）有关主体存在其他不当行为的。

不存在责任主体、责任主体无力承担救援费用或者救援费用无法追缴的，由人民政府协调解决。

第六章　应急救援保障

第54条【社会秩序保障】 公安机关应当根据救援现场情况，依法采取有效管控措施，维护社会秩序。

第55条【后勤保障】 现场指挥部应当根据救援人员数量、突发事件严重程度、区域范围等因素，协调突发事件发生地的人民政府供应充足的后勤保障物资，并及时调拨和分配。

第56条【供水供电保障】 供水供电部门应当为现场指挥部、救援现场和受灾人员集中安置点等场所提供用水和用电保障。

第57条【资料数据保障】 事发单位和个人应当及时为现场指挥部提供事件处置应急预案、重大危险源和重点防护目标应急分布图、现场基础地理信息图、应急资源分布图等基础资料和数据。

现场指挥部调取与突发事件有关资料和数据的，掌握资料和数据的有关单位和个人应当配合提供。

第58条【专家保障】 市、区人民政府、街道办事处或者有关部门应当建立应急管理专家库。

现场指挥部可以组建现场专家团队，参与事件研判、应急处置和现场救援等工作。

现场专家团队应当包括具有应急救援经验的实务型专家。

第59条【通信保障】 通信管理部门应当健全应急通信保障体系，指导通信运营企业完善应急通信保障网络，为应急救援提供安全通畅的通信服务。

第60条【交通保障】 公安交通管理部门应当对参加应急救援的各类

车辆给予通行便利。在确保安全的前提下,参加应急救援的车辆不受行驶路线、行驶方向、行驶速度、信号灯和停驻位置等限制。

参加应急救援的车辆按照国家有关规定享受通行费减免、优先通行等便利。

任何单位和个人不得干扰参加应急救援车辆的通行。

第61条【医疗服务保障】 卫生健康部门应当完善突发事件医疗救治联动机制,统筹医疗救治资源,为应急救援提供医疗物资、技术和人员保障。

第62条【气象服务保障】 气象部门应当为应急救援提供气象监测和预报服务。

第63条【救援人员防护】 现场指挥部应当对高辐射、高污染等特殊现场的危险点和风险源进行适时检测,为救援人员提供必要的防护物资和装备。

救援现场的放射性、污染性、致病性等物质可能污染救援装备和防护物资的,应当委托专业机构对救援装备和防护物资进行检测和评估,并根据检测结果决定报废和补充。

第七章 法律责任

第64条【行政机关及有关人员责任】 市、区人民政府,有关部门和单位工作人员不依法履行应急救援工作职责的,由其所在单位依法给予处分或者由监察机关依法给予政务处分;涉嫌犯罪的,依法追究刑事责任。

第65条【生产经营单位主要负责人的法律责任】 生产经营单位的主要负责人在本单位发生生产安全事故时不及时组织应急救援的,由负有安全生产监督管理职责的部门依照《中华人民共和国安全生产法》等有关法律、行政法规的规定追究法律责任。

生产经营单位的主要负责人或者安全生产管理人员未履行安全生产管理职责,导致本单位发生生产安全事故的,由负有安全生产监督管理职责的部门依照《中华人民共和国安全生产法》等有关法律、行政法规的规定追究法律责任。

第66条【违法情形的责任追究】 违反各级人民政府在应急响应期间发布的决定、命令、公告、通告,有下列情形之一的,由应急管理部门责令立即改正；构成违反治安管理行为的，由公安机关依法给予治安管理处罚；构成犯罪的，依法追究刑事责任：

（一）拒不执行转移、疏散命令的；

（二）编造、故意传播有关突发事件事态发展或者应急救援工作虚假信息的；

（三）阻碍有关工作人员依法履行应急救援工作职责的；

（四）对依法履行应急救援工作职责的工作人员实施侮辱、恐吓、故意伤害或者破坏应急救援装备的；

（五）其他妨害应急救援工作的行为。

第67条【财物所有人自行承担责任】 违反法律、行政法规的规定，非法占用消防通道、应急救援通道或者存在其他妨害应急救援行为的，救援人员可以采取排除妨害的必要措施。由此导致违法行为人或者第三人的财物毁损、灭失的，违法行为人自行承担损失或者赔偿第三人的损失；情节严重的，违法行为人承担行政责任和刑事责任。

第68条【救援人员不承担法律责任】 救援人员在救援过程中，非因故意或者重大过失造成救援对象人身伤害或者财产损失的，救援人员不承担法律责任。

第八章 附 则

第69条【应急救援的定义】 本条例所称应急救援，是指突发事件发生后，为营救和救治受灾人员，疏散、撤离并妥善安置受威胁人员，迅速控制危险源，消除危害后果而采取的救援行动。

第70条【应急救援队伍的范围】 本条例所称的应急救援队伍包括国家综合性消防救援队伍、政府部门组建的各类专业应急救援队伍、基层单位组建的专兼职应急救援队伍和社会应急救援力量。

按照政府指令参与突发事件应急救援的驻××解放军、武警部队以及其他参加应急救援的队伍和人员，属于本条例所称的应急救援队伍。

第71条【实施时间】 本条例自××××年×月×日起施行。

附录六 关于《××应急救援条例（草案）》的说明

为了控制、减轻和消除自然灾害和事故灾难引起的危害，规范应急救援行动，提升应急救援能力，提高应急救援效果，减少人民生命财产损失，市应急管理局组织起草了《××应急救援条例（草案）》（以下简称为《条例》）。在起草过程中，市应急管理局与市相关部门多次进行座谈，分别到多地开展实地调研，收集大量资料，充分听取各区各部门相关立法意见和建议，并组织召开多次立法专题会议，对应急救援起草工作进行深入研究和讨论。现将有关情况说明如下：

一、立法背景和必要性

（一）立法背景

2019年，按照国家应急管理体制改革要求，我市组建应急管理局。为适应机构改革新形势需要，破除应急管理工作体制机制瓶颈，市应急管理局经充分调研分析，依照应急管理部"1+4"立法框架（《应急管理法》+《安全生产法》(2021)、《自然灾害防治法》、《消防法》、《应急救援组织法》），结合我市实际，提出"1+4"应急管理地方立法框架。其中"1"为地方应急管理立法的母法，即《城市安全发展条例》，以此统领、指导和协调本市城市安全相关立法，构建城市安全地方立法体系；"4"为《安全生产监督管理条例》、《自然灾害防治条例》、《消防条例》和《应急救援条例》。目前，国家和各省市尚未出台专门的应急救援法律法规，我市研究制定《条例》属全国首创。

（二）立法必要性

1. 完善应急法律体系

应急管理工作应当坚持"以防为主、防抗救相结合"的原则，在日常应急工作中，采取综合防范措施，将自然灾害和事故灾难防范作为基础性工作，当自然灾害和事故灾难发生时，能够迅速反应，启动救援。在应急管理工作中，坚持"防抗救"相结合，实现机制的有机统一，程序的前后衔接，增强全社会防御、应对、处置自然灾害和事故灾难的能力。因此，需要构建完善的应急管理立法体系。应急救援立法属于应急管理立法的重要组成部分，目前在我国的应急法律体系中，缺少专门的应急救援立法，存在制度缺位。

"1+4"的立法体系为应急管理立法指明了方向，确立了应急管理相关的立法框架，应急救援立法需要与城市安全发展、自然灾害应对、安全生产监督管理等其他相关立法在调整范围、内容设计、制度衔接、法律实施等方面进行体系整合和制度协调，在此基础上，进一步完善应急管理立法体系。《条例》作为应急救援领域的综合性立法，是应急管理领域立法的重要突破，也为全国应急救援立法进行了制度探索。

2. 优化应急救援体制

2019年，习近平总书记在中央政治局第十九次集体学习的讲话中指出："我国是世界上自然灾害最为严重的国家之一，灾害种类多，分布地域广，发生频率高，造成损失重，这是一个基本国情。同时，我国各类事故隐患和安全风险交织叠加、易发多发，影响公共安全的因素日益增多。"就地方的情况看，独特的地理位置、气象条件等自然因素，易受各类自然灾害的侵袭，加上人口规模日益增长，城市安全发展压力越来越大，安全事故时有发生，这些都为应急管理工作提出新要求。2018年机构改革以来，我国的应急管理体制处于优化调整状态，为了提升应急管理工作的成效，需要创新新形势下的应急管理体制机制。"大应急"理念的兴起、应急管理社会化参与模式的创新等是应急管理工作的新趋势，因此，应急救援工作面临的制度环境也发生了很大变化。通过制定《条例》，落实新的应急管理理念，加强部门协调联动，构建统一高效的应急救援体制，完善工作机制，提升应急救援工作的规范化、专业化、科技化、智能化水平，实现应急救援的统一领导和协调有序，提升应急救援工作的成效。

《条例》充分考虑国家和地方的应急管理体制和应急救援体制，进一步理顺应急救援工作中的部门权限、职责分工、指挥协调、应急处置和救援、社会参与、队伍建设等体制机制问题。强化应急救援的统一指挥、综合协调、分级管理与属地处置；构建风险监测和预警机制、信息报送机制、部门联动机制、指挥协调机制、现场救援机制、善后处置机制等；采取措施支持和鼓励各类应急救援队伍发展。通过《条例》提升地方应急救援法治化水平。

3. 提升应急救援能力

应急救援能力是评价应急救援工作的核心指标，加强应急救援力量建设、应急物资储备、应急装备配备，科技与信息化支撑等是提升应急救援能力的重要路径。

习近平总书记强调，要加强应急救援队伍建设，建设一支专常兼备、反应灵敏、作风过硬、本领高强的应急救援队伍。目前存在各级各类应急组织和应急队伍，专业类别多样，救援能力存在差异。从总体上看，需要进一步加强应急救援队伍建设，在应急救援队伍的分类建设、应急演练、指挥协调、物资装备支持等方面进行完善，提升突发事件的应急救援能力。应急救援立法强化应急救援队伍建设，完善各类救援队伍的制度支持，提升应急救援能力。

习近平总书记指出，要强化应急管理装备技术支撑，优化整合各类科技资源，推进应急管理科技自主创新，依靠科技提高应急管理的科学化、专业化、智能化、精细化水平。这是应急救援工作的发展方向。因此，也需要通过应急救援立法为信息系统的构建、科技手段的运用、专业设备的装配、应急产业的发展等提供法治保障。《条例》通过法治手段提升应急救援的科技化水平，实现应急救援的科学化、专业化、智能化，提升应急救援能力。

二、总体思路

根据应急管理工作的现实需求，贯彻应急管理现代化的战略部署，用好用足特化立法权，《条例》采用特化立法的形式。在充分遵循宪法和法律、行政法规基本原则和立法规律的基础上，结合地方应急救援工作实践，《条例》在应急救援领域进行了制度探索和立法创新。起草的总体思路如下：

（一）与"1+4"其他条例的内容衔接

《条例》需要与《城市安全发展条例》《自然灾害防治条例》等立法进行衔接。《城市安全发展条例》统领、指导和协调其他立法，全面规定与城市安全发展相关的理念、原则和基本制度。《自然灾害防治条例》主要包括自然灾害防治规划、风险治理、应急准备、监测预警等环节的具体制度。《条例》定位于构建统一高效的应急救援体制，规范应急救援行动，运用制度路径提升应急救援能力。因此，《条例》侧重于突发事件发生后的救援行动，与自然灾害防治和安全生产监管属于不同环节，但又有紧密联系，在此基础上，分段进行制度设计，同时实现制度衔接。

（二）与应急预案的分工配合

应急预案比较详细地规定了应急救援工作的具体内容，为应急救援工作提供较为明确的指引，在应急救援工作中具有重要地位。《条例》通过立法的形式提升应急救援工作的制度层级，从体制机制层面规范应急救援工作，完善应急管理立法体系。《条例》与应急预案的定位存在差异，内容各有侧重，制度分工配合，共同形成应急救援工作的制度架构。

（三）涵盖应急救援的全过程和全链条

应急救援工作涉及多个部门，除了应急管理部门，还包括各个专项应急指挥机构，因此，需要清楚划定不同部门之间的职责和权限，构建"党委领导、政府负责、社会协同、公众参与"的应急救援体制。同时，应急救援包括响应、救援、善后等工作内容，其中又可以进一步细分为现场指挥、队伍调度、救援保障等各项具体措施，因此，《条例》应当涵盖应急救援的全过程和多环节，实现制度的全覆盖。

（四）聚焦于突发事件应急救援现场

《条例》主要解决应急救援的体制机制问题，这些问题集中体现在救援现场的部门协调、指挥调度、保障措施等方面，因此，《条例》侧重于突发事件现场的应急救援工作，构建以现场指挥部为核心的指挥体系，明确现场指挥部的成立情形、职责权限、工作流程等，明确规定保障现场救援的各类措施。

四、制度创新

（一）建立统筹协调的应急救援体制机制

应急管理体制变革的目标是要构建统一领导、权责一致、权威高效的应急管理体系。应急管理部门是应急管理工作的主要部门，其他相关部门也会涉及各自主管领域的应急管理工作。目前的应急救援立法和制度实践具有明显的部门特性，需要落实"大应急"理念，并转化为具体的制度设计。

《条例》建立并完善各级应急救援主责部门及工作机制，明确不同部门在应急救援方面的管理权限和职责范围，理顺不同部门之间的工作关系和协调机制，完善各级各部门应急联动机制，优化突发事件应对模式，提高组织协调能力，提升应急救援效果。市、区人民政府应当完善应急救援的体制机制，提高应急处置水平，提升应急救援能力。市、区人民政府应当建立和完善突发事件应对的联动机制，加强应急救援的部门联动、区域联动和军地联动。应急管理部门负责统筹自然灾害和事故灾难的应急救援工作。各相关部门负责组织开展专业应急救援工作。其他有关部门在各自法定职责范围内或者应急预案规定的职责范围内参与应急救援工作。

（二）优化应急救援工作流程

总结国家、省、市层面有关应急管理与应急救援的相关立法现状，梳理应急救援工作流程，总结应急救援过程中存在的问题，在应急响应相关的制度安排，应急救援程序和应急救援现场指挥、开展、处置等方面作出制度创新，优化应急救援工作流程，提升应急救援效率。

《条例》初步规定了突发事件的监测预警机制，实现了监测预警与应急救援的有机衔接。应急救援的核心内容以应急响应为起点，启动预警机制后，救援队伍应当立即进入待命状态，加强应急救援装备的检查，做好参加应急救援行动的准备。突发事件发生后，需要启动应急救援的，履行统一领导职责或者组织处置突发事件的政府应当立即启动应急救援响应，组织有关部门发布应急救援命令，开展应急救援行动。应急救援队伍接到应急救援命令后，应当迅速集结，调动队伍和装备，第一时间赶赴指定位置。

根据突发事件的发展态势决定救援结束或者救援升级。如果决定救援升级的，立法明确现场指挥部的开设、救援队伍的调度等问题。现场指挥部建立应急救援工作协调机制，统筹协调各工作组开展应急救援工作。立法确定救援结束的情形，从而使应急救援工作形成制度闭环。优化应急救援工作流程，并通过立法的形式使其制度化。

（三）建立以现场指挥部为中心的应急救援指挥体系

现场指挥部是突发事件现场负责统一组织、指挥应急救援工作的最高指挥机构。应急救援具有较强的专业性，因此，《条例》为了贯彻落实应急救援的科学性原则，全面推动落实现场指挥部负责制度，健全快捷高效的应急指挥协同机制，提高组织协调、队伍调用、资源调度、救援指挥等工作的效率。通过现场指挥部的设置，强化应急救援统一组织、统一指挥、统一调度、统一实施，实现科学救援、安全救援和高效救援。

（四）明确应急救援工作的一系列保障措施

后勤保障。现场指挥部应当根据救援人员数量、突发事件严重程度、区域范围等因素，协调突发事件发生地的政府等供应充足的后勤保障物资，并及时调拨和分配。

数据资料保障。事发单位和个人应当及时为现场指挥部提供事件处置应急预案、重大危险源和重点防护目标应急分布图、现场基础地理信息图、应急资源分布图等基础资料和数据。现场指挥部调取与突发事件有关资料和数据的，掌握资料和数据的相关单位和个人应当配合提供。

通信保障。通信管理部门应当健全应急通信保障体系，指导通信运营企业完善应急通信保障网络，为应急处置和救援提供安全通畅的通信服务。

交通保障。公安交通管理部门应当对参加应急救援的各类车辆给予通行便利。在确保安全的前提下，参加应急救援的车辆不受行驶路线、行驶方向、行驶速度、信号灯和停驻位置等限制。参加应急救援的车辆按照国家有关规定享受通行费减免、优先通行等便利。任何单位和个人不得干扰参加应急救援车辆的通行。

其他保障措施。包括医疗保障、专家保障、社会秩序保障、供水供电保障、气象保障、救援人员安全防护等。

（五）鼓励和引导应急救援的社会化参与

我国《"十四五"国家应急体系规划》提出要"引导社会应急力量有序发展"，制定出台加强社会应急力量建设的意见，对队伍建设、登记管理、参与方式、保障手段、激励机制、征用补偿等作出制度性安排，对社会应急力量参与应急救援行动进行规范引导。

应注重发挥企业、社会救援力量、志愿者等社会主体的作用，强化应急救援的社会参与。培育、扶持各种类型的应急救援组织，充分发挥社会力量在应急救援中的作用，形成政府主导、社会参与的应急救援工作格局。

（六）构建符合地方实际的应急救援队伍管理制度

应急救援队伍是应急救援工作的主体，应急救援队伍是《条例》的重要内容，应急救援队伍的应急演练、指挥协调、工作联动、物资装备支持等是应急救援立法的重要内容。

《条例》明确了应急救援队伍的演练，强化了应急救援经费保障。政府部门应将应急救援队伍建设费用纳入部门预算，给予必要的经费保障。政府部门应当落实专业应急救援队伍队员的工资、福利、补助、保险等相关待遇，明确救援人员安全保障措施。完善应急救援人员的安全保障措施，定期对应急救援人员进行健康检查和评估，保障其身体健康。健康检查和评估费用由政府部门承担。强化对应急救援人员的心理干预。

三、《条例》的主要内容

（一）明确应急救援的部门职责，健全统筹协调机制

一是明确市、区人民政府及各相关部门、机构的工作职责。市、区人民政府应当加强应急能力建设、做好各项应急准备工作，提高突发事件的预防和应对管理能力。市、区人民政府应当完善应急救援的体制机制，强化日常应急准备，提高应急处置水平。（详见《条例》第4条、第5条）。二是健全应急救援的统筹协调机制。市、区人民政府应当建立和完善突发事件应对的联动机制，加强应急救援的部门联动、区域联动和军地联动（详见《条例》第4条第3款）。三是健全突发事件分级应对体制。市人民政府统筹做好较大及以上突发事件的应急处置工作。区人民政府应当加强基层应急救援能力建设，妥善处置一般突发事件，做好较大及以上突发事件的先期处置、综合保障和善后处置等工作。（详见《条例》第6条）。

（二）监测、预警等机制的有效衔接

健全风险监测机制。市人民政府应当建立和完善统一的监测预警平台，提升监测预警能力，加强对城市各类风险隐患的监测，及时发布预警信息，并采取相应的应对措施。负有自然灾害防治职责的部门应当加强自然灾害信息的收集、分析和研判，提高自然灾害风险监测的及时性和准确性。负有安全生产监督管理职责的部门应当加强对生产经营单位的监督管理，强化日常监管，提高实时监测能力，预防安全事故的发生（详见《条例》第14条）。

（三）完善先期处置措施

一是建立应急第一响应人制度。建立应急第一响应人制度，在重点行业领域和人员密集场所设立应急第一响应人。应急第一响应人是应急救援力量体系的辅助力量，自愿自发参与突发事件现场疏导、自救互救、信息收集和报告等先期处置工作（详见《条例》第19条）。二是自救互救。突发事件发生后，相关单位应当立即疏散、撤离、安置遇险人员，组织开展自救和互救工作，采取防止危害扩大的必要措施，同时向区人民政府和有关部门报告。发生突发事件的单位应当及时向周边单位和人员通报突发事件信息。事件发生地的相关单位和人员应当为应急救援工作提供必要的便利，并在各自能力范围内积极参与突发事件的互救工作。鼓励具备资质或者能力的个人在确保自身安全的情况下，积极参与突发事件的互救工作（详见《条例》第20条、第21条）。三是属地政府部门的先期处置。突发事件发生后，事件发生地的街道办事处应当立即组织开展应急处置，并向区人民政府和相关部门报告。街道办事处应当迅速采取措施控制事态发展，做好人员疏散、秩序维护、物资保障等工作，组织群众开展自救和互救工作（详见《条例》第22条）。

（四）完善应急救援工作机制

一是加强研判与应急响应。接到街道办事处有关突发事件的报告后，区人民政府和有关部门应当第一时间赶赴现场。发生较大及以上、影响较大或者社会关注度较高的突发事件时，市应急管理部门和其他相关部门应当第一时间赶赴现场，全面研判突发事件的性质、风险、发展态势等，按照应急预案启动相应级别的应急响应，提出应急救援方案（详见《条例》第25条）。二是开设现场指挥部。在特定情形下，可以开设现场指挥部（详见《条例》第27条、第28条），明确现场指挥部职责（详见《条例》第30条）。三是明确现场救援过程中队伍调度等事项。现场指挥部应当根据突发事件的类别、等级、危险程度、潜在影响、发展态势等，决定参加应急救援的队伍范围，并发布参加应急救援的命令。应急救援队伍抵达现场后，应当立即向现场指挥部报告，服从现场指挥部的统一调度和指挥，开展应急救援工作，并及时向现场指挥部报告应急救援情况（详见应急救援第33条）。四是明确应急救援的相关原则。现场指挥部应当充分评估现场状况，组织专家论证，制定科学的救援方案。应急救援过程中，应当采取伤害最小化的措施，尽可能降低人身伤害，减少财产损失，确保生命安全和财产安全。应急救援过程中，应当密切关注事态发展和现场救援情况，采取必要的风险防范措施，防止发生次生、衍生灾害（详见《条例》第34、35、36、37条）。五是明确救援中止、恢复的情形（详见《条例》第38条）。六是信息发布和其他社会动员措施。现场指挥部应当及时向社会发布救援现场状况、救援进展情况等信息，并做好公众沟通工作。任何单位和个人不得伪造、编造、传播与突发事件和应急救援相关的、未经证实的虚假或者误导性信息。市、区人民政府和有关部门发现影响或者可能影响社会稳定、扰乱社会管理秩序的虚假或者误导性信息的，应当在其职责范围内发布准确信息，澄清事实（详见《条例》第41条和第42条）。

（五）应急救援结束和善后措施的制度安排

一是明确应急救援结束的情形。完成应急救援任务的，突发事件和次生、衍生事件造成的威胁和危害得到控制或者消除的，经专家研判可以结束应急救援的其他情形，市、区人民政府认为可以结束应急救援的，应当发布结束命令，并撤销现场指挥部（详见《条例》第45条）。二是应急救援结束后的必要措施。决定结束应急救援的，现场指挥部可以指定留守人员，采取必要措施，防止事件反复或者发生次生、衍生事件（详见《条例》第46条）。结束应急救援的，救援队伍应当及时清点人员和装备，经现场指挥部同意后有序撤离（详见《条例》第47条）。三是明确救援费用的承担及其他善后措施。为开展应急救援导致第三人财产毁损、灭失的，有关人民政府应当给予公平、合理的补偿（详见《条例》第51条）。参加风险性或者危害性较大的现场应急救援的，应急救援结束后，有关部门应当对救援人员进行身体健康检查，并提供心理健康服务。有关部门应当对事故现场可能造成人身伤害的物质进行检测，评估其对救援人员的影响，并及时将评估结果告知救援人员。救援人员受到人身伤害的，有关部门应当及时予以救治（详见《条例》第52条）。责任主体的违法行为导致事件发生的，责任主体的违法行为导致损失扩大的，安全事故责任主体存在其他不当行为的，责任主体自行承担救援费用，不存在责任主体或者救援费用无法追缴的，由人民政府协调解决（详见《条例》第53条）。

（六）应急救援保障措施

一是社会秩序保障。公安机关应当根据救援现场情况，依法采取有效管控措施，维护社会秩序（详见《条例》第54条）。二是后勤保障。现场指挥部应当根据救援人员数量、突发事件严重程度、区域范围等因素，协调突发事件发生地的人民政府供应充足的后勤保障物资，并及时调拨和分配（详见《条例》第55条）。三是供水供电保障。供水供电部门应当为现场指挥部、救援现场和受灾人员集中安置点等场所提供用水和用电保障（详见《条例》第56条）。四是资料数据保障。事发单位和个人应当及时为现场指挥部提供事件处置应急预案、重大危险源和重点防护目标应急分布图、现场基础地理信息图、应急资源分布图等基础资料和数据。现场指挥部调取与突发事件有关资料和数据的，掌握资料和数据的相关单位和个人应当配合提供（详见《条例》第57条）。五是专家保障。市、区人民政府，街道办事处或者有关部门应当建立应急管理专家库。现场指挥部可以组建现场专家团队，参与事件研判、应急处置和现场救援等工作（详见《条例》第58条）。六是通信保障。通信管理部门应当健全应急通信保障体系，指导通信运营企业完善应急通信保障网络，为应急处置和救援提供安全通畅的通信服务（详见《条例》第59条）。七是交通保障。公安交通管理部门应当对参加应急救援的各类车辆给予通行便利。在确保安全的前提下，参加应急救援的车辆不受行驶路线、行驶方向、行驶速度、信号灯和停驻位置等限制（详见《条例》第60条）。八是医疗保障。卫生健康部门应当完善突发事件医疗救治联动机制，统筹医疗救治资源，为应急救援提供医疗物资、技术和人员保障（详见《条例》第61条）。九是气象服务保障。气象部门应当为应急救援提供气象监测和预报服务（详见《条例》第 62 条）。

（七）法律责任

包括行政机关及相关人员责任（详见《条例》第 64 条）、生产经营单位主要负责人的法律责任（详见《条例》第 65 条）、其他违法行为的责任追究（详见《条例》第 66 条）以及救援人员不承担法律责任的情形（详见《条例》第 68 条）等。

后　记

　　本书是 2020 年度深圳市哲学社会科学规划课题"深圳应急管理社会参与的法治化研究"（SZ2020B026）的阶段性成果，感谢深圳市社科联提供的经费支持。

　　本书写作过程中，广州大学应飞虎教授提供了学术支持。

　　高建成、乔支柱、陈燕梅参与了部分法律法规和规范性文件的收集整理工作。逯晨雨翻译了附件三、附件四的域外法律文件。

　　厦门大学出版社甘世恒老师在本书出版过程做了大量耐心细致的工作。

　　特此致谢！